망치를 든 설교학

김 성 우 지음

망치를 든 설교학

초판 1쇄 2023년 9월 18일
지 은 이 김성우
펴 낸 곳 예배와설교아카데미
주   소 서울시 광진구 아차산로73길 25
전   화 02) 457-9756
팩   스 02) 457-1957
홈-페이지 wpa.imweb.me
등 록 번 호 제18-90호(1982. 12. 3)
I S B N 979-11-976075-7-8

디 자 인 김성우
총 판 처 비전북
전 화 번 호 031) 907-3927
팩 스 번 호 031) 905-3927

가   격 19,500원

망치를
설득학

김성우

WPA

목 차

책을 펴내면서

설교는 목회자로 부름 받은 모든 사람에게 맡겨진 사역이다. 항상 가까이 있는 사역인 동시에, 부담을 가진 거룩한 사역이다. 설교 사역을 감당하고, 설교를 가르치는 자리에서 스스로에게 자주 질문하곤 하는 것은 '과연 설교를 잘한다는 것은 무엇을 의미하는가?'이며, '설교를 왜 잘하려고 하는가?' 이다. 그리고 설교를 배우기 위해 온 설교자들에게 묻곤 한다.

"왜 설교를 배우러 오셨습니까?"

이 질문을 받은 대대수의 설교자는 "설교를 잘하기 위해서입니다"라고 대답한다. 그렇다면 '설교를 잘한다는 것은 무엇을 의미하는 것일까?'를 반문해 보지 않을 수 없다. 일반적으로 설교를 잘한다고 생각하는 기준은 전달력이 좋고, 적당한 유머도 있으면서 감동과 교훈을 주는 것이라고 생각하는 경우가 많다. 물론 맞는 말이기는 하다.

하지만 좀 더 본질적인 의미에서 생각해 볼 필요가 있겠다. '잘한다'라는 말은 그 본질에 맞는 역할을 할 때 사용된다. 이런 의미에서 본다면, 설교를 잘한다는 것은 그 본질적인 역할을 잘 감당하는 것에 해당하는 말이라고 할 수 있다. 따라서 설교를 잘하기 위해서는 가장 먼저 설교라는 행위가 무엇인지에 대한 바른 이해가 필요하다. 그리고 그 본질을 잘 전달하기 위한 수단이 무엇이고, 그보다 좋은 수단을 어떻게 활용할 것인가에 대해서 진지하게 질문해야 한다.

구약에 나타난 설교의 본질적인 사역에 대한 이해는 예언자들을 통해서 알 수 있다. 그들은 하나님으로부터 부르심을 받았고, 하나님은 그들을 사용하셔서 그들의 문화적 상황 속에서 그들의 언어로 그 메시지를 전달하도록 했다. 그래서 설교의 주제는 항상 하나님이었다.

또한 신약에서는 하나님께서 예수 그리스도를 통해서 행하신 구속사적 실현에 대해서 증언하는 것으로 나타난다. 칼빈은 설교 사역자를 '하나님의 종' 혹은 '하나님의 대사'라고 했고, 칼 바르트는 '설교는 하나님의 말씀'이라고 말하였다. 이에 덧붙여 정장복 교수는 '성언운반일념(聖言運搬一念)'이라고 설교를 정의한다.

이러한 정의를 볼 때, 바른 설교 사역이란 성경을 통해서 전달하고자 하는 하나님의 메시지를 발견해서, 당대의 언어를 통해서 주님의 백성들에게 바르게 전하는 것이라고 할 수 있다. 그러므로 설교를 잘하기 위해서는 성경인 텍스트와 컨텍스트의 상황을 바르게 이해하면서 계시적 말씀을 컨텍스트 상황에 적용할 수 있어야 한다. 무엇보다도 설교는 1차적으로 말을 통해서 전달하는 행위인데, 말은 곧 글을 통해서 전달된다. 그래서 설교 행위에 앞서 들려지는 설교, 감동을 불러일으키는 설교를 작성하기 위해서는 다양한 언어체계를 훈련받을 필요가 있다. 이러한 원리를 체계적으로 살펴보면서 바른 설교 사역자로 세워지기를 희망하는 마음으로 이 책을 출간하게 되었다. 아무쪼록 효과적인 언어훈련을 통해 바른 설교 사역을 감당하는 모든 설교자가 되기를 기도한다.

2023년 7월 14일

여름이 깊어 장맛 비가 한창 내리고 있는 길목에서

총회 100주년 기념관 연구실에서

저자 김 성 우

1장 예언적 실천의 설교학

설교를 잘한다는 기준

　설교자들의 관심 중 하나는 설교를 잘하는 것이다. 설교자라면 누구나 설교를 잘하고 싶어한다. 그래서 많은 설교자들은 설교를 잘하기 위한 방법을 찾고자 노력한다. 여기서 우리는 한 가지 질문을 해보아야 한다.

　　과연 설교를 잘한다는 것은 무엇을 말하는 것인가?
　　설교를 잘한다는 기준은 무엇인가?

　풍성한 언어를 사용하여 설교를 하면 잘하는 것 일까? 유머를 적절하게 사용하여 청중의 집중도를 높이는 것이 잘하는 것일까? 논리적인 글을 통해 이해를 추구하는 형식의 설교를 한다면, 그 설교가 잘하는 설교일까? 물론 이러한 능력을 갖추는 것은 설교를 작성하고 전달하는 데 빼놓을 수 없는 요소임에는 분명하다.

그런데 우리가 집중하고자 하는 잘하는 설교의 기준은 **성경적이고, 복음적이고, 하나님 나라에 대한 신학적 상상력이다.** 왜냐하면 설교는 하나님의 계시의 말씀인 성경을 중심으로 하나님께서 인류 구원을 위해 행하신 사건에 대한 메시지를 전하는 행위이기 때문이다.

많은 학자들이 설교에 대한 다양한 정의를 내리고 있다. 예를 들어, 존 스토트(John Robert Walmsley Stott)는 설교를 **"다리놓기"**라는 비유를 통해서 정의한다. 토마스 롱(Thomas G. Long)은 **"증언으로서의 설교"**를 말한다. 정장복 교수는 설교를 **성운운반일념(聖言運搬一念)**으로 이해한다. 이에 더하여 필자는 **"예언적 실천으로서의 설교"**를 주장한다.

예언적 실천의 설교학의 정의

'예언적 실천의 설교학'은 타락한 권세가 득세하는 삶의 한복판에서 말씀에 근거한 실천으로 타락한 권세의 정신을 거부하고, 진정한 하나님 나라를 이루어 가는 실천이 있는 삶으로 나아가도록 촉구하는 설교학이다. 여기서 예언적 실천의 설교는 단순히 윤리적 행위를 말하는 설교가 아니라, 말씀에 근거한 실천이 있는 신앙의 삶으로 초대하는 설교학이다. 말씀이 살아 움직이도록하기 위해서는 실천이 반드시 뒤따라야 한다. 이러한 설교를 구성해 내는 방법론(형태)이 바로 **4TS(Four Task Sermon)**이다.

예언적 실천의 설교학의 3기둥

윤리 신학적 기반

'예언적 실천의 설교학'은 그리스도인들이 행동으로 옮기도록 촉구하는 실천 신학이자 윤리 신학이다. 스탠리 하우어워스는 기독교 윤리에 대해 **"기독교 윤리의 첫 번째 임무는 우리가 세상에 비전을 심어주는 것을 바로 수행할 수 있도록 돕는 데.있다"**라고 말한다. 따라서 '예언적 실천의 설교학'은 기독교 윤리적 삶을 살지 못하도록 강요하는 타락한 권세에 대한 정체를 드러내면서 사람들을 복음적 삶으로 이끄는 것을 목적으로 한다. 현 시대는 사회적 혹은 정신적으로 지배하는 지배체제, 즉 전쟁과 폭력으로 지배하는 권세자들, 종교를 핍박하는 권세자들, 그리고 교묘하게 우리의 의식구조에 파고들어 하나님 외에 다른 것을 숭배하도록 조장하는 문화 등이 다스리고 있는 세상이다.

더불어 내적 콤플렉스, 낮은 자존감, 상처, 아픔 등은 하나님과 타인과의 관계에 있어서 올바른 관계를 맺지 못하게 하는 악한 감정들로써 우리를 타락한 권세 아래 있도록 부추기는 것들이다. 이러한 악한 세력 앞에 '예언적 실천의 설교학'은 하나님 창조의 질서를 회복하고, 예언적 실천으로 나아가도록 비전을 제시하

---

1   Stanley, Hauerwas, *The Peacable Kingdom: A Primer in Christian Ethics* (Notre Dame: University of Notre Dame Press, 1991), 36.

고, 동시에 하나님의 통치를 선언하는 삶으로 응답하도록 선포하는 설교학이다.

윙크의 신학은 타락한 권세에 대한 바른 인식으로부터 시작된다. 그는 문명의 폭력성, 다시 말해서 힘과 권력, 전쟁의 가부장적 시대에 악으로 나타나는 지배체제에 대해 그 정체를 성경적인 근거를 통해 밝혀내고 있다. 윙크는 이러한 시대 인식을 바탕으로 제3의 길, 즉 십자가를 통한 하나님의 탈지배적 질서를 선언하고, 죽어줌의 방식으로 대응하는 삶의 태도를 강조하였다. 그는 이러한 방식을 비폭력적 대응이라는 방식으로 폭력의 쇠사슬을 끊어버리는 예언적 실천으로서의 신학을 제시하고 있다. 그러한 삶의 방식은 초대교회를 거쳐 계속해서 그 정신이 흘러가고 있다. 이와 같은 그의 신학은 오늘 우리의 삶의 현장에도 동일하게 예수님의 제3의 길을 제시하면서 예언자적 실천으로서의 설교 신학의 기틀을 마련해 주고 있다.

볼프의 신학은 전쟁으로 인해 참혹하게 폐허로 변해 버린 조국을 바라보며 펼쳐졌다. 그는 전쟁과 폭력으로 억압받고 고통받는 삶의 현실에서 오히려 하나님 나라를 희망하면서 신학을 이어갔다. 전쟁과 폭력 그리고 갈등이 있는 곳에는 항상 그러한 요소들이 악순환하고 있고, 그 악순환의 고리로 인해 더 심한 고통으로 신음하게 된 현실에서 성경을 기준으로 해결책을 모색하는 신학이었다. 특별히 이러한 문제는 혐오와 배제로 나타나는데, 이에 대해 그는 성경을 근거로 한 기독교 윤리 신학을 제시한다. 그의 신학은 예수 그리스도의 십자가에 기초한 신학인데, 핵심 용어는 '**포용의 원리**'다. 그의 윤리 신학은 그리스도인이 실천해야 할 신앙의 원리이자, 삶의 태도들 드러내고 있다. 이러한 볼프의 윤리 신학은 예언적 실천으로 나아가는 매우 중요한 설교 신학의 기둥을 형성하게 된다.

손양원 목사는 종교적 억압과 핍박이라는 시대적 상황 속에서 삶으로 저항했던 행동하는 설교가였다. 그는 일제 강점기에 있었던 신사참배 강요를 결사반대하였다. 그가 결사반대하며 저항했던 이유는 십계명에 비추어볼 때 분명한 우상숭배의 행위라고 판단했기 때문이다. 그는 이론적인 설교에서 벗어나 선포된 하나님의 말씀을 그대로 실천한 설교가였다. 그가 실천한 것은 성경에서 기인한 것이었고, 그가 행한 설교 메시지는 삶에서 그대로 실천으로 옮겼다. 그의 설교는 철저하게 성경 중심이었고, 그 진리의 말씀에 근거해서 우상적 행위에 대해서는 단호하게 저항하며 설교를 했다. 그리고 연약하고 소외 받은 사람들에 대해서는 한없이 포용하고 환대하는 삶을 살았다. 그의 삶 자체가 예언적 실천을 담보한 설교였다. 그의 삶과 설교의 세계는 예언적 설교학의 실천적 모범을 보여주었다.

이와 같은 맥락에서 '예언적 실천의 설교학'은 같은 시대를 살아가면서 타락한 권세로 작용하고 있는 요소들에 대해 민감하게 인식하고 해석해 내는 것을 중요한 과제로 삼는다. '예언적 실천의 설교학'은 시대에 하나님 나라 질서에 반하고 하나님의 통치를 거부하며 시대의 정신을 사로잡고 있는 모든 현상에 대해, 신학적 통찰을 통해 그 정체를 파악하고 예언적 실천으로 나아가는 길을 모색하는 학문이다. 이때 '예언적 실천의 설교학'이 가지는 해석학적 관점은 '실천적 윤리 신학'이며, 시대를 사로잡고 있는 현실(악)에 대한 해석과 그에 대한 응답을 성경을 중심으로 찾아간다. 타락한 권세에 대응하도록 촉구하는 '예언적 실천의 설교학'은 텍스트인 성경 말씀과 컨텍스트(context)인 그리스도인의 삶의 현실을 중요시하며, 그것으로부터 출발한다. 이것은 철저하게 성경을 중심으로 하되, 삶의 현실과 맞닿아 있는 상황을 모색하면서 나아간다. 성경을 중심으로 바른 신학적 인식을 하지 못하거나, 삶의 현실을 바르게 해석하지 못한다면, 타락한 권세의 지배 아래 놓일 수 있기 때문이다. 이러한 설교는 타락한 권세에 대해 바르게 대응하는 설교가 될 수 없고, 거짓 선지자처럼 하나님의 뜻과 정반대의 메시지를 전하게 된다.

따라서 '예언적 실천의 설교학'이 제시하는 실천적 윤리 신학은 단순히 교리적이거나 명제적인 것이 아니라, 타락한 권세에 대한 바른 인식을 통해 "예언적 실천"으로 옮겨 가도록, 즉 행동하도록 촉구하는 설교 신학의 근간이다. 다시 말해서, 하나님께서 언약의 말씀으로 주신 성경 말씀에 담겨 있는 예언적 말씀을 통해서 회중이 시대를 분별하고, 예언적 삶으로 실천할 수 있는 윤리적 규범을 제시하고 있다는 사실을 규명하는 것이다. 타락한 권세는 갈등을 화해로, 폭력을 비폭력적 평화로, 혐오와 배제를 포용과 용서로 이끌어 주지 못한다. 하지만 이에 응답하는 설교의 선포는 비폭력적 태도, 포용과 용서 그리고 저항과 환대로서 실천적 성격을 강하게 드러내게 된다. 이것은 곧 예수 그리스도의 십자가 정신이 보여준 기독교 실천 윤리로부터 나온다.

비폭력으로서의 예언적 실천 윤리 설교 신학

'예언적 실천의 설교학'은 타락한 권세에 대한 비폭력적 실천 윤리를 설교 신학의 중요한 기둥으로 삼는다. 설교의 메시지에 십자가의 정신을 담아 선포하는 설교는 곧 실천으로 옮겨지도록 하는 원동력이 된다. 그리스도인의 실천은 사회 질서를 위한 도덕이나 윤리가 아니라, 하나님 창조의 질서와 하나님 나라의 가치관을 가지고 행동하는 윤리이다. 일반 윤리가 사회 질서를 위한 범주라면, 예언적 실천으로서의 윤리는 하나님 창조의 원형에서 기인한다. '예언적 실천의 설교학'이 주장하는 실천은 사회 윤리를 기초로 한 것이 아니라, 예수님께서 십자가를 통해서 보여주셨던 십자가의 정신을 토대로 한다. 예언적 실천은 철저하게 예수 십자가의 정신을 이어받아 이 땅 위에 하나님의 질서가 회복되도록 실천하는 기독교 윤리이며, 하나님 나라를 선취하며 살아가는 그리스도인의 윤리이다. 예언적 실천의 설교학은 타락한 권세로부터 악순환의 끈을 끊어버리고, 제3의 길을 선택하고 실천하는 윤리적 실천을 제시하는 설교학이다.

윙크가 주장하는 윤리적 실천은 바로 비폭력적 실천 윤리였다.

그가 제시한 비폭력적 삶의 원리는 우리의 가치관을 완전히 전복시켰다. 예를 들어, 마태복음 5장 38-43절에 나오는 내용 중에 "왼쪽 뺨마저 돌려대라"는 말씀에서 그 근거를 들고 있다. 당시 사회에서 윗사람이 아랫사람에게 모욕을 주려고 할 때, 이것에 대응하는 방식이 다른 뺨을 돌려대는 것이었다. 이것이 바로 굴욕감을 주려는 행위에 대해 협조하지 않는 비폭력적 대응 방식이다.

또한 "속옷까지 벗어 주어라"는 가르침에서도 그 단서를 찾을 수 있다. 당시 가난한 사람 중에서도 가장 가난한 사람만이 겉옷을 빚을 얻기 위한 담보물로 내놓았다. 윙크는 1세기 팔레스타인 지역에서 빚을 지는 것은 "풍토병"이나 다름없는 것이었다고 말한다. 윙크는 예수가 이러한 비유를 들었던 것은 "입에 풀칠이라도 하여 살아남기 위해 발버둥을 치는 채무자들로 가득한 상황"에서였다고 바라보고 있다. 이러한 상황 속에서 겉옷까지 빼앗아 감으로써 수치심을 갖게 했던 법들에 대해 사무친 증오심이 가득했다. 법은 채권자 쪽에 유리하게 되어 있었기 때문에 채무자가 이길 방법은 전혀 없었다. 하지만 겉옷을 달라는 채권자에게 법

---

2   당시 무거운 빚은 무능력자들을 덮친 자연재해가 아니었다. 그것은 로마제국의 정책이 가져온 직접적인 결과였다. 즉, 황제는 전쟁을 위해 부자들에게 세금을 과하게 매겼기에, 부자들은 자신들의 부를 안전하게 보호할 투자처를 찾았다. 땅이 가장 좋은 대상이었지만, 땅은 조상들이 소유했다가 대를 물리면서 유산으로 상속되는 것이어서 어느 농부도 자진하여 땅을 양도하려고 하지 않았다. 그러나 터무니없이 과도한 이자를 부과하여 토지 소유주들을 점점 더 빚더미 위에 올라앉게 만들 수는 있었다.

정 앞에서 속옷까지 벗어 줌으로 인해 모욕을 주려는 상대를 초월하는 태도를 보여주게 되었다.[3]

또 다른 예로 "일부러 더 많이 걸어가 주어라"는 이야기를 들 수 있다. 당시 사회에서 강제 노역은 페르시아 점령기부터 후기 로마 점령기까지 있었던 일이었다. 그러므로 길에서 발견되면 누구든지 봉사하도록 강요받았다. 이러한 강제 노역은 로마의 지배를 받고 있던 모든 사람에게는 고통스러운 일이었다.[4] 윙크는 예수님이 이러한 말을 한 것은 로마 군대가 점령하고 있는 상황에서였다고 말한다. 물론 규칙이나 법을 바꿀 수는 없었지만, 어떻게 대응하느냐가 중요한 과제였다. 대응하는 규칙은 바로 하나님의 규칙에 근거는 것이었다.

그래서 "1마일을 가자"라고 했을 때, "1마일을 더 가자"라고 말할 수 있고, 그렇게 말함으로써 굴종적인 징용의 상황에서 주도권을 잡을 수 있게 되었다고 말한다.[5]

한편 볼프는 십자가의 사랑으로 폭력과 갈등이 가득한 세상에서 십자가의 정신으로 행동할 것을 촉구했다. 그가 말하는 예언

---

3 당시 유대 사회에서는 벌거벗은 것이 율법에 금기되었고, 벗은 사람보다 그를 벗긴 사람에게 더 큰 부끄러움을 돌렸다(창 9:20-27).

4 기원후 133-137년 동안 이집트 칙령에는 이러한 기록이 있다. "많은 병사가 징용명령서를 지니지도 않고 나라 안을 여행하면서 배나 짐 싣는 동물들과 사람들을 차출하였는데, 때로는 강제로 물건을 약탈하기도 하고. 민간인들을 학대하고 위협하는 지경에 이르러, 결과적으로 군대는 오만하고 불의한 무리로 여겨지게 되었다."

5 Walter Wink, *Engaging the Powers: Discernment and Resistance in a World of Domination*, 한성수 역, 『사탄의 체제와 예수의 비폭력』 (서울: 한국기독교연구소, 2015), 333-39.

적 실천은 일종의 화해를 통한 것이었다. 화해는 폭력에 대하여 폭력으로 대하는 것이 아니라, 비폭력적 대응 방식이다. 이것이 바로 예수가 보여준 삶의 방식이었고, 악의 악순환적 고리를 끊어버리는 행위라고 보았다. 그 이유는 폭력이라는 타락한 권세에 의존하는 평화는 불균형과 갈등을 일으키기 때문이다. 그래서 그는 비폭력적 행위인 화해를 이루어 갈 때 인간의 번영이 이루어진다고 하였다. 볼프는 죽어줌의 방식을 통해 비폭력적 대응 방식에 대해 말했는데, 그것은 곧 복음의 핵심이자, 기독교의 핵심이다. 그의 신학적 대응 방식이었던 폭력 앞에 자기를 내어주는 죽어줌의 방식은 곧 타인을 받아들일 공간을 만드는 행위였다. 이러한 입장을 살펴보면, 죽어줌의 방식이 곧 비폭력적 실천이며, 이것이 바로 하나님의 통치를 받는 길이며 예언적 실천으로 나아가는 길이라는 사실을 발견하게 된다.

손양원 목사가 보여준 삶은 말 그대로 비폭력적 대응의 삶이었다. 그는 일본 국수적 토착 종교였던, 그리고 천황숭배의 핵심이었던 신사참배를 강요하는 폭력 앞에 무기력할 정도로 비폭력으로 대응했다. 일제는 황민화 운동과 함께 종교계에 신사참배를 강요했다. 그들은 기독교인들을 지도한다는 명목 아래 교회 성도들이 신사참배를 하도록 강요했고, 이를 강화했다. 당시 경찰의 압제와 폭력 앞에 개교회와 노회, 총회까지 그 영향을 받아 신사참배할 것을 결의하도록 강요를 받았다. 비록 그는 이를 거부하다가 옥고를 치르고 모진 고문을 받으며 무자비한 폭력을 받았지만, 신앙의 절개를 지키며 절대로 굴복하지 않았다. 그는 폭력을 폭력으로 대응하지 않았고 하나님의 말씀에 따라 비폭력적 방식을 통해서 저항했다.

찰스 캠벨의 설교 신학을 살펴보면, 비폭력적 실천 방식을 중요한 설교학적 윤리 기준으로 제시하고 있다는 점을 발견하게 된다. 그 이유는 설교는 타락한 권세에 대응하는 방식으로 비폭력적 실천을 제시하는 것이기 때문이다.[6] 또한 그는 우리가 살아가는 세상에서 제도적 폭력으로부터 분리될 수 없으므로 설교학적 실천은 그리스도께서 허락하신 자유 안에서 성숙해 가도록 하는 요청이며, 타락한 권세가 움직여 가는 세상의 한복판에서 "비폭력적 공동체"를 형성해 가도록 촉구하는 것이라고 말한다.[7]

토마스 머튼은 비폭력적 실천으로서의 설교는 "세상의 현재 상태를 변화시키는 것에 초점"을 맞추어야 하고, "자기 자신이 아니라 다른 사람을 위해서 분명하게 행해져야 하는 상황" 하에서 실천되어야 한다고 말한다.[8]

이러한 설교 신학적 관점에서 3명의 신학은 분명히 타락한 권세에 대한 비폭력적 실천 윤리를 제시하고 있다. 여전히 갈등과 폭력 그리고 시대 정신을 지배구조 속에 놓고 지배 이데올로기

---

6   Charles Campbell, *The Word before the Powers*, 김운용 역, 『실천과 저항의 설교학』 (서울: 예배와 설교 아카데미, 2014), 194.
7   위의 책, 196.
8   Thomas Merton, *Faith and Violence: Christian Teaching and Christian Practice* (Notre Damem ind: Uviversity of Notre Dame Press, 1968), 20-21.

를 통해 억압하고 통제하려는 가치관이 가득한 현실이지만, 이러한 현실 앞에 폭력이 아닌 비폭력적 대응 방식을 적극적으로 제시하고 있다. 윙크는 인식론적 차원에서 성경을 중심으로 비폭력적 방식을 제시했고, 볼프는 십자가에 달리신 예수님의 모습에서 그 모델을 찾았다. 그리고 손양원 목사는 삶의 현장에서 실천한 행동하는 설교가였다. 이러한 가르침은 설교 신학에 큰 영양분을 제공하였다.

포용적 실천으로서의 설교 신학

'예언적 실천의 설교학'은 다원화되고, 계급화되고, 차별과 혐오 그리고 배제가 난무한 세상의 한복판에서 하나님 나라의 관점과 십자가 윤리의 관점에서 포용적 실천을 하도록 촉구하는 것을 제시한다. '예언적 실천의 설교학'은 개인에 대하여, 타인에 대하여, 민족과 민족 간에 포용적 삶을 강조한다. 다시 말해서, 설교를 통해서 하나님 창조의 질서와 예수 그리스도의 십자가의 사건을 들은 회중은 공적 삶의 영역에까지 그 영향을 미쳐야 한다. 포용적 실천은 신앙의 감상주의가 아니다. 오늘 그리스도인들이 듣고 실천해야 할 하나님 나라 삶의 태도이다. 그러한 삶을 통해서 하나님의 통치를 말하고, 악의 쇠사슬을 끊어버려야 한다. '예언적 실천의 설교학'은 타락한 권세를 규명하고, 그에 대해 어떻게 반응해야 하는가에 대한 질문으로 시작되었지만, 포용적 삶은 그리스도인 모두가 살아내야 하는 하나님 나라 가치관이 되어야 한다는 점을 알게 되었다.

 '예언적 실천의 설교학'이 그리스도인의 실천적 윤리를 강조한다고 하여, 단순히 윤리적 설교학는 아니다. 교리적인 설교학도 아니다. '예언적 실천의 설교학'은 보다 근본적으로 복음적인 설교를 그 핵심으로 한다. 복음적인 설교는 과거 예언자들이 그랬듯이, 예수님과 그의 제자들이 그랬듯이, 그리고 지배하는 정신을 비판하고 그에 대한 새로운 대안을 제시하는 역할을 했듯이, 오늘날 복음을 복음으로 이해하지 못하도록 그리스도인들의 정신을 지배하고 있는 지배체제를 반대하며, 그의 정체를 드러내고 거부하며 저항하는 설교이다. 이 저항은 힘과 권력, 무력으로 대응하는 방식이 아니라, 오히려 용서하고 포용으로 실천하는 윤리를 바탕으로 한다.

 '예언적 실천의 설교학'은 이렇게 다름의 방식으로 적대적인 감정에 있는 타인을 포용하는 실천으로 이끄는 신학을 바탕으로 한다. 윙크는 하나님의 보편적인 사랑에 대해 언급하면서 포용적 실천에 대해 제시한다. 보통 사람들은 하나님은 착한 사람에게만 복을 주시고, 악한 사람은 심판하시기를 기대한다. 그렇지만 하나님은 모든 사람에게 동일한 은혜를 주시는 분이다. 그리고 가끔 자신들이 생각하는 폭력으로 대응하는 방식에 대해 세례 요한에게서 악을 뿌리 뽑는 하나님의 이미지를 발견하거나, 예수님께서 성전을 청결하게 하신 사건을 통해 합리화하려는 경우가 있다. 하지만 중요한 것은 예수님의 심판은 "없애 버리기 위함"이 아니라, "구원하기 위한 것"이라는 점이다. 예수님은 개인이든 조직이든 파괴하는 것을 목적으로 하는 것이 아니라, 새롭게 세우는 것을 최우선 과제로 삼았다.

하지만 많은 설교에서 오히려 율법을 강조하는 경향으로 나타나 오히려 억압하는 일이 발생했다. 다시 말해서, 하나님 심판의 메시지를 통해 그리스도인들의 정신을 억압하려는 경향이 나타나게 되었다는 말이다. 그렇지만 분명 하나님은 사랑이시다. 하나님의 사랑 안에는 한계가 없다. 제한이 없다. 원수까지도 포용하시는 사랑의 하나님이시다. 하나님의 구원에 대한 사랑 앞에는 그 누구도 제한을 받지 않는다. 그래서 하나님의 사랑은 우리의 어두운 내적 그림자와 사회적이고 조직적인 어두운 그림자까지 포용하시는 사랑이다. 따라서 나의 내적인 어둠이, 그리고 죄악된 나의 모습이 예수 그리스도의 십자가를 통해서 포용됨을 경험했다면, 그리스도인들은 타인의 그림자까지도 포용할 수 있는 실천으로 나아가야 한다.

볼프는 예수 그리스도 십자가에 기초한 포용적 실천을 제시한다. 그가 제시한 포용적 실천은 그리스도인들의 신앙 원리이자, 삶의 방식이며 태도이다. 이러한 윤리적 근거는 하나님께서 예수 그리스도의 십자가를 통해 포용하신 사건에서 찾고 있다. 특별히 갈등과 폭력, 타자와의 적대적 관계, 분노와 억압 등으로 인해 평화를 이루며 살아간다는 것은 쉬운 일이 아니지만, 그는 '포용'이라는 은유를 통해 그리스도인의 삶의 윤리를 제시한다. 이러한 삶이 가능한 이유는 그리스도인으로 살아가는 일이 회개, 용서, 타인을 위한 공간 만들기, 기억의 치유 과정을 거쳐 왔기 때문이다. 특별히 회개는 압제하는 자들의 힘을 빼앗고 희생자들을 인간화한다는 측면에서 하나님의 선물임에 틀림이 없다. 이러한 회개는 타인을 용서하는 길로 들어서게 하고, 서로 화해의 길을 열어준다. 따라서 십자가는 화해의 상징이자, 포용의 원리를 제시해 준다. 그 이유는 십자가가 그리스도인들에게 인간의 죄가 얼마나 파괴적인지와 하나님의 사랑이 얼마나 위대한지를 동시에 드러내는 궁극적인 상징이기 때문이다.[9] 이러한 원리를 가지고 살아간다면, 그리스도인들은 부활의 신비를 살아가게 된다.

'예언적 실천의 설교학'은 추상적인 설교나 개인적인 경험에 머무는 설교가 아니라, 그리스도인들의 신앙을 형성하여 정체성을 확고하게 하면서 '실천'으로 나아가도록 만든다. 그리스도인들의 '실천'은 기독교의 중요한 윤리인데, '비전'과 함께한다. 다시 말해서 그 비전은 공동체의 상상력과 함께 세상에 참여하게 되고, 생명을 살리는 일에 참여하게 된다. 스탠리 하우어워스는 "상상력은 단순한 이미지나 개념이 아니라 습관과 관계들이 모아진 것인데, 세상의 습관으로부터 분명하게 구분되는 것을 일정한 그룹에서 수행될 수 있도록 하는 역할"을 하게 된다고 말한다.[10]

---

9   Miroslav Volf, *Exclusive & Inclusion*, 박세혁 역, 『배제와 포용』 (서울: IVP, 2012), 197.

10   Stanley Hauerwas, *"On Keeping Theological Ethics Imaginative."* in *Against the Nations: War and Survival Society* (Minneapolis: Winston Press, 1985), 51-60.

저항과 환대로서의 설교 신학

'예언적 실천의 설교학'은 하나님의 통치와 질서를 부정하는 세속적인 가치관과 문화 그리고 정신에 대해서 저항적이다. '예언적 실천의 설교학'은 윙크와 볼프가 제시한 신학적 입장을 지지한다. 이들은 하나같이 타락한 권세에 대해 대항하고 저항하는 신학을 제시한다. 이는 하나님의 정의, 통치, 질서를 거부하는 조직이나 문화, 시대정신에 대하여 저항적이었다. 반면, 철저하게 하나님의 창조 질서에 따른 회복된 삶, 즉 십자가의 정신을 따르는 삶의 신학을 제시하였다. '예언적 실천의 설교학'은 이 신학을 지지하며, 예언적 실천이라는 기독교 윤리 신학을 설교 신학의 중심 주제로 삼는다.

손양원 목사는 한국의 특수한 상황에서 이를 몸소 실천함으로 우리에게 모범을 보여준 행동하는 설교자였다. 그는 신행합일(神行合一)의 관점에서 하나님의 말씀을 그대로 실천하였다. 예를 들어, 그는 구한말에서부터 시작해서 일제 식민 지배하에서 신사참배가 강요되던 시대에 십계명의 말씀에 근거해서 신사참배를 우상숭배로 규명하고 이에 대해 철저하게 저항하는 설교가였다.

또한 그는 당시 사회에서 주변부로 내몰렸던 한센스 환자들, 즉 호모 사케르를 용인하는 사회적 시스템에 대해 저항하는 삶을 살아가는 설교가였다. 잘못된 시스템에 대해 저항했을 뿐만 아니라, 소외 된 환자들을 포용하고 환대하는 복음적 실천, 즉 예언적 실천을 몸소 보여준 설교가였다. 한스 부르스마가 말했던 "참된 환대는 타인에게 다가가려 애쓰면서 지나갈 수 없는 경계를 세우지 않는 것"이라는 말처럼, 손양원 목사는 경계를 허물었고 적극적으로 다가감으로 복음적 환대를 실천했던 설교가였다. 또한 그는 두 아들을 죽인 원수까지 포용하고 환대하는 공간을 만들어 줌으로써 복수하지 않는 환대, 다시 말해서 절대적 환대를 몸소 실천했다. 그는 원수까지 받아들이는 공간을 마련했던 것이다.

'저항과 환대로서의 실천'을 강조한 손양원 목사의 설교에는 항상 성경을 중심으로 한 진리의 선포가 있었다. 그는 한때 강단에서 전해지는 설교가 성경 말씀을 중심으로 전해지지 않는 상황을 바라보면서, 성경을 펴놓고 복음을 전한다는 명목 아래 복음을 전하지 않고 설교자를 실랄하게 비판하였다. 또한 학술강연처럼 귀만 즐겁게 하거나 자신의 사상을 전하려는 태도와 자기의 말재주를 나타내는 자세에 대해서도 비판하였다. 그러한 설교는 독초일 뿐만 아니라, 영혼을 시들게 하여 죽음에 이르게 한다고 강조했다.[12]

손양원 목사는 '복음의 생명'을 전해야 함을 강조했는데, 그 근거는 철저하게 성경이 중심이었고, 삶으로 살아내야 하는 가르침으로 받아들였다. 그래서 그는 그리스도인이란 성경대로 살아내는 사람들로 보았다. 그는 그러한 가르침에서 멈추지 않고, 몸소

---

11   Hans Boersma, *Violence, Hospitality, and the Cross*, 윤성현 역,

『십자가, 폭력인가 환대인가』 (서울: CLC, 2014), 358.

12   손양원, "성전을 더럽히지 마라", 안용준 편, 『손양원 목사 설교집』, 상권, 42.

예언적 실천을 한 행동하는 설교가였다. 그는 말씀을 삶으로 살아낸 설교가였고, 두 아들의 순교 사건 앞에 철저하게 포용하는 삶을 살아낸 설교가였고, 공산군의 총부리 앞에 담대하게 복음을 전하다가 순교자의 삶을 살았던 설교자였다. 그래서 손양원 목사는 "사랑의 원자탄"이라는 별칭을 얻게 되었고, 말보다 삶이 더 강력한 설교가였다는 평을 받았다.[13]

---

13   양낙홍, "손양원 목사의 설교 분석", 산돌 손양원 기념사업회 엮음, 『산돌 손양원 목회와 신학』, 153-54.

예언적 상상력과 창의력으로 만들어 가는 설교학적 토대

상상을 불러일으키는 언어적 토대

프레드 크래독은 "설교는 단지 전통 속에 놓여 있을 뿐만 아니라 그 자체가 전통을 만들어 가는 행위이며, 목회적 상황 속에서 행해질 뿐만 아니라 그 자체가 목회적인 행동이고, 제의 속에 놓여 있을 뿐만 아니라 그 자체가 제의적인 행동이다"라고 말한 바 있다. 또한 "설교는 사건을 선포하는 것일 뿐만 아니라 그 사건에 참여하는 것이며, 계시에 관해 설명하는 동시에 계시에 참여하는 것이다. 즉, 설교는 솔직한 태도로 '지금 여기에' 모여든 바로 이 사람들에게 생생하게 살아있는 목소리로 절실하게 계시를 느끼게 해 주는 것이다"라고 말한다.[14]

그러므로 신학과 설교와의 관계는 '상호 의존 관계'이며, 설교에서 중요한 '신학적 주제'를 다루게 되는데, 신학은 명제를 만들어 내는 데 개념을 사용하는 반면, 설교는 구체적이고 묘사적인 어휘나 이미지를 사용한다.[15] 따라서 설교자에게 있어서 언어적 토대는 매우 중요한 요소라고 할 수 있다.

특별히 리처드 헤이스는 성경 해석에서 유비에 대해 말하는데, 성경을 해석할 때 "상상력에 입각한 정교화와 변형"의 형태 속에서 바라본다. 또한 그는 이러한 양식을 적절하게 교회의 윤리적

---

14   Fred Craddock, *Preaching*, 김영일 역, 『설교』 (서울: 컨콜디아사, 1990), 57.
15   위의 책, 59-60.

가르침 속에 편입시키기 위해 "개별본문이 말하고 있는 양식"에 주의를 기울여야 한다고 말한다.[16] 그는 성경에 의해 형성된 공동체가 성경을 해석할 때 어떻게 해야 하는지를 다음과 같이 설명한다.[17]

> 성경이 어떻게 기독교 교회 내의 도덕적 판단을 형성하고 그 판단에 필요한 지식을 제공할 수 있는가"에 대해 성찰해야 한다. 기독교 교회는 신약 본문만이 독창적이고 독특한 권위를 가지고 증언하는 복음에 의해 이미 근본적으로 형성된 정체성을 가지고 있다. 이러한 공동체에서 성경은 여러 '고전'들 중의 하나가 아니다. 그것은 개념과 경험과 느낌의 시장터에서 경쟁하는 도덕적 지혜 중 한 원천이 아니다. 성경은 생명의 샘이며 교회의 정체성을 위한 근본적인 원천이다. 따라서 신약성경이 가지는 해석학적 우선권은 기독교 공동체의 생명의 공리이다. 전통, 이성, 경험은 신약의 증언들이 이야기하는 세계 내에서 제 위치를 찾아야 한다

헤이스는 본문의 이야기와 우리의 공동체의 이야기 사이에는 상상력에 입각한 '유비'를 형성한다고 본다. 그리고 본문을 이해

---

16   Richard B. Hays, *The Moral Vision of the New Testament*, 유승원 역, 『신약의 윤리적 비전』 (서울: IVP, 2002), 452.
17   위의 책, 456.

망치를 든 설교학

30

한다는 것은 곧 "본문이 제공하는 세계와 우리가 알고 있는 세계 사이에 존재하는 유비를 발견하는 것"이라고 말한다.[18] 사실 우리가 본문이 공동체를 위한 '성경'이라고 전제한다면, 설교자는 "본문과 공동체의 삶 사이에 유비적 관계"를 분별하도록 해야 하고, 그 유비들이 "공동체의 삶을 형성"하도록 해야 한다. 이에 대해 헤이스는 이렇게 권면한다. "우리의 삶이 신약성경에서 이야기된 삶과 역사적으로 다름에도 불구하고 어떻게 그 이야기에 적절하게 대답하며 어떻게 그것이 이야기하는 진리에 참여할 수 있는지를 잘 분별하는 일"에 참여해야 하는데, 그 방법으로 "은유-만들기(metaphor-making)"를 제안한다.[19]

은유(Metaphor)라는 단어는 미터(meta, "너머로" 혹은 "위로")와 퍼레인(pherein, "옮기다" 또는 "나르다")의 합성어인데, 이 단어를 풀이하면 "한 말에서 다른 말로 그 뜻을 실어 옮기는 것"이라는 뜻이다. 다시 말하면, 서로 다른 원관념과 보조관념이 상호작용하여 새로운 의미를 만들어 낸다는 뜻이다. **그러므로 사람들이 낯선 은유를 접하게 될 때 낡은 관념을 깨뜨리고 새로운 관념을 갖게 된다.** 이 말은 원관념과 보조관념의 관계가 생소할수록 느낌이 강하고 창조적인 은유가 될 수 있다는 말이기도 하다.[20] 한스 부르스마(Hans Boersma)는 이러한 은유의 기능은 "재빠르게 핵심을

---

18   Richard B. Hays, 『신약의 윤리적 비전』, 458.
19   위의 책, 459.
20   Ultman Stephen, *Style in the french Noble* (Cambridge: Cambridge University Press, 1957), 214.

찌르는 묘사", "상상력과 창의력을 불러일으키는 힘", "변용의 힘 (transformative power)"을 가지고 있다고 말한다.[21]

'예언적 실천의 설교학'은 이러한 은유를 잘 활용하는 자세와 토대가 필요하다. 다시 말해, 설교자의 언어적 토대는 "성경에 나오는 이야기의 은유를 통해 우리의 삶을 읽음으로써 우리의 삶이 부서지고 새롭게 형성"되도록 해야 한다는 말이다.[22] 예를 들면, 사도행전 2장과 4장에 나오는 이야기의 은유와 우리 공동체가 경험하는 이야기의 은유 사이를 결합할 때, "경제적 실재에 대한 우리의 '상식'적 관점을 뒤흔들어 우리에게 실천에 대한 급진적인 방식"[23]을 생각나게 한다. 이렇게 본문과 오늘날 우리 공동체 사이의 은유적 관계는 본문이 나타내는 의미를 생생하게 구현하는 공동체를 형성하게 한다.

바울은 고린도후서 3장 3절에서 말다툼과 과실이 있는 상황 속에서 고린도 교인들을 향하여 "그리스도의 편지"라고 쓴다. 질책하거나 비난하는 말을 하지 않고, 공동체의 정체성과 앞으로 나아가야 할 방향성을 담은 은유로 표현한다. 이러한 은유를 통해 "교회 자체가 그리스도의 형상"으로 변화되고, 본문이 입증하고 있는 "하나님의 능력에 대한 살아있는 은유"[24]가 되게 한다.

우리가 주목해야 할 부분은 "말씀이 구현되는 것에서 올바른

---

21   Hans Boersma, 『십자가, 폭력인가 환대인가』, 181-83.
22   Richard B. Hays, 『신약의 윤리적 비전』, 463.
23   위의 책, 465.
24   위의 책, 467.

성경 읽기가 발생[25]한다는 점이다. 따라서 데이빗 버트릭(David Butrick)은 "설교란 피할 수 없는 은유의 한 작품"이라고 하였다.[26] 또한 그는 "신학적 의미는 생활에서 끌어온 이미지를 통해서 구현되어야 한다"[27]라고 강조하였다. 그러므로 설교자는 은유를 통해 말하고, 은유를 만들어 가는 과정이 필요하다. 다시 말하면, 설교자는 은유를 만들어 가는 방법을 터득해야 한다. 왜냐하면 은유는 상상력을 사용하는 일이며, 상상력을 통하여 새로운 이미지를 만들어 갈 수 있기 때문이다. 이 새로운 이미지야말로 기존 관념을 전복(overthrow)시키고, 새로운 삶으로 나아갈 수 있는 결단을 하게 만들기 때문이다.

그러므로 설교자는 은유를 만들어 가고 새로운 은유로 무장한 사람들이 되어야 한다. 이것이 바로 '예언적 실천의 설교학'을 행하는 설교자의 중요한 토대가 된다.

하나님 나라 선취를 보여주는 품성적 토대

'예언적 실천의 설교'를 위한 설교자가 하나님 나라 선취를 보여줌에 있어서 품성적 토대는 절대적으로 필요한 요소이다. 볼프는 설교자로서, 그리고 그리스도인으로서 공적 삶을 살아가는 데 있어서 다양한 덕목이 필요하다고 말하면서, 그중에 가장 잘 어울

---

25   위의 책, 468.
26   David Butrick, *Homiletic: Movesand Structures* (Philadelpia: Fortress, 1987), 113.
27   위의 책, 132.

리는 덕목은 "**용기**"라고 말한다. 그는 아우구스티누스가 용기를 "사랑하는 대상을 위해 기꺼이 모든 것을 견디는 사랑"이라고 정의한다고 말한다. 이러한 관점에서 본다면, 사랑은 용기의 원천이 되고, 사랑이 강해지고 자라면 용기도 함께 자라나게 되는데. 이렇게 용기가 자라나면 두려움의 감정이 사라지게 된다고 말한다.[28]

두 번째로 '예언적 실천의 설교자'가 하나님 나라 선취를 보여주는 중요한 품성적 토대는 "**겸손과 화해**"이다. 겸손에 대해 스티븐 체리(Stephen Cherry)는 "하나님 나라의 약속과 그 존재와 부재, 그 사이의 긴장을 예리하고 깊게 인식"[29]하는 것이라고 한다. 겸손은 당면한 과제에 집중하고, 적대적이었던 이들 가운데서도 하나님 나라를 보게 할 뿐만 아니라, "화해의 문"[30]을 열게 한다.

세 번째로 '예언적 실천의 설교자'가 하나님 나라 선취를 보여주는 품성적 토대는 "정의와 환대"이다. 톰 라이트(Nicholas Thomas Wright)는 정의라는 단어를 연구하면서 "**이 세상을 바로잡고자 하는 하나님의 의도**"로 파악한다.[31] 또한 볼프는 "본인의 이익 대신 '공평'의 자리를 놓고, 사적 용도로 공공선을 흡수하려는

---

28   Miroslav Volf, *Public Faith in Action: How to Think Carefully, Engage Wisely, and Vote with Integrity*, 김영희 역, 『행동하는 기독교』 (서울: IVP, 2017), 255-56.

29   Stephen Cherry, *Barefoot Disciple: Walking the Way of Passionate Humility* (London: Continuum, 2011), 43.

30   Miroslav Volf, 『행동하는 기독교』, 271.

31   Nicholas Thomas Wright, *Surprised by Hope*, 양혜원 역, 『마침내 드러난 하나님 나라』 (서울: IVP, 2009), 325.

망치를 든 설교학

행동을 못하게 하고, 불법을 거부하고, 권력의 화려함보다 정말 중요한 것을 행하도록 하는 것"이라고 말한다.[32]

네 번째로 하나님 나라 선취를 통해 예언적 실천으로서의 삶의 모습을 보여줌에 있어서 필요한 품성적 토대는 **"관용과 존중"**이다.[33] 다원적 사회에서 나타나는 대립성향은 '적'으로 치부한다거나, '존중'하지 못하는 경우들이 많다. 심지어 압제자, 범법자, 바퀴벌레 등으로 취급하는 때도 있다. 이러한 태도는 그리스도의 성품에 참여하지 못한 모습이다. 데즈먼드 투투(Desmond Tutu)는 "우리가 적들도 존중하고, 그들을 괴물로 보지 않고, 인간성을 말살시키지 않고, 악마로 만들지 않고, 그들의 인간성 때문에 존경받을 자격이 있는 동료 인간으로 볼 때만, 우리는 갈등을 막는 담화를 할 수 있을 것이다"[34]라고 말한다.

마지막 다섯 번째, '예언적 실천의 설교자'가 가져야 할 품성적 토대는 **"긍휼"**이다. 긍휼은 궁핍하고 고통 가운데 있는 이들을 향한 함께 아파하는 감정적 측면도 있지만, "생각"과 "해결하기 위해 할 수 있는 일을 하는 것"이 포함된다. 아우구스티누스는 긍휼을 "다른 사람의 불행에 대해 우리 마음이 느끼는 일종의 동정이다. 이는 우리에게 가능한 모든 수단으로 그를 돕게 만든다"라고 말한 바 있다. 긍휼을 가진다는 것은 행동을 취할 것인가 말 것인

32   Miroslav Volf, 『행동하는 기독교』, 278-80.

33   Miroslav Volf, *Flourishing*, 양혜원 역, 『인간의 번영』 (서울: IVP, 2016), 137.

34   Desmond Tutu, *"Our Glorious Diversity: Why We Should Celebrate Difference"*, Huffington Post, June 21, 2011.

1장_예언적 실천의 설교학

가의 차원이 아니라, 행동할 수 있는 수단이 무엇이 있으며 어떤 행동이 가장 지혜롭고 유용한가를 보게 한다.[35] 따라서 '예언적 실천의 설교학'은 설교 사역을 통해 예언적 상상력과 창의력으로 새로운 시대를 만들어 가고, 하나님 나라를 이루어 가기 위해서 설교자의 중요한 사역의 토대를 쌓아 가도록 동기부여를 한다.

우리의 사명

우리는 이 시대에 설교자로 부름을 받았다. 부름 받음의 그 사명을 잘 감당하고 바르게 감당해야 한다. 오늘 이 시대는 설교를 들을 기회가 적어서 영적으로 메마른 것이 아니라, 설교의 메시지가 바르게 들려지지 않아 메마른 것이다. 이제 우리의 어깨 위에 하나님 나라를 이어가야 할 위대한 사명이 얹어져 있다. 우리는 이 사명을 뛰는 가슴을 부여잡고 겸손하게 감당해야 한다.

---

35   Miroslav Volf, 『행동하는 기독교』, 301-02.

2장 글과 글쓰기의 이해

망치를 든 창조자

'망치'에 대한 이야기를 한 번 나누어 보고자 한다. 망치 하면 어떤 이미지가 떠오르는가? 망치가 어떤 사람에게 들려지느냐에 따라 그 쓰임새가 달라진다. 폭군에게 들려지면 사람을 해치는 도구가 될 수 있다. 그런데 미켈란젤로와 같은 조각가들에게 들려지면 위대한 작품을 만드는 도구로 사용 된다. 그래서 망치는 파괴를 의미한다기보다 새로운 창조의 의미로 사용되기도 한다. 글을 쓴다는 것은 일종의 망치를 드는 행위와 같다. 새로움을 창조하기 위해서 망치가 원석인 돌을 향해 쉬지 않고 몰아치듯, 새로운 이미지와 개념을 만들어 내려고 내 사유함에 망치질을 해야한다. 그럴 때 새로움을 창조할 수 있다.

이제 우리에게 주어진 과제는 **창조하고 창작하는 일**이다. 같이 창조하고 창작하는 기쁨을 누려보면 좋겠다. 창작의 기쁨을 누리기 위해서는 어떻게 해야 할까? 자연의 원리를 살펴보면, 자연의 법칙은 소리없이 돈다. 새로운 가치는 소문이나 소란 그리고 소동이 일어나는 지점이 아니라, 조용한 순간 새로운 가치를 발견하게 된다. 가장 조용한 말이 폭풍우를 불러온다. 비둘기 걸음으로 오는 생각이 세계를 운전한다. 느리지만 지속적으로 망치질을 하고 내면의 조용한 소리에 집중할 때, 우리는 새로움을 보게 되고 창작의 기쁨을 누리게 될 것이다. 이러한 새로움과 기쁨을 누리기 위해서 우리는 먼저 언어에 대해 이해할 필요가 있다.

예언자들의 언어 이해

설교의 언어적 이해를 위해서 먼저 구약성경에 나타난 예언자들의 언어에 대해 이해 하고자 한다. 구약의 예언자들은 '말'을 통해서 메시지를 전달했다. 폰 라드는 예언자들이 전한 메시지를 잘 이해하기 위해서 고대인들의 '말'에 대한 기능과 의미를 파악할 필요가 있다고 말한다. 그 이유는 고대인들에게 있어서 '말'은 지금과 달리 '영적인 것과 물질적인 것'을 구별하지 않았기 때문이다. 그래서 고대인들에게 '언어' 안에서 일어나는 일은 곧 물질적인 표현을 하게 되고, 이름을 주는 말을 통해서 형태와 차이를 얻을 수 있다고 인식했다.[1] 따라서 고대인들에게 있어서 '말'은 곧 "신적인 능력"을 의미했다. 다시 말해서, 말은 **"능력 있는 말"**이었

---

1 Gerhard von Rad, *The Message of the Prophets*, 김광남 역, 『예언자들의 메시지』 (일산: 비전북, 2001), 102-03.

고, **"우주적인 힘을 가진 말"**로 이해했다.

이와 마찬가지로 이스라엘 백성에게 있어서 하나님의 말씀은 곧 **"창조의 능력"**이었다. 그래서 폰 라드는 모세가 "하나님의 말씀이 헛된 것"으로 보지 않았고, 이사야 역시 "하나님의 말씀이 헛되지 않고 효력을 발휘한다"라고 보았다. 흥미로운 점은 예언자들이 이러한 확신 가운데 '말'을 통해서 하나님의 메시지를 전했다는 것이다. 그리고 선포한 말씀 그대로 이루어짐을 전제했다. 예언자들뿐만 아니라 이스라엘 백성 또한 여호와의 말씀이 헛것이 아니라 삶에서 그대로 이루어진다는 사실로 인식하고 받아들였다. 예언자들은 이러한 인식을 바탕으로 그들의 특수한 상황 속에서 회개와 심판 그리고 회복과 소망에 대해 선포했다.[2] 이러한 이해를 바탕으로 구약의 선지자들의 설교 사역을 한 번 살펴보자.

그들은 단순한 대변자나 해석자로서의 예언자가 아니었다. 그들은 하나님으로 채워진 인간으로서 하나님에 대한 선포가 견딜 수 없도록 차고 넘쳐 흐르는 사람들이었다. 또한 그들은 사담을 즐기는 사람들이 아니라 공적인 존재로서 백성을 향한 메시지를 선포했고, 자신의 사상을 전하고 이익을 추구하는 사람이 아니라 하나님을 대신하여 말하는 사람이었다. 그래서 그들은 하나님이 원하시는 길 속에 서 이스라엘 백성이 살아갈 것을 가르치는 데

---

2   정장복, 『인물로 본 설교의 역사』 (서울: 장로회신학대학교 출판부, 1986), 10.

주안점을 두었다. 그 가르침은 자신들의 생각이나 사상이 근거가 되지 않았고, 하나님이 주셨던 율법과 명령에 근거한 것이었다. 그리고 그들은 미래의 방향을 제시했는데, 이 또한 하나님의 메시지에 의한 것이었다. 그뿐만 아니라, 그들은 불의와 죄악으로 어두워진 현장을 바라보면서 하나님의 경고와 심판 그리고 회복에 대해 전달하는 역할을 했다.

우리가 주목해야 할 점은 그들은 선지학교에서 율법과 그 해석하는 방법을 공부하면서 예언적 사역을 감당했다는 점이다. 이런 예언자들의 사역은 오늘날 설교 사역의 뿌리가 되었다. 구약 예언자들의 사역은 오늘 설교자들에게 주는 위대한 유산이 아닐 수 없다.[3] 또한 그가 설교한 장소는 어느 특정한 곳에 국한되지 않았다. 어디서든 자유롭게 복음에 대해 선포하였다. 그뿐만 아니라 세상 끝날까지 설교 사역을 감당해야 한다는 지상명령이었다. 누가가 사도행전에서 기록하고 있듯이, 성령님이 임하시면 권능을 받고 그리스도의 증인이 되라는 선언은 사도들뿐만 아니라 오늘 우리가 설교 사역을 감당해야 할 충분한 이유가 된다.[4]

이러한 유산을 받았던 사도들은 예수의 그 거룩한 사역을 이어 갔던 사람들이었다. 사도(ἀπόστολος)란 "보냄을 받은 자(sent men)"라는 의미로 "복음 자체이신 예수 그리스도를 전하는 사람들"이었다. 그들의 사역 특징을 보면, 약속대로 보내 주신 성령의

---

3   위의 책, 15.
4   사도행전 2:1-4.

임재를 경험하고 성령님의 권능으로 새로운 차원의 세계를 경험하게 되었다.[5] 그리고 그들이 경험한 세계에 대해 증언하는 삶을 살았다. 그들이 전한 메시지의 중심에는 "예수 그리스도의 오심과 생애, 교훈과 십자가의 수난과 죽음, 부활과 승천 그리고 재림에 관한 선포"가 있었다.[6]

또한 그들이 전했던 장소는 제한적이지 않았다. 마가복음 16장 15절에 "너희는 온 천하에 다니며 만민에게 복음을 전파하라"는 말씀처럼, 사마리아와 다메섹, 소아시아 등 경계를 제한하지 않고 복음을 전했다. 이 점에서 우리는 세계 인류를 향한 복음의 역사에 대한 모티브를 발견하게 된다. 사도들은 그리스도의 증인으로서 순교적 자세로 복음을 전했다. 그들은 철저하게 복음을 증언하면서 하나님의 은총을 끊임없이 강조했다. 이러한 사도들의 설교 사역을 볼 때, 오늘 설교자들이 어떠한 자세로, 그리고 어떠한 내용으로 메시지를 전해야 할지 그 뿌리를 다시 한 번 발견하게 된다.[7]

황금기 시대의 언어

설교의 암흑기를 거쳐 1361년 위클리프의 설교가 등장하면서

---

5   다드는 사도들의 설교의 특성을 볼 때, 선포적 설교 외에 바울과 야고보가 신앙생활의 정도를 가르쳤던 교훈적 설교라고 구분하였다.
6   정장복, 『인물로 본 설교의 역사』, 18.
7   위의 책, 24-26.

종교개혁을 알리는 서곡이 이 땅에 울려 퍼지게 되었다. 이들 종교개혁가들이 전한 신학적 특징은 하나님의 말씀이 없는 미사를 지적하면서 초대교회처럼 말씀과 성례전이 동반된 교회가 되어야 함을 주장했다. 그리고 사도들의 설교 내용과 같이 하나님의 은총과 사람의 복음으로 오신 예수 그리스도를 외쳤다. 설교 사역은 목사들의 일차적인 사명임을 강조하면서 목사의 직분은 "하나님의 진실된 입"이라는 점을 강조했다. 이때부터 설교자를 '하나님의 말씀의 사자' 또한 '대언자'라고 인식하게 되어, 설교의 절대적 권위가 확보되었고, 회중은 설교를 하나님의 말씀으로 받아들이는 계기가 되었다. 하나님의 은총은 말씀과 성례전 그리고 성령의 3대 방편을 통해서 역사하신다고 강조했다. 그들의 설교적 언어는 사변적인 언어에 의존하지 않고, 평범하고 직선적인 형태를 취하면서 회중이 이해할 수 있는 말씀으로 전달했다. 개혁가들이 남긴 설교 형태와 내용과 전개는 오늘 우리에게 중요한 귀감을 보여주고 있다.[8]

　그렇지만 1572년 존 낙스의 죽음으로 개혁의 주역들이 떠난 다음, 또 한 번 정체 현상을 맞이하게 된다. 그 이유는 지속적인 가톨릭에 대한 대항, 정교(政敎)의 분리, 이단들의 경계, 개신교의 정비와 정착 등에 관한 비설교 영역에 대한 시급한 대처 활동이 설교자들로 하여금 설교 사역에 집중하지 못하도록 했기 때문이다. 이러한 긴 여정 동안 정체 현상이 있음에도 불구하고, 설교의

8　　위의 책, 29-31.

대역사가 새롭게 펼쳐지게 되었다. 이 대역사는 영국의 청교도 운동, 웨슬리를 중심으로 한 복음주의 운동 그리고 미국의 대각성 운동이 바로 그것이었다. 우리가 잘 알고 있는 밀톤과 존 번연은 청교도 문학의 기수가 되었고, 말씀의 생활화를 강조하게 되었다.

17세기 후반까지 영향을 미쳤던 청교도 설교가 중에는 리차드 박스터가 있고, 또 한 사람은 존 번연이 있었다. 1730년대 초반에 옥스퍼드 대학생들이 주축이 되어 발생한 영국의 복음주의 운동은 웨슬리 형제를 중심으로 하여 "하나님의 말씀의 순수한 도구가 되기 위하여 스스로를 성결하게 해야 함을 목적으로 하는 순수한 신앙 단체"로 출발하게 되었다. 웨슬리는 미국의 조지아 주로 선교를 떠났지만 결실을 맺지 못했다. 고국으로 돌아오는 배에서 모라비안 공동체를 만나 감동이 되어 그때부터 구령사업에 힘을 썼고, 조지 휫필드가 합류하면서 영국의 복음 운동에 본격적으로 불이 붙기 시작했다. 이들의 설교 사역은 미 대륙으로 건너가 또 하나의 놀라운 설교 사역의 불을 지피게 되었다. 그것은 바로 미국의 대각성 부흥 운동이었다.

미국의 대각성 운동은 교회와 사회 모두 개혁의 기치를 들게 되어 교회의 갱신 운동을 비롯하여 사회 개혁 운동이 일어나게 되었다. 중요한 점은 대각성 운동을 통해 갖게 된 결실은 선교의 관심과 그 실현이었다. 그 이유는 설교를 통해 "땅끝까지 이르러 내 증인이 되라"고 선포한 메시지로 말미암아 미국의 교회가 가지고

2장_글과 글쓰기의 이해

43

있는 기독교의 유산과 풍요한 문화와 물질의 자원을 선교의 대열에 내어놓지 않을 수 없었기 때문이었다.

사유와 글의 이해

사유

이제 사유와 글의 관계에 대해서 살펴보고자 한다. 먼저 사유란 '대상에 대해서 두루 생각하는 일' 혹은 '개념, 구성, 판단, 추리 등을 하는 인간의 이성작용'이다. 설교자에게 있어서 사유는 꼭 필요한 요소이다. 그 이유는 설교자가 전해야 할 그 대상 혹은 그 내용(메시지)에 대해서 깊이 생각하는 습관과 훈련이 필요하기 때문이다. 그래서 설교자는 우리의 이성을 통해서 끊임없이 생각해야 하고, 그 일을 멈추지 말아야 한다.

'**신학적 사유함**'[9]이라고 말할 때 그 의미는 무엇인가? 먼저 우리가 생각해 보아야 할 점은 학문은 체계적인 방법과 전문적인 언어와 개념을 매개로 학문의 대상에 대해서 자명하게 밝혀내고 논증하는 과정을 말한다. 쉽게 말하자면, 학문은 곧 사유함이다. 신학의 주요 대상은 하나님에 관한 학문이지만, 또 한편으로는 우리의 신앙에 대해 정립하고 그 방향성을 제시하는 학문이기도 하

---

9   신학이 학문의 대상으로 삼고 있는 것은 인류 역사에 개입하시고 역사하신 하나님에 관한 내용을 그 핵심으로 한다. 따라서 신학적 사유함이란 인류 역사와 더불어 우리 인간(개인)에게 역사하신 하나님에 관한 내용을 연구대상으로 삼는다.

다. 그래서 신앙은 이해를 추구하는 것으로 이해할 수 있다. 이해는 이성을 배제하지 않는다. 신학은 우리가 신앙하고 있는 대상에 대해 탐구하고, 교회를 성찰하고, 세상을 읽어내는 특성을 가진다. 다시 말해서, 신학은 신앙과 신앙 성숙, 교회와 목회에 관한 현장에 도움이 되어야 한다. 이러한 의미에서 신학적 사유함이란 이해하는 신앙, 해석하는 신앙, 분별하는 신앙을 위해 끊임없이 생각하는 행위라고 말할 수 있다.

글

사유함을 통해 정리된 체계, 개념은 언어로 담아내야 한다. 글이라는 것은 사유한 내용을 문자로 옮겨 놓은 그릇이다. 이러한 의미에서 본다면, 진정한 의미에서 글쓰기란 **'사유한 내용을 체계있게 정비하는 작업'**이라고 말할 수 있다. 따라서 기존의 지식을 재조합하고 새로운 의미를 부여하는 창조행위, 즉 창조적인 사유함을 통해서 정리된 개념을 글로 표현하는 것이 곧 글쓰기라고 할 수 있다.

글쓰기에 있어서 하나의 글이 가치를 가지려면 특징이 있어야 한다. 다시 말해서, 그것은 곧 글쓴이의 **창의적인 생각과 개성적인 문체**가 드러나야 한다는 말이다. 흔히 많은 사람이 창의적인 생각은 하지만 글을 체계적으로 구성하지 못하는 경우가 있는데, 그것은 곧 창의적인 생각을 체계적으로 정돈하는 데 익숙하지 못하다는 말이기도 하다. 여러 가지 창의적인 생각을 논리적으로 정리하는 습관이 부족하다는 말이기도 하다. **진정한 창의성은 사물과 인간 그리고 역사에 대해서 깊이 있는 성찰과 더불어 형상 혹은 비형상으로 존재하는 것들에 대한 진지한 관심을 갖는 데서 비롯된다.** 창의적인 글은 곧 글쓴이의 사고가 담겨 있기에 개성적인 문체가 될 수 있다. 개성적인 문체는 그 문장에서 드러나고 있는 고유한 맛과 같다. 그래서 문체(style)는 곧 개성(individuality)이다. 이렇게 글은 글쓴이의 고유한 정체성이 구현되는 양식이다.[10] 이러한 작업은 마치 출산의 고통을 경험하는 재창조의 작업이다. 따라서 창의적이고 개성적인 글을 쓰기 위한 방법을 알아보도록 하자.

서사적 서술 방식

효과적이고 창의적인 글을 구성하기 위해서는 몇 가지 서술 방식에 대해서 이해할 필요가 있다. 그중의 하나가 바로 **서사적 서술 방식**이다. 서사란 말 그대로 어떤 사건을 서술하는 것을 말한다. 사건이란 시간에 따른 움직임으로 구성된다. 그리고 움직임이란 대상이 내적 혹은 외적 변화를 겪는 것으로 형성된다. 따라서 사건의 구조는 일정한 기간에 무엇(대상)이 어떻게 변화를 겪는가(혹은 움직임을 보이는가)로 구성되며, 서사는 그러한 사건의 연쇄로 구성된다. 사건을 6하 원칙(언제, 어디서, 누가, 무엇을, 어떻게, 왜 사건을 일으켰는가)에 의하여 기술하는 대표적인 방식이 신문의 기사문이다.

---

10   한승옥 외 4명, 『읽기와 쓰기』 (서울: 보고사, 2005), 143-51.

그렇지만 무조건 시간적 순서에 따라서 사건을 나열한다고 해서 서사가 되는 것은 아니다. 사건이 유의적 관계를 맺으며 연속되는 것을 기술해야 서사라고 할 수 있다. 이와 같이 유의미한 사건들을 조직적으로 배열하는 일을 서사에서의 구성이라고 한다. 소설에서와 같은 극적인 사건의 연쇄는 통상적으로 발단-전개-위기-절정-결말로 이어진다. 그중에서도 절정이 서사의 중심이 된다.[11]

서사를 기술함에 있어서는 시점(視點)을 잡아야 한다. 시점은 인칭과 관계된다. 서술자를 스스로 일컬어 '나'로 표현하면 1인칭 시점이 되고, '나'가 등장하지 않고 인물들을 각자의 이름으로 기술하면 3인칭 시점이 된다.

먼저 1인칭 시점의 특성에 대해 다음의 소설을 통해 살펴보자.

> 그날 아침에 이슬비가 내리고 있었다. 식전에 나는 우산을 받쳐 들고 읍 근처의 산에 있는 어머니 산소로 갔다. 나는 바지를 무릎 위까지 걷어올리고 비를 맞으며 묘를 향하여 엎드려 절했다. 비가 나를 굉장한 효자로 만들어 주었다. 나는 한 손으로 묘위의 긴 풀을 뜯었다. 풀을 뜯으면서 나는, 나를 전무님으로 만들기 위하여 전무 선출에 관계된 사람들을 찾아다니며 그 호걸웃음을 웃고 있을 장인 영감을 상상했다. 그러나 나는 묘 속으로 들어가

---

11   위의 책, 182-86.

고 싶었다.

-김승옥, 〈무진기행〉 중에서

　소설의 1인칭 시점은 소설의 등장인물 중 한 사람의 시점에서
사건을 기술해 나가는 것이다. 그가 주인공이 아니라 주변 인물
이라면 1인칭 관찰자 시점이라 하여, 그가 주인공이 되는 경우와
구분하기도 한다. 1인칭 시점은 사건에 대한 인물의 내면 심리를
묘사하기에 유리하다. 때문에 서사이지만 묘사의 기술 방식이 혼
합되어서 주관적 인상에 대한 기술이 두드러진 작품들이 많이 있
다.
　다음으로 3인칭 시점의 예를 살펴보자.

　　그 여자가 제게 다가와 제 어깨를 매만지며 물었어요. 여
　　자는 어느덧 부엌에서 소쿠리를 들고 나와 제 앞에 서 있
　　었지요. 저는 그 여자의 화사함에 이끌려 고무신을 꿰신
　　고, 그 여자를 뒤세우고는 텃밭으로 난 샛문을 향했습니
　　다. 그 여자에게는 그때껏 제가 맡아 본 적이 없는 은은
　　한 향내가 났습니다...〈중략〉...그 여자는 잔 배추와 잔
　　배추들 사이를 헤집고 다니며 소쿠리에 잔 배추를 뽑았
　　습니다. 텃밭 한 곁에 심겨진 푸르른 조선파도 뽑아 담았
　　습니다. 여자는 새각시처럼 뉴똥 저고리를 입고 있어서,
　　배추를 뽑을 때는 배춧잎같이. 파를 뽑을 때는 팟잎같이

파랗게 고왔습니다.

3인칭 시점은 기사문뿐만 아니라, 역사, 다큐멘터리 등에서 글을 기술함에 있어서 기본적인 시점이다. 픽션의 글에서는 마치 인물의 내면까지를 알 수 있듯이 기술하여, '전지적 작가 시점'의 3인칭 시점이 있기도 하다.[12] 이러한 서사적 서술 방식은 설교 형태 중 이야기 설교 형식을 구성할 때 많은 도움이 된다.

묘사적 서술 방식

다음으로 효과적인 글과 창의적인 글을 작성하기 위한 방법으로 **묘사적 서술 방식**이 있다. 글 쓰는 사람에게 있어서 묘사의 중요성을 모르는 사람은 마치 그림을 그리는 사람이 데생이 미술에서 어떤 의미를 지니는지 모르는 것과 유사하다. 그만큼 묘사는 중요하다. 묘사란 수사학에서 말하는 언술 행위로 표현하는데, 언술 형식에는 설명,[13] 논증,[14] 묘사, 서사로 나누어 설명한다.[15]

묘사와 서사는 설명과 논증의 형식과 조금 다른 성질을 갖는다.

---

12   위의 책, 189.
13   비교, 대조, 실례, 분류, 정의, 분석 등을 통하여 주제를 밝히는 형식이다.
14   사이에 설득이 있는데, 사람들의 태도와 감정 그리고 정서의 공통적인 바탕에 호소하여 발화자의 의를 현실화시키는 형식이다. 설명은 설득이 아닌 이해가 목표이고, 설득은 감정적인 호소로, 논증은 논리적인 호소로 어떤 주장이나 진리를 궁극적으로 자신의 의도대로 현실화하는 것을 목표로 한다.
15   오규원, 『현대시작법』 (서울: 문학과 지성사, 1993), 64.

묘사란 사물이나 현상이 지닌 성질, 인상을 감각적으로 표현하는 언술 형식이며, 서사는 사건의 의미 있는 시간적 과정을 제시하는 형식이다. 그렇기 때문에 사물과 사건에 대한 글쓴이의 감정을 효과적으로 전달하기 위해서는 묘사의 기술 방식을 사용하는 것이 더 효과적이다. 즉, 구체적인 묘사는 독자로 하여금 글쓴이가 느끼는 감정을 그대로 전달하기에 가장 효과적인 기술 방식이다. 묘사를 잘하기 위해서는 일반적인 설명이나 서사에 비해서 사물이나 사건에 대한 섬세한 관찰력이 요구될 뿐만 아니라, 글쓴이의 감정을 정리할 줄 아는 고도의 훈련이 필요하다. 특히 묘사에 있어서 가장 중요한 것은 구체성이다. 구체적인 표현을 하기 위해서는 사물에 대해서 세세히 관찰하는 태도와 스스로의 감각이나 감정에 대해서도 언어로 표현해 낼 수 있는 능력이 필요하다. 감각을 살리는 것은 묘사에 있어서 생명과 같다. 즉, 사물의 생김새나 색, 촉감, 소리, 냄새 등에 대하여 글을 읽는 사람이 마치 보고 듣고 느끼듯이 기술하는 것이 효과적이다.[16]

묘사를 하기 위해서는 먼저 **글쓴이의 주된 느낌을 중심으로 기술해**야한다. 묘사는 그 내용이 객관적으로 검증받기 위해 쓰인 글이 아니라, 설명과 달리 인상을 중심으로 기술하는 것이다. 그 목적도 독자들에게 대상의 특성을 정확히 전달하는 것이 아니라, 글쓴이의 대상에 대한 감정을 공유시키는 데 있다. 다음의 예에서 묘사가 주는 힘에 대해서 살펴보자.

---

16   한승옥 외 4명, 『읽기와 쓰기』, 190.

아! 거기 소연이가 서 있었다. 버스를 놓치지 않기 위해 네 활개를 치며 퍼덕거리며 방금 소연이 도착했지만 버스는 이미 출발하기 시작했다. 그녀와 내가 순식간에 눈이 맞추어졌다. 그녀는 온통 비에 젖어 있었다. 그리고 떠나는 버스를 망연히 바라보았다. 가는 다리, 그리고 균형을 잡기 위해 항상 조금 뾰죽하게 내밀고 있는 엉덩이, 둥그런 상체, 힘없이 처진 팔, 비에 젖어 엉겨붙은 머리칼. 아, 새 같다. 작은 새. 비에 젖은 작은 새. 다친 새….

위 글은 '소연'에게서 떠오르는 주된 이미지로 '새'를 선정하고, '소연'을 묘사하고 있다. '퍼덕이다', '뾰죽한 엉덩이', '둥그런 상체' 등은 모두 새의 이미지를 합성한 것이다. 그리고 '비에 젖은 새'로 묘사함으로써 '소연'의 처연한 상태를 부각하고 있다. 이렇게 대상을 주된 이미지를 살려서 묘사하게 되면 묘사 대상에 대한 글쓴이의 느낌을 집중적으로 부각시킬 수 있다.[17]

또한 직유와 은유 등 비유를 창의적으로 활용하도록 한다. 묘사는 주관적인 감정을 전달하는 데에 주된 목적이 있다. 객관적인 언어, 즉 사전적인 뜻을 지닌 언어를 사용하면 이미 고정된 의미값을 지니고 있어서 글쓴이 고유의 감정을 전달하기 어렵다. 글쓴이 고유의 감정을 전달하기 위해서는 일반적인 의미체계를 넘

---

17   위의 책, 191.

어서는 어휘의 사용, 즉 은유를 활용하는 것이 가장 효과적인 방법이다. 다음의 글에서 은유가 주는 매력을 한 번 경험해 보자.

어느 해 4월 벚꽃 핀 군산도로를 자전거로 달리다가, 꽃잎 쏟아져 내리는 벚나무 둥치 밑에 자전거를 세워놓고, 나는 내 열려지는 관능에 진저리를 치며 길가 나무둥치에 기대앉아 있었다. 나는 내 몸을 아주 작게 웅크리고 쩔쩔매었다. 온 천지에 꽃잎들이 쏟아져 내리고 있었다. 나무둥치 밑에 쪼그리고 앉아서 바라보면, 만경 평야의 넓은 들판과 집들과 인간의 수고로운 노동이 쏟아져 내리는 꽃잎 사이로 점점이 흩어져 아득히 소멸되어 가고, 삶과 세계의 윤곽은 흔들리면서 풀어지면서, 박모의 산등성이처럼 지워져 가는 것이었는데, 세상의 흔적들이 지워져 버린 새로운 들판의 지평선 너머에는 짐승들의 어두운 마음의 심연 속에서 희미하게 가물거리고 있을 호롱불 같은 관능 한 점이, 그러나 명료하게도 깜박거리고 있었다. 그 관능의 불빛 한 점은 쏟아져 내리는 꽃잎 사이를 꺼질듯 꺼질듯 헤치면서 지평선 저쪽으로부터 인간에게로 가까이 다가오면서 점점 크고 밝고 뚜렷하게 자리잡아, 이윽고 태양처럼 온 누리를 드러냈다. 숨을 곳이라고는 아무 곳도 없었다. 그 관능의 등불이 자전하고 공전함에 따라 이 세계 위에는 새로운 낮과 밤의 계절이 드나드는 듯했다. 꽃잎들은 속수무책으로 떨어져 내렸다. 그것들의 삶은 시간에 의하여 구획되지 않았다. 그것들은 태어나자마자 절정을 이루고, 절정에서 죽고, 절정에서 떨어져 내리는 것이어서 그것들의 시간은 삶이나 혹은 죽음 또는 추락 따위의 진부한 언어로 규정할 수 없는 어떤 새로운, 절대의 시간이었다.

김 훈, 〈여자의 풍경, 시간의 풍경〉 중에서

위 글은 군산가도의 벚꽃 묘사하고 있는데, 이는 인간(특히 여자)과 결부하여 이미지를 결합시키고 있다. 이 글에서 '관능'과 '여자'가 대상이고, '벚꽃'이 은유이다. 그 이유는 '태어남', '절정', '소멸'은 궁극적으로 '벚꽃'을 위한 기술이기보다는 인간(여자)에 대한 기술이기 때문이다.

마지막으로 감각적 표현, 즉 시각, 촉각, 미각, 후각 등을 통한 글을 살펴보자. 이러한 글의 표현은 현장감을 살리는 효과가 있다. 다음의 문장에서 그 예를 살펴보자.

이지러는 졌으나 보름을 갓 지난달은 부드러운 빛을 흔붓이 흘리고 있다. 대화까지는 칠십 리의 밤길, 고개를 둘이나 넘고 개울을 하나 건너고 벌판과 산길을 걸어야 된다. 길은 지금 산허리에 걸녀 있다. 밤중을 지난 무렵인지 죽은 듯이 고요한 속에서 즘생같은 달의 숨소리가 손에 잡힐 듯이 들리며 콩토기와 옥수수 닢새가 한층 달에 푸르게 젖었다. 한허리는 왼통 메밀밭이여서 피기 시작한 꽃이 소곰을 뿌린 듯이 흠웃한 달빛에 숨이 마켜 하양었다.

– 이효석, 〈메밀꽃 필 무렵〉 중에서

위 글에 표현된 감각적 표현들을 살펴보면, '달빛'에 대해서 '부드럽다'는 촉각을 동원하였고, '숨소리'와 같은 청각, 그리고 '소금을 뿌린 듯, 하양었다'와 같은 시각을 동원하고 있다. 감각적인 묘사는 독자로 하여금 글쓴이 혹은 글의 주인공과 동화되게 하는 효과를 낳는다. 그러한 만큼 호소력을 지니게 된다.[18]

우리의 과제

지금까지 우리는 설교와 글의 관계성에 대해서 살펴보았다. 먼저 고대인들의 언어에 대한 이해와 구약 예언자들의 설교 사역 그리고 사도들의 설교 사역에 대해 살펴보았다. 그리고 설교의 황금기를 거쳐 대부흥운동의 과정에 대해서 살펴보았다. 교회의 부흥은 말씀의 부흥의 역사와 깊은 관련이 있다는 사실을 인식해야 한다. 그 안에는 "땅끝까지 이르러 내 증인이 되라"는 메시지를 받은 설교자들의 역할이 중요했다. 이어서 사유와 글에 대한 이해에 대해서 살펴보았다. 사유함을 통해 발견해 낸 개념을 언

---

18   위의 책 193.

어로 표현함으로 새로운 세계를 나타낼 수 있어야 한다. 그리고 효과적인 언어를 담기 위해서 서사적 서술 방식과 묘사적 서술 방식을 활용할 수 있어야 한다. 이제 우리는 이러한 과제를 안고 끊임없이 망치를 들고 내 사유함에 휘몰아 쳐야 한다. 그래서 회중이 공감하고 동시에 새로운 하나님의 세계를 볼 수 있어야 한다.

3장 새로운 설교학 운동과 들려지는 설교

시인과 화가 그리고 설교자의 공통점

이번 장에 들어가기 전에 한 가지 질문을 해 보고자 한다.

> 시인과 화가 그리고 설교가의 공통점은 무엇이라고 생각
> 하는가?

시인은 언어를 통해서 무생물에게 생명을 불어넣는 위대한 일
을 하고, 화가 또한 전혀 생동감없는 도화지에 생명을 불어넣어
위대한 작품을 만든다는 점이다. 이들은 모두 생명없는 것에 생
명을 불어넣어 사람들에게 감동을 준다. 이와 마찬가지로 설교자
또한 마른 뼈와 같은 영혼에 생기를 불어넣어 살아있는 생명이
되게 한다는 점에서 이들과 공통점을 갖는다. 따라서 이들의 공
통점은 바로 생명없는 존재에게 생명을 불어넣는다는 것이다.
  우리에게 너무나 익숙한 시 한 편이 있다. 바로 김춘수의 '꽃'이
라는 시이다. 그의 시는 "내가 그의 이름을 불러 주기 전에는 그

는 다만 하나의 몸짓에 지나지 않았다"라는 싯구로 시작한다. 시인은 이 시에서 꽃이라는 대상을 제시하면서 존재의 본질에 닿고자 하는 인간의 소망을 표현하고 있다. 이 시에서는 대상과 주체가 주종의 관계가 아니라, 상호 주체적인 만남의 관계를 형성하고 있다. 다시 말해서, 대상의 본질에 대한 인식을 갈망하는 시적 화자의 소망은 스스로도 누구인가 자신의 본질을 인식해 주기를 희망하는 상호 인식의 소망을 말하고 있다. 여기서 말하는 인식이란 존재의 본질이 무엇인지를 알아차리는 과정을 말한다. 본 시에서는 인식의 과정이 이름을 부르는 행위로 대치되고 있다. 시에서는 자신의 본질(빛깔과 향기)에 알맞은 어떤 이름으로 불리기를 소망하는 것으로 표현한다. 즉, 일방적인 대상에 대한 인식이 아니라, 대상과 주체인 자신이 상호 인식의 상황에 놓이게 되기를 바라는 소망이 담겨 있다.

우리가 이름을 부르는 행위는 단순한 호칭이 아니라, 그 대상의 **존재 자체를 만나는 행위**이다. 이름을 부르고 그 존재와의 만남을 인식하는 것은 다른 존재들과 구별하며, 나에게 의미로 존재하게 하는 행위이다. 이름을 불러 주기 전에는 그 대상은 하나의 몸짓에 불과하다. 하지만 이름을 불러 주었을 때 꽃이 되는데, 이때 **꽃은 의미있는 대상이 된다**고 노래한다. 이렇게 누군가의 이름을 부르고 불리는 것은 더욱 의미있는 존재로 상호관계를 맺게 된다. 한마디로 특별한 존재로 인식하고 특별한 관계를 맺게 된다는 말이다. 정현종의 〈방문객〉이라는 글 중에서 이런 글이 떠오른다. "한 사람이 들어온다는 것은 실로 어마어마한 일이다. 왜냐하면 그 사람의 전 생애, 즉 그 사람의 과거와 현재 그리고 미래가 들어오기 때문이다." 이러한 글과 관련하여 예수님께서 "한 영혼이 천하보다 귀하다"라고 하신 말씀을 기억하게 한다. 설교자에게 있어서 더욱 필요한 덕목이 아닐 수 없다. 더불어 월터 브루그만이 말했던 것처럼, 설교자는 시인이 되어야 하고, 하나님 나라를 볼 수 있는 예언자적 상상력이 필요하다.[1]

설교에서 은유의 필요성

설교에 있어서 은유의 필요성을 알아보기 전에 현대에 가장 유명한 은유 중에 하나인 케네디 대통령의 1963년 서베를린 시를 방문했을 때 했던 연설을 통해 은유의 힘이 얼마나 큰지 살펴보자. 케네디 대통령은 베를린 장벽에 의해 사방으로 에워싸인 서베를린 사람들을 상대로 행한 연설에서 "나는 베를린 사람입니다 (Ich bin ein Berliner!)"라고 외쳤다. 케네디는 아일랜드계 미국인 대통령이었다. 그는 독일 계통의 미국인도 아니었다. 베를린 사람은 더욱 아니었다. 그럼에도 불구하고 "나는 베를린 사람입니다"라고 외쳤을 때, 서베를린 사람들은 열광을 했다. 논리적으로 보면 맞지 않는 이 연설에 많은 사람들이 열광한 이유는 무엇

---

1   언약의 말씀에 근거하여 하나님께서 원하시는 하나님 나라를 상상하는 것이다. 이사야 11장에서 바라보았던 하나님 나라에 대한 상상력이 있어야 한다는 말이다.

일까?

논리적으로 보면 비논리를 넘어 새빨간 거짓말이었다. 그러나 케네디의 말에는 은유의 힘이 숨어 있었다. 그 내용을 좀 더 깊이 살펴보면, 만일 소련이 침공하면 마치 베를린 사람처럼 자기도 싸울 것이라는 강한 의지와 정서가 담겨 있었다. 서베를린 사람들을 열광시킨 것은 바로 이 같은 케네디의 반공의지였다. 그러나 만약 그가 은유를 사용하지 않고 평범한 명제나 진술로 이야기했다면 이 같은 열광적인 반향을 얻어낼 수 있었을지에 대해서는 미지수다. 은유만이 가질 수 있는 묘한 효과와 힘을 우리는 여기서 볼 수 있다. 이는 "뉴 프런티어"라는 기치를 내건 이상주의 대통령인 케네디에게서만 나올 수 있는 은유였다.[2]

또 한 가지 성경에서 사용된 은유에 대해서 살펴보자. 사무엘하 16장 9절에 보면, 스루야의 아들 아비새가 게라의 아들 시므이를 가리켜 "이 죽은 개"라고 호칭하고 있다.[3] 이 같은 은유법은 경멸과 조롱을 담고 있는데, 말하는 이의 정서적 태도를 보여줄 뿐 아니라 듣는 다윗에게도 동일한 감정을 불러일으켜 시므이를 죽이라는 허락을 받아내려는 데 그 목적이 있다. 이 은유법을 다윗은 스스로에게 적용하였다. 다윗은 자기를 쫓는 사울에게 "이스라엘 왕이 누구를 따라 나왔으며 누구의 뒤를 쫓나이까 죽은 개나 벼

---

2   김지찬, 『언어의 직공이 되라』 (서울: 생명의 말씀사, 1996), 161-62.

3   "스루야의 아들 아비새가 왕께 여짜오되 이 죽은 개가 어찌 내 주 왕을 저주하리이까 청하건대 내가 건너가서 그의 머리를 베게 하소서 하니"

룩을 쫓음이니이다"(삼상 24:14)라고 고백하였다. 다윗의 목적은
자신이 별 볼 일 없는 존재라는 점을 강조함으로써 사울의 추격
을 단념시키려는 데 있다.

그뿐 아니라 신약성경에 나오는 수로보니게 여인이 딸에게서
귀신을 쫓아주시기를 간청했을 때, 예수님은 "자녀의 떡을 취하
여 개들에게 던짐이 마땅치 아니하니라"고 말씀하셨다. 이같은
어투가 얼마나 모욕적이었을까는 충분히 짐작이 된다. 자녀와 개
의 대조에서 "개"의 은유가 가진 강렬한 경멸의 정서가 자녀와 비
교되면서 모욕의 강도가 한층 더 깊어간다. 그러나 "상 아래 개들
도 아이들이 먹던 부스러기를 먹나이다"라고 대꾸한 여인의 믿음
은 대단했다. 모욕적인 언사에도 굴하지 않고, 개의 은유를 이용
하여 오히려 소기의 목적을 달성하고 있다. 여인은 예수님의 개
의 은유를 확장시켜 자기의 목적을 위해 재형성시키고 있다. "주
인의 자녀들이 먹던 부스러기를 먹는 상 아래의 개"의 이미지는
예수님께 강렬한 충격으로 다가왔을 것이다. 경멸적인 동물에게
도 자녀들이 먹던 부스러기를 던져 주는 주인의 최소한의 연민의
정서에 호소한 것이 적중하였다고 볼 수 있다. 예수님께서 그녀
에게 던진 마지막 말에 귀를 기울여 보자.

> "예수께서 이르시되 이 말을 하였으니 돌아가라 귀신이
> 네 딸에게서 나갔느니라"(막 7:29)

이처럼 은유의 힘은 대단하다. 은유가 힘이 있는 비결은 말하는 것에 있지 않고 보여주는 것에 있다. 설교 또한 언어적 행위이기 때문에 관념적이고 교리적인 언어를 이미지화해서 보여준다면, 이해와 사고의 지평을 넓히는 데 큰 역할을 할 것이다.

새로운 방식의 설교 요구

전통적인 설교는 설교학적인 수사학에 근거하는 가장 오래된 설교 방법이었다. 수사학이 설교에 도입된 것은 어거스틴에게까지 거슬러 올라간다. 그는 *On Christian Doctrine* 4부에서 거의 1500년 동안 지배적인 틀로 사용되어 온 교육적이고 논리적인 설교의 형식을 제시하였다. 그는 설교를 고전적인 수사학과 구분을 지을 독특한 형식을 제시하지만, 설교학에 수사학적인 특징을 도입한 최초의 학자였다. 수사학의 영향을 받은 어거스틴이 설교 형식을 제시한 이후로 전통적인 설교 이론들은 설교자와 학자들에 의해 설교의 내용과 수사학적인 형태를 강조하면서 발전해 왔다. 특히 문자매체의 발전과 함께 명제적인 설교의 형식은 대표적인 설교 형식으로 자리잡게 되었다.

전통적인 설교학은 스콜라주의의 영향과 함께 "명료한 이해와 명료한 해석, 명료한 적용"을 중시하였다. 그래서 설교에 있어서 본문은 주석적으로 이해되었고, 신학적으로 해석되었다. 이러한 설교는 주로 연역적(deductive)이고 명제적인(proposition)이었으며, 주로 개념(ideas)을 전달하였다. 이러한 면에서 전통적인 설교는 "교육적인 설교(didactic preaching)" 혹은 "가르침으로서의 설교"와 동일시되었다.[4]

따라서 설교의 기본적인 목표는 설교의 개념의 전달이며, 설교의 목적은 수사학적인 기법을 통해 **설득**하는 것이었다. 여기서 청중은 단순히 수동적인 수신자일 뿐이며, 설교자는 하나님의 말씀과 성경 그리고 교회의 전통과 성령이라는 수원지로부터 청중이라는 피동적인 필요자들 사이를 연결하는 수도관(conduit)이 된다. 이러한 구조 속에서 설교자는 회중보다 여러 가지 면에서 뛰어난 존재로 인식되며, 설교자와 청중의 관계는 필연적으로 권위를 토대로 한다. 그래서 전통적인 방식에서 설교자는 권위적이고, 수직적인 구조를 갖게 된다.[5]

전통적 설교 방식은 지난 300여 년 동안 대표적인 설교 형식으로 자리를 잡았는데, 이러한 전통적인 설교의 형식에 새로운 패러다임 형식이 요청되기 시작했다. 대표적인 이유는 급격한 문화 사회적인 변화와 청중의 의식 변화, 커뮤니케이션 환경의 변화, 그리고 해석학적 토양의 변화 등이었다.[6]

이러한 요청은 1970년대 이후 가히 혁명적이라 할 정도로 큰 변화를 겪게 되었다. '새로운 설교학 운동(New Homiletics)'은

---

4   김운용, 『설교의 새로운 패러다임』 (서울: 장로회신학대학교 출판부, 2004), 117.
5   위의 책, 118.
6   위의 책, 121.

1970년대 이후의 성경 해석학의 변화와 이야기 신학(Narrative Theology)의 재등장 그리고 전통적인 권위가 도전받는 시대적 상황에 부응하기 위해 일어난 움직임으로 설교학의 '코페르니코스적 전환'이라고 할 수 있다. 전통적인 설교 방식에서는 합리성과 논리성을 추구하였기 때문에 본문에 나타난 문학적 특성을 고려하지 못하였다. 그 결과 성경에 나타난 이미지, 상상력을 상실하게 되었다. 그래서 새로운 설교학 운동에서는 설교의 세계를 갱신해야 한다고 역설하게 되었다.

설교를 갱신하기 위해서는 설교자가 **극적이고(dramaic) 예술적인(artistic) 언어 그리고 사람들을 대화에 참여시키는 언어와 상상력을 불러일으키는 언어**를 사용해야 함이 요구되었다.[7] 그래서 워렌 위어스비가 말하는 설교는 "상상력으로 가득찬 설교", "상상력으로 사람의 마음을 건드리는 설교", "상상력으로 사람의 감정을 뒤흔드는 설교"였다. 단지 머리를 끄덕이며 설득당하는 설교가 아니라, 온몸을 들썩이게 하는 설교를 말하였다.[8]

상상이란 우리의 마음속에 이미지를 만드는 능력이다. 문자 이후 시대의 설교자의 과제는 자기의 상상력을 활용해서 성경과 회중의 만남을 연결시키는 일을 중재하고 촉진시키는 것이며, 성경 본문의 형상(imagery)이 회중에게 보여지고 들려질 수 있도록 명료

---

7   Walter Brueggemann, *Fanally Comes The Poet*, 주승중·소을순 옮김, 『설교자는 시인이 되어야 한다』 (서울: 겨자씨, 2007), 13.

8   Warren W. Wiersbe, *Preaching with Imagination*, 이장우 옮김, 『상상이 담긴 설교』 (서울: 요나단, 1997), 16.

하게, 그리고 힘 있게 제시하는 것이다. 즉, 설교자는 성경의 저자들이 제시하고 있는 이미지와 은유, 이야기 상상의 세계 속으로 들어가 그 의미를 깨닫고, 그것들을 회중에게 보여줄 수 있어야 한다.[9] 따라서 핼포트 루콕(Halfordt ruccock)은 **"설교의 목적은 듣는 사람이 설교의 합리성을 인식하게 하는 데 있는 것이 아니라, 그 설교를 통해 어떤 비전을 보게 하는 데 있다"**고 하였다.[10]

사무엘하 17장에 나오는 아히도벨과 후새의 이야기를 통해 은유의 힘이 얼마나 큰지를 알 수 있다. 압살롬은 반란을 일으켜 아버지 다윗을 몰아내고 왕좌에 올랐다. 그러나 광야로 도망간 아버지 다윗을 어떻게 처리할 것인가에 대한 문제가 남아 있었다. 그래서 압살롬은 모사 아히도벨에게 묻자, 그의 대답은 다음과 같았다.[11]

> 아히도벨이 또 압살롬에게 이르되 이제 나로 하여금 사람 일만 이천을 택하게 하소서 오늘밤에 내가 일어나서 다윗의 뒤를 따라 저가 곤하고 약할 때에 엄습하여 저를 무섭게 한즉 저와 함께 있는 모든 백성이 도망하리니 내가 다윗 왕만 쳐 죽이고 모든 백성으로 왕께 돌아오게 하리니 무리의 돌아오기는 왕의 찾는 이 사람에게 달렸음

---

9   주승중, 『영상세대를 향해 이렇게 설교하라』 (서울: 예배와 설교 아카데미, 2004), 19.
10   Warren W. Wiersbe, 『상상이 담긴 설교』, 34.
11   위의 책, 22.

이라 그리하면 모든 백성이 평안하리이다(삼하 17:1-3, 개역한글)

압살롬과 다른 모사들은 처음에는 이 말을 옳게 여겼다. 만약 그대로 실행에 옮겼다면 다윗은 곧 잡히게 되었을 것이다. 그런데 압살롬은 후새의 의견이 어떠한지 듣기 원했다.[12]

> 후새가 압살롬에게 이르되 이번에는 아히도벨이 베푼 계략이 좋지 아니하니이다 하고 또 후새가 말하되 왕도 아시거니와 왕의 아버지와 그의 추종자들은 용사라 그들은 들에 있는 곰이 새끼를 빼앗긴 것 같이 격분하였고 왕의 부친은 전쟁에 익숙한 사람인즉 백성과 함께 자지 아니하고 지금 그가 어느 굴에나 어느 곳에 숨어 있으리니 혹 무리 중에 몇이 먼저 엎드러지면 그 소문을 듣는 자가 말하기를 압살롬을 따르는 자 가운데에서 패함을 당하였다 할지라 비록 그가 사자 같은 마음을 가진 용사의 아들일지라도 낙심하리니 이는 이스라엘 무리가 왕의 아버지는 영웅이요 그의 추종자들도 용사인 줄 앎이니이다 나는 이렇게 계략을 세웠나이다 온 이스라엘을 단부터 브엘세바까지 바닷가의 많은 모래 같이 당신께로 모으고 친히

---

12 사실 후새는 다윗 편이었고, 다윗은 반란 세력에 아히도벨이 있음을 알고, 하나님께 "아히도벨의 모략을 어리석게 하옵소서"(삼하 15:31)라고 기도드린 바 있다.

전장에 나가시고 우리가 그 만날 만한 곳에서 그를 기습하기를 이슬이 땅에 내림 같이 우리가 그의 위에 덮여 그와 그 함께 있는 모든 사람을 하나도 남겨 두지 아니할 것이요 또 만일 그가 어느 성에 들었으면 온 이스라엘이 밧줄을 가져다가 그 성을 강으로 끌어들여서 그곳에 작은 돌 하나도 보이지 아니하게 할 것이니이다 하매(삼하 17:7-13)

결국 압살롬은 아히도벨의 의견을 버리고, 후새의 의견을 채택하였다. 그 이유는 후새의 언변 때문이었다. 두 사람의 말을 분석해 보면, 아히도벨은 지성에 호소하는 '왼쪽 뇌' 접근 방식을 택했고, 후새는 감정에 호소하는 '오른쪽 뇌' 접근 방식을 택하였다. 압살롬이 아히도벨의 말은 '들었지만' 후새의 말은 '보고 느꼈다'고 할 수 있다.[13] 왜냐하면 후새는 그림언어, 상상력이 있는 언어를 사용했기 때문이다.

후새가 말한 직유 및 은유를 보자. "들에 있는 곰이 새끼를 빼앗긴 것 같이", "용감하여 사자 같은 자", "바닷가의 많은 모래 같이", "이슬이 땅에 내림 같이" 등이다. 이러한 표현은 듣는 압살롬에게 상상의 눈을 통해 후새가 하는 말을 마치 그림을 보듯 떠올릴 수 있게 하였다. 특히 압살롬에게는 "바닷가의 많은 모래"(11절), "이슬이 땅에 내림 같이"(12절) 등의 표현이 효과적이었다.

---

13   Warren W. Wiersbe, 『상상이 담긴 설교』, 24.

왜냐하면 압살롬은 바닷가의 많은 모래를 상상하면서 그릇된 안전감을 느꼈을 것이며, 땅에 내리는 이슬을 생각하면서 일을 쉽게 해치울 수 있을 것 같은 기분에 도취되었을 것으로 본다.[14]

다음은 다윗 왕의 인생을 새롭게 했던 한 설교자를 만나보도록 하자. "여호와께서 나단을 다윗에게 보내시니"(삼하 12:1a). 당시 절대권력을 가진 자로서 다윗 왕은 간음한 자요, 살인에다 거짓말까지 하고 있었다. 자신의 죄가 드러나지 않게 하기 위해서 자신에게 속한 장수의 목숨까지 빼앗은 사람이었다. 다윗을 상대해야 하는 나단에게는 어쩌면 마지막 심방길이 될지도 모르는 상황이었다. 그날 밤 나단은 그의 목숨을 걸었다. 나단이 다윗 왕에게 처음 열었던 말을 들어보도록 하자

> 한 성에 두 사람이 있는데 하나는 부자고 하나는 가난하니 그 부한 자는 양과 소가 심히 많으나 가난한 자는 아무것도 없고 자기가 사서 기르는 작은 암양 새끼 하나뿐이라 그 암양 새끼는 저와 저의 자식과 함께 있어 자라며 저의 먹는 것을 먹으며 저의 잔에서 마시며 저의 품에 누우므로 저에게는 딸처럼 되었거늘 어떤 행인이 그 부자에게 오매 부자가 자기의 양과 소를 아껴 자기에게 온 행인을 위하여 잡지 아니하고 가난한 사람의 양 새끼를 빼앗아다가 자기에게 온 사람을 위하여 잡았나이다(삼하

---

14   위의 책, 26.

12:1-4, 개역한글)

나단의 이야기는 비유였다. 비유는 어떤 그림을 보여주어서 듣는 사람이 내다보는 창이 된다. 우선 비유가 보여주는 그림 속에서 우리 인생의 어느 단면을 보는 시력(통찰하는 힘)이 작동하다가, 거울에 비친 자신을 발견하는 통찰력이 생기고, 거기서 새롭게 발견한 계시의 창을 통해 주님을 보는 시야가 트이게 된다. 다윗은 목동이었기 때문에 누구보다 자기 팔에 새끼 양을 안았을 때의 느낌이 어떤 것인지 알고 있었다. 누군가가 양을 도적질하려 할 때 목자가 어떻게 반응해야 하는지도 알고 있었다. 그래서 다윗에게 이렇게 잘 들어맞는 이야기는 없을 지경이었다. 다윗은 나단의 설교를 들으면서 너무나 선명하게 그림을 볼 수 있었다. 그러한 상황 속에서 나단은 그 사람이 바로 **"당신입니다"**라고 고발을 한다. 이에 다윗은 백기를 들지 않을 수 없었고, 새롭게 열린 창을 통해 하나님의 은혜를 보기 시작했다. "내가 여호와께 죄를 범하였노라"는 다윗의 고백이 터져 나왔다.[15] 이처럼 은유를 사용한 그림언어는 하나님의 은혜를 깨닫고 회개의 자리에까지 가도록 하는 힘이 있다. 이미지는 개념에 살을 주고 개념은 이미지를 선도한다. 그래서 개념 없는 이미지는 장님이며, 이미지 없는 개념은 불모지이다.

  나단의 이야기를 분석해 보면, 먼저 다윗으로 하여금 어떤 사람

[15] Gary Smalley & John Trent, *(The) Language of love*, 서원교 역, 『사랑언어 & 그림언어』 (서울: 요단출판사, 1996), 72.

의 죄에 분노하도록 만들었다. 그다음 가증스러운 자가 바로 다윗 자신임을 일깨우는 설교를 하여 다윗으로 하여금 자기 죄를 시인하게 하였다. 이렇듯 말씀 사역에는 이미지와 개념의 균형이 절대적으로 중요하다. 여기서 사용된 은유를 살펴보면, 우리아의 아내는 새끼 양에, 유혹은 느닷없이 찾아온 방문객에, 간음은 강도 짓에 비유되고 있다. 성적인 죄가 먹는 음식에 비유되는 것은 참으로 흥미로운 일이다.[16] 나단이 말한 간단한 비유가 다윗의 마음 화랑에 이미지를 풍부하게 만들어 냈다. 그래서 다윗이 미처 의식하지 못하는 사이에 나단의 이야기는 그의 내면에 조용히 파고들었다. 그 자신이 일찍이 목동이었던 탓에 다윗은 얘기를 들으면서 얼른 양을 빼앗긴 사람의 심정을 헤아렸다. 그리고 왕으로서 다윗은 남의 양을 뺏어 죽여 버린 자의 부당한 행위에 격분했다. 이러한 그림들이 그의 마음의 화랑에 그려지고 있을 때 마침내 다윗을 향해 나단은 "당신이 바로 그 사람!"이라고 일갈한 것이다.

만약 나단이 교리적이고 명령적이고 추상적인 단어를 가지고 설교를 했다면 과연 다윗은 어떻게 반응했을까? 추상적인 개념이 다윗의 머리에는 와 닿았을지는 모르지만, 그의 가슴은 요지부동이었을 것이다. 그래서 "딱딱한 윤리를 가르치려면 시적이고 예술적인 말에 의존하지 않으면 안 된다. 그래야만 듣는 사람에게

---

16   창세기에서 하와를 유혹하고 있는 것은 먹는 것으로부터 시작된다. 이렇게 죄는 먹는 것으로 비유되곤 한다.

변화를 일으킬 수 있다. 그런 의미에서 순종은 늘 상상과 연결될 때만 일어난다"라고 말한 월터 브루그만(Walter Bruggemann)의 말은 타당하다고 할 수 있다.[17] 즉, 설교자가 하는 말을 듣되 귀로 들은 것을 '눈으로 봄'으로 청중이 진리를 보고, 마침내 자기 인생의 변화를 원하도록 만든다는 말이다. 따라서 그림언어를 사용하여 설교의 세계를 이끌어 가는 설교자에게는 꼭 필요한 부분이라고 할 수 있다.

이와 같은 사실에서 볼 때, 오늘날 설교자들이 시인이나 이야기하는 사람들의 그림 같은 언어를 좀 더 사용할 수만 있다면 회중의 정신뿐만 아니라, 마음으로부터 응답하도록 초청하는 그런 방법으로 설교할 수 있을 것이다. 문자 이후 시대의 청중이 메시지를 인쇄물이나 말로 표현되는 언어뿐만 아니라 그림을 통하여 시각적으로 전달받고 있기에, 설교자는 이미지가 풍부한 언어를 사용함으로써 회중이 그 마음속에 그림을 그릴 수 있도록 해야 한다.

그림언어의 힘

그림언어가 아주 효과적으로 작용하는 이유는 무엇인가? 첫째, 세계의 위대한 연설가들에 의해 그 가치가 드러나고 있기 때문이다. 키케로는 로마 제국의 제일의 웅변가였다. 그는 그림언어가

---

17   Walter Bruggemann, 『설교자는 시인이 되어야 한다』, 85.

진리를 비추는 "등불"이라고 믿었다. 그는 학생들에게 이렇게 이야기했다. "메시지가 중대하면 할수록 그 등불은 더욱더 밝게 빛나야 한다.[18] 또한 그리스의 위대한 철학자 아리스토텔레스는 싸움에 패한 한 영웅을 아주 힘센 황소와 같은 몸으로, 포효하는 사자와 같은 정신으로 전투에 참가하였다. 옛 속담이 그른 적이 없다. "용사는 싸움에서 돌아올 때 방패를 들고 오든지, 아니면 그 방패 위에 실려 온다"라고 묘사했다.[19]

둘째, 그림언어는 듣는 사람의 관심을 사로잡고 주의를 환기시키기 때문이다. 그림언어를 통해 말하는 것은 마치 해안을 따라서 안개 속으로 차를 몰고 가는 것과 같다. 자동차의 스포트라이트를 켜고 전방을 예의주시하면서 한시도 긴장을 늦추지 않는다. 눈이 아플 때까지 필사적으로 분리선을 보고 브레이크등을 살핀다. 안개에서 벗어나 분명해질 때까지 잠시도 긴장을 늦출 수가 없다. 정서적 그림언어도 청중의 마음속에 이와 같은 안개를 생성한다. 그림언어로 말을 하면 상대방은 화자의 이야기 저쪽에 무엇이 놓여 있는지 알기 위해 정신적으로 긴장하게 된다. 안개가 걷혔을 때 비로소 상대방은 화자가 말하고자 하는 뜻을 좀 더 분명하게 이해하기 시작한다. 위대한 연설가들은 그들이 말하는 그 순간부터 그림언어가 그들을 이롭게 한다는 것을 알고 있다. 여간해서 마음을 열지 않는 사람에게도 이 그림언어를 사용한다

---

18   Gary Smalley & John Trent, 『사랑언어 & 그림언어』, 39.
19   위의 책, 40.

면 그들의 관심을 사로잡을 수 있을 것이다.[20]

세 번째로 그림언어는 생각을 우리 기억 속에 집어넣기 때문이다. 보통 강의를 듣고 난 후거나 설교를 듣고 나서 그 내용을 기억하는 사람은 별로 없다. 시간이 지나면 그 내용은 더 희미하게 된다. 그렇지만 연구자들에 의하면, 그림언어를 사용하였을 때 사람들은 훨씬 더 오래, 그리고 아주 생생하게 개념과 대화를 기억하는 것으로 나타났다. 실제로 이야기나 대상이 새롭거나 기발할수록 그 개념은 더 오래 기억된다. 설교를 듣고 난 회중이 예화만 기억하고 있는 이유가 바로 이러한 까닭 때문이다. 달빛 아래서 달콤한 산책을 한 것을 잊지 못하듯이, 그림언어는 좀처럼 사라지지 않고 우리의 기억 속에 오랫동안 간직할 수 있다.

은유 설교의 예시

2009년 11월 13일 장신대 교회음악과 주관 예배에서 장신대 예배학 교수인 김경진의 설교문을 분석한 은유 설교의 예이다. 먼저 김경진은 제목을 "하나님은 예술가이시다"라고 은유적으로 표현하였다. 이어서 예술가의 범주에 들어가는 특성을 말하면서 그 구체적인 행동에 대해서 묘사하였다.

하나님은 위대한 예술가이십니다. 하나님은 미술가이십

---

20   위의 책, 45.

니다. 그분은 빛을 통하여 아름다운 색깔을 만드시고, 하늘과 바다와 마른 땅에 멋진 물감을 입히셨습니다. 하나님은 설치미술가이십니다. 온 우주에 해와 달과 별들을 달아매시고 한 치의 오차도 없이 움직이게 하셨습니다. 하나님은 조각가이십니다. 나무가 땅에서 솟아올라오게 하시고, 짐승에게 멋진 가죽과 털을 입혀 다니게 하셨습니다. 아름다운 육체를 가진 여자와 멋진 모습의 남자를 손수 손으로 빚어 만드셨습니다. 하나님은 음악가이십니다. 시냇물이 흐르는 소리, 바닷가의 파도소리, 새들의 노랫소리, 여름에는 매미들의 울음소리, 가을에는 귀뚜라미의 노랫소리, 그 모든 소리를 만드셨습니다. 하나님은 멋진 드라마 작가이십니다. 세팅은 골고다 언덕, 그 십자가 앞에서 죄와 죽음이 모든 것을 다 빼앗은 것 같이 그 힘을 자랑하던 3막이 끝나고, 모든 것이 끝난 것 같은 4막에서 하나님은 무덤에서 죽은 자를 살리시는 기가 막힌 반전을 만들어 내십니다. 그래서 하나님은 예술가이십니다.

예수님도 뛰어난 예술가이셨습니다. 예수님은 시인이요 화가요 조각가이셨습니다. 주님의 말씀들, 특히 마태복음 5장, 6장, 7장에 있는 산상보훈은 한 편의 노래입니다. 말로 된 아름다운 한 폭의 그림이요, 형체를 가지고 있지 않은 놀라운 조각입니다. 그래서 주님의 말씀 중에는 들이 있고, 백합화가 있고, 푸른 하늘이 있고, 그 하늘에 새가 있고, 산이 있고, 농부가 있고, 밭이 있고, 바람이 있고, 봄이 있고, 추수하는 가을이 있습니다. 예수님은 여느 시인들처럼, 그렇게 이런 산과 바람과 새와 가을과 꽃과 과일들을 노래하고 그리셨습니다. 그러므로 예수님은 예술가이십니다.

이처럼 제목을 은유적으로 표현하면서 예술가의 특징과 그 구체적인 표현 방식을 연결하면서 결국은 하나님이 예술가이시고, 예수님 또한 예술가이심을 묘사하고 있다. 이러한 신적인 예술성은 고스란히 인간의 예술성에 나타나 있음을 연결하여 설명하고 있다.

하나님 그리고 예수님도 예술가이시기에 그분들의 형상을 따라 지어진 우리 역시 예술가입니다. "하나님께서 우리의 형상을 따라 사람을 만드셨다"라는 말은 뒤집어 생각하면, "하나님께서는 무엇을 만들어 낼 수 있고, 창조해 낼 수 있는 사람을 만드셨다"라는 말입니다. 즉, 스스로 창조할 수 있는 존재를 창조하셨다는 말입니다. 그래서 인간은 예술가입니다. 하나님의 예술성이 사람의 영혼과 마음에 스며 있기 때문입니다.

인간의 예술성을 하나님의 신적 창조성을 가진 예술가의 이미지로 연결시키고 있다. 김경진은 하나님의 예술성과 인간의 예술성을 연결시키면서 결국에는 예술을 종교적인 범주와 연결한다. 그래서 인간의 예술 활동은 종교적인 것이 된다고 할 수 있다. 결국에는 종교적인 것이 예술적인 것이 되고, 예술적인 것이 종교적인 활동임을 선포하고 있다. 그리고 그 구체적인 예술 활동과 종교 활동의 영역을 역대하 5장을 통해서 예술이 신앙과 통하고 있는 모습을 보여주고 있다.

> 솔로몬의 성전을 짓기 위하여 후람을 비롯하여 수많은 기능공이, 예술가들이 동원되었습니다. 그들은 성전의 마당을 만들고 기둥을 세울 뿐만 아니라, 제단을 만들고 물통을 만들고 순금등잔과 꽃장식과 대접과 숟가락과 불 옮기는 그릇과 지성소와 성전 본관의 문짝들을 만듭니다. 최고의 기능과 기술로 아름다운 기구들이 완성되었습니다. 미술가들, 건축가들, 조각가들, 세공가들이 성전을 만든 것입니다. 성전이 완성되어서 언약궤를 옮기고, 이제는 음악가들이 그들의 예술성을 드러내기 시작합니다. 노래하는 사람인 아삽과 헤만과 여두둔과 그들의 아들들과 친족들이 모두 모시옷을 입고 심벌즈와 거문고와 수금을 들고 섭니다. 그리고 나팔을 부는 120명의 제사장이 서고, 한 목소리로 주님께 찬양과 감사를 드립니

3장_새로운 설교학 운동과 들려지는 설교

다. "주님은 선하시다. 그 인자하심이 영원하시다". 그때 주님의 성전에 구름이 가득찼습니다. 주님의 영광이 하나님의 성전을 가득 채웁니다. 수많은 미술가와 조각가와 설치작가, 드러머와 현악대원, 관악대원, 그리고 찬양대원들이 함께 모여서 성전을 만들고 예배를 드릴 때, 예술가이신 하나님은 가만히 계시지 않으십니다. 하나님은 오늘날 마치 드라이아이스를 사용하듯이 성전에 구름을 보내 가득 채우십니다. 하나님의 임재를 그것으로 드러내십니다. 인간의 예술성과 하나님의 예술성이 어우러지면서 하나님의 임재가 드러나고, 하나님의 영광이 그들 가운데 나타납니다. 하나님은 인간에게 주신 예술성을 통해서 영광을 받으셨고, 그 예배를 받으셨습니다. 그리고 하나님은 그의 영광을 예술적으로 사람들에게 나타내 보여주셨습니다. 수많은 예술가의 활동은 곧 하나님을 예배하는 활동이었고, 그 안에 하나님의 임재를 나타내게 되었습니다.

이처럼 예술가의 활동이 하나의 신앙 활동이었고 하나님을 예배하는 삶이었음을 주장하고 있다. 곧 예배하는 자는 최고의 예술가임을 알게 한다. 수준 높은 예술가로서 예배하는 삶을 살았던 멘델스존의 이야기를 통해 진정한 예배의 모습, 진정한 예술가의 모습을 그려주고 있다. 김경진 교수의 은유 설교의 형태는

망치를 든 설교학

제목을 은유적으로 표현하고, 그 제목에 따른 특징을 설명하는 하나의 구조를 가지고 청중에게 다가서고 있음을 보게 된다.

은유의 다리

은유는 고대 본문과 현대 독자를 연결시키는 다리이자, 한 사람의 과거와 현재를 이어주는 다리이다.[21] 그래서 설교자에게 있어서 은유는 성경의 이야기와 현대 사람들의 이야기를 연결하는 다리이자 도구이다. 또한 은유는 사람의 마음과 가슴을 연결시켜 주는 다리이기도 하다. **좋은 은유는 항상 듣는 사람에게 충격을 주어 기존의 생각을 뒤흔들고 긴장시키는 혁명적인** 것이다. 그리하여 사람들로 하여금 진리 앞에 서게 한다.

따라서 설교자는 단순히 성경의 지식을 전달해서는 안 되고, "아! 그렇구나!" 하는 깨달음이 있도록 해야 한다. 다시 말하면, 설교는 하나님의 마음과 감정을 듣는 청중의 마음과 감정에 연결하도록 해야 한다. 설교자가 은유로 설교해야 할 이유가 바로 여기에 있다.

은유는 듣는 사람의 상상을 자극하여 '연관 짓기'가 발생하도록 한다. 이처럼 은유는 사람이 진리를 대면하여 내면에서 '체험'이 일어나게끔 하는 힘이 있다. 따라서 설교자는 은유를 잘 활용하여 하나님의 마음과 회중의 마음을 연결시켜 줄 수 있는 다리를

---

21   Warren W. Wiersby, 『상상이 담긴 설교』, 114.

놓아야 한다. 효과적인 은유 활용을 위해서 설교자는 다음과 같은 노력이 필요하다.

첫째, 설교자는 끊임없이 언어 훈련을 통해 은유를 발견해야 한다. 사유는 세상을 보는 하나의 창이다. 그 창을 통해 들어오는 모든 것을 하나의 의미 체계로 받아들이는 일종의 통찰력이다. 따라서 설교자는 끊임없는 사유의 활동으로 사물과 사태를 바라볼 수 있는 눈을 열어놓아야 한다.

둘째는 자신만의 은유를 만들어야 한다. 개념적이고 교리적인 언어는 단순히 앎의 세계에 머무르게 한다. 그러한 언어는 이해는 추구할 수 있지만, 신비로운 경험을 통해 사람의 마음에 감동을 일으키게 하지는 못한다. 따라서 교리적이고 개념적인 메시지를 효과적으로 전할 수 있는 은유를 만들어서 활용할 수 있어야 한다.

포스트모던 사회는 오감을 통한 감성을 중요시하는 시대이다. 단순히 청각만을 사용하던 전통적인 방법에서 벗어나 오감을 자극할 수 있는 매체를 다양하게 사용한다면 더욱 큰 효과를 보게 될 것이다. 이제 우리의 설교 현장에 다양한 방법을 통한 은유를 활용하여 효과적으로 하나님의 뜻을 전하는 길이 열리기를 소망한다. 설교 사역에 있어서 은유를 활용함으로써 감성을 울리고, 마음에 그림을 그리고, 마음의 의식이 바뀌게 하여 서서히 세계관이 전복되고, 이 땅 위에 하나님의 나라를 세우고자 하는 결단이 일어나는 역동적인 설교 현장이 되기를 기대한다. 설교가는 은유의 대가이며 시인이 되어야 한다.

4장 수사학과 수사법

수사학에 대한 오해

우리는 수사학이라고 하면, 어렵다고 하거나 잘 모른다고 말하는 경우가 많다. 혹시 수사학에 대해 들어본 사람이라면, 말 잘하는 기술을 가르치는 학문이라고 생각하거나 궤변론자라고 이해하기도 한다. 사실 수사학은 순수철학을 하는 사람들의 입장에서 보면, 말 잘하는 법을 가르쳤다는 이유로 궤변론자로 취급받았다. 왜냐하면 설득의 기술을 배워서 정치에 입문을 하고, 법정에서 유리한 판결을 유도하는 능력을 제공했기 때문이다. 그래서 수사학은 궤변론자들이라는 평을 받기도 하였다. 그런데 수사학은 설득이라는 관점에서 설교학 분야에서 많은 부분이 차용되었다. 그렇지만 수사학에 대해서 배울 수 있는 기회는 그렇게 많지 않다. 따라서 이번 장에서는 수사학과 수사법에 대해서 살펴보면서, 설교에 어떻게 적용되고 활용되는지에 대해서 연구해 보도록 하겠다.

수사학에 대한 정의

수사학(rhetoric)은 "다른 사람을 설득하고 그에게 영향을 끼치기 위한 언어기법을 연구하는 학문"이다. 아리스토텔레스 이후 발달하기 시작해서 중세에는 문법, 논리학과 더불어 가장 중요한 학문 중의 하나였다. 수사(修辭)란 언사(言辭)의 수식(修飾)이라는 뜻으로 말과 글을 아름답게 꾸미는 데 그 의의가 있다. 이 수사학은 오랫동안 문장을 장식하는 수단(ornament, decoration)으로 생각되었으나, 현대에 이르러서는 정확한 전달과 설득을 위한 모든 수단을 고찰하는 기능으로 인정되고 있다. 다시 말해서, 수사학은 로마시대 정치 연설이나 법정에서 변론에 효과를 올리기 위한 화법(話法)이었다. 화법은 말하는 방법 혹은 말하는 기술이라고 할 수 있다. 변론가들이 독특한 화술을 통해서 청중을 설득시킬 수 있는 기술, 즉 설득을 위한 화술을 연구하는 학문이 바로 수사학이다.

수사학이 설득을 위한 화법을 연구하는 학문이라면, 수사법은 그 **수사의 방법 또는 기교**를 말한다. 수사법에 대한 전통적인 생각은 화술, 즉 어떠한 생각을 특별한 방식으로 전달하는 기술(art)과 관련이 있는 학문이다. 따라서 수사법을 정리하면, 말이나 글을 꾸며서 보다 묘하고 아름답게 만드는 방식이라고 할 수 있다. 다시 말하자면, 수사법은 '말 부림새', 즉 말(언)을 부리는(구사하

는) 새(태도)이다.[1]

이제 동서양을 막론하고 화술이나 웅변술보다는 글 속에서 이러한 효과를 만들어 내는 것을 수사법이라고 말한다. 그래서 수사는 참신한 표현으로 회중의 감동을 불러일으키고자 하는 문학뿐만 아니라 설교 작성법과도 분리될 수 없다.

수사법의 종류

일반적으로 수사법은 비유법, 강조법, 변화법의 세 가지로 나뉜다. 그 안에 약 60여 종의 방법이 있다. 첫째로 비유법에는 직유, 은유, 환유, 제유, 의인, 활유,의성, 의태, 중의, 풍유법 등이 있다.

구 분	내 용	예 문
직유법	비유하려는 두관념을직접 드러내어 빗대는 표현 방법	푸른 하늘이 홑이불처럼 이 골목을 덮었다.
은유법	겉으로 드러나지 않게 간접적이거나 암시적으로 비유하는방법	소년은 이 나라의 꽃이다.
환유법	표현하려는 대상과 같은 속성을가진 사물을 이용해서 비유하는 방법	태극기(한국)가 일장기(일본)를 눌렀다.

---

1   장하늘, 『수사법적 사전』 (서울: 다산북스, 2009), 11.

제유법	일부분으로 전체를 혹은 전체를 그 일부분으로 표현하려는 방법	빼앗긴 들에도 봄은 오는가!(들-조국)
의인법	사람이 아닌 대상을 사람인 것처럼 인격화해서 견주어 나타내는 방법	성난 파도!
활유법	생명없는 것을 생명이 있는 것처럼 비유하는 방법	소리지르며 달리는 냇물!
의성법	사물의 소리를 흉내내어 표현하는 방법	바람이 윙윙 부는 밤
의태법	사물의 모양이나 동작을 흉내내어 표현하는 방법	아기가 아장아장 걷는다.
중의법	같은 발음의 다른 뜻을 가진 단어나 어구를 활용해서 메시지와 효과를배가시키는 비유법	명월이 만공하니, 쉬어간들 어떠하리(명월-달, 홍진이)
풍유법	직접적인 표현 대신 그것을암시하는 다른 말로 살짝 돌려서 속뜻을드러내는 방법	지렁이도 밟으면 꿈틀거린다.

두 번째로 강조법은 문장의 인상을 강하게 만드는 표현법이며, 감정보다는 의미상의 강조가 주가 되는 표현 방식이다. 그 예는 다음과 같다.

구 분	내 용	예 문
과장법	실제보다 훨씬 크게 또는 작게 표현하는 방법	하늘에 닿은 수풀
영탄법	기쁨, 슬픔, 놀라움, 무서움 따위의 감정을 높이는 방법으로 감탄사, 감탄형 어미를 주로 쓰지만, 때로는 의문형을 쓰기도 한다.	아! 아름다운 하늘이여!
반복법	같거나 비슷한 말을 되풀이하여 강조하는 방법	산에는 꽃피네, 꽃이피네, 갈 봄 여름 없이 꽃이 피네.
점층법	어구의 의미를 점차로 강하게, 크게, 깊게 높게함으로써 그 뜻이나 가락을 절정으로 끌어올리는 방법	내 이웃에서 시작하여 내 마을, 내 고장, 내 나라, 아니 세계로 뻗어 나가야 한다.
점강법	뜻을 점차로 여리게, 작게, 얕게, 낮게 줄여가는 방법	책보만한 해가 손바닥만해졌다.
대조법	서로 상반되는 사물을 맞세워 그중 하나를 두드러지게 나타내는 방법	인생은 짧고, 예술은 길다.

미화법	좀 과장되고 아름답게 표현하는 방법	이슬은 가을 예술의 주옥편이다.
열거법	비슷한 말귀나 내용적으로 관계있는 말귀를 늘어 놓는 방법	푸른 하늘과 바다 그리고 들과 산
억양법	우선 누르고 추켜 세우거나, 추켜 세운 뒤 눌러 버리는 방법	얼굴은 곱지만, 마음씨가 고약하다.
현재법	과거나 미래형으로 쓸 말을 현재형으로 나타내는 방법	1919년 3월 1일, 삼일운동이 일어나다.
비교법	두 가지 이상의 사물이나 개념의 비슷한 것을 비교시키는 방법	달이 쟁반보다도 크다.
연쇄법	앞말의 꼬리를 따서 그 다음 말의 머리에 놓아 표현하는 방법	고향, 고향은 가을의 동화를 들려준다.
명령법	격한 감정으로 명령하는 방법	젊은이여, 기회는 한 번뿐, 놓치지 말라.

4장_수사학과 수사법

돈강법	절정에서 갑자기 속도를 뚝 떨어지게 하는 방법	단편소설의 대 단원처리

세 번째는 변화법이다. 변화법은 자신의 생각이나 느낌을 담은 글이 독자에게 지루한 느낌이 들지 않도록 글에 다양한 변화를 주는 표현 기법이다. 그 종류는 다음과 같다.

구 분	내 용	예 문
도치법	정상적인 언어배열 순서를 바꾸어 놓음으로써 강한 인상을 주려는 표현 방법.	아름다워라! 우리의 산하!
인용법	속담이나 금언, 남의 말이나 격언 등을 인용하는 방법	
설의법	극히 당연한 말을 의문형으로 표현하여 독자로 하여금 그 대답을 생각하게 하는 표현 방법	피 끓는 젊은이로서 수수방관할 수 있겠는가?
반어법	말과 상황이 서로 반대되게 나타내는 표현 방법	잘한다, 잘해!
역설법	앞말과 뒷말이 서로 모순이 되어 언뜻 보면 이치에 어긋나는 것처럼 보이지만, 곰곰히 생각해 보면 일말의 진실을 발견하게 되는 표현 방법	두 볼에 흐르는 빛이 정작으로 고와서 서러워라.

대구법	가락이 비슷한 구절을 나란히 늘어놓아 병행과 대칭의 효과를 노리는 방법	눈길 비었거든 바람 담을 지네. 바람 비었거든 인정 담을 지네.
돈호법	글 속에 갑자기 사람이나 사물을 부르는 표현을써서 독자의 주의를 환기시키는 표현 방식.	가까스로 두 팔을 벌려 껴안아 보는 너, 먼 데서 이기고 돌아온 사람아!
연쇄법	말꼬리를 이어가는 방법	하나면 하나지, 둘이라더냐. 둘이면 둘이지, 셋은 아니야, 셋이면 셋이지, 넷은 아니야.

수사법에는 이렇게 다양한 방법이 있다. 이 방법을 활용하는 것을 배우고 습득하여 문장을 설득력 있고 공감하는 문장을 작성하는 것은 매우 중요한 과제라고 할 수 있다.

비유에 대한 이해

우리는 일상생활에서 상대방을 설득하거나 교훈하고 깨닫게 하기 위하여 흔히 '예'를 들어 설명하곤 하는데 그것이 바로 비유의 시작이다. 비유는 일상적인 대화에서 뿐만 아니라 문학이나 예술 등에서도 널리 활용되어 왔다. 현대에 이르러서는 광고의 표현에 이르기까지 우리 일상의 깊은 곳까지 스며들고 있다.[2] 비유란 표현하고자 하는 대상을 다른 대상에 빗대어 표현하는 방법을 말한다. 이때 애초에 표현하고자 하였던 내용을 원관념, 그 원관념을 위하여 끌어다 붙인 표현을 보조관념이라고 한다. 여기서 보조관념의 목적은 글의 단순한 장식적인 효과에 있는 것이 아니라 원관념 속에 아직 상식화되어 있지 않은, 혹은 아직 명명할 수도 없는 새로운 인식의 상태를 열어 보이는 데 있다고 할 수 있다.[3]

그래서 비유에서는 보조관념과 원관념 사이의 유추(analogy)의 발견이 필요하다. 비유법에서는 특히 개성적인 유추가 생명인데, 이 유추는 인간 경험이라는 공통성을 기반으로 한 것이어야 한다.[4] 아리스토텔레스는 『시학』에서 비유에 대하여 이렇게 말하고 있다.

---

2   윤진호, "광고 크리에이티브에서의 은유적 표현에 관한 연구" (서울: 건국대학교 미간행 석사학위, 2007), 7.
3   박아르마, 이찬규, 『글쓰기란 무엇인가?』 (서울: 여름언덕, 2004), 112.
4   윤진호, "광고 크리에이티브에서의 은유적 표현에 관한 연구", 7.

가장 중요한 것은 비유를 마음대로 부리는 일이다. 그것
이야말로 남에게 배울 수 없는 것이며, 또한 천재의 표적
이니, 좋은 비유는 다른 것들 속에서 같은 것을 직관적으
로 파악함을 뜻하는 까닭이다.

이와 같은 비유는 고정된 언어 체계 속에 있으면서도 그 언어
체계를 끊임없이 넘어서려는 인간의 창조적 본능과 연결되어 있
다.[5] 비유란 그리스어 'trope(트로페)', 즉 '구부러짐' 또는 '뒤틀림'
이라는 의미에서 기원한다. 이는 다시 말하면, 정면으로 말하지
않고 완곡하게 돌려서 말하는 방법을 말한다. 그 이유는 직접적
으로 표현하는 것보다 사람의 의도를 훨씬 더 효과적으로 전달할
수 있기 때문이다. 'trope'와 함께 사용되는 'figure'라는 영어 단
어도 '형상'이나 '모습'을 뜻하는 'figura'라는 라틴어에서 기원하
였다. 이 말에는 비유가 흔히 가지고 있는 시각적 이미지의 성격
을 내포하고 있다.[6]

성경에서 말하는 비유는 'parable'이라 하여 '비유하여 이야기
하다'라는 말로 사용된다. Parable은 'parabole(파라볼레)'라는
고대 그리스어에 그 근간을 두고 있는데, 이 말은 '나란히 던진다'
는 의미를 담고 있다. 이는 신학적, 영적 진리를 설명하기 위하여
지상적인 상황을 빌어서 교리의 예를 들어 증명하는 방법이다.[7]

---

5   박아르마, 이찬규, 『글쓰기란 무엇인가?』, 112.
6   김욱동, 『은유와 환유』 (서울: 민음사, 2000), 35.
7   이동원, 『비유로 말씀하시더라』 (서울: 도서출판 나침반사, 1992), 8.

추상적이거나 잘 이해할 수 없는 진리를 청중의 익숙한 사물이나 환경에 비유해서 이야기하는 방식이기 때문에 쉽고 정확하게 이해할 수 있게 된다.

따라서 비유는 잘 알려지지 않은 진리를 설명하기 위하여 잘 알려진 이야기를 예로 들어 설명하는 방식이다. 이렇듯 비유는 직접 보여주기 거북한 것이나 꺼내놓고 말하기 어려운 것 등을 표현하고자 할 때, 또는 직설적인 표현보다 간접적인 표현이 청중을 설득하는 힘을 갖고자 할 때 사용된다. 특별히 표현의 자유가 통제되어 있던 일제 강점기의 문학이나 가요 등에서는 검열과 같은 압박을 피하기 위하여 직접적인 표현보다는 저항 의식이 담긴 간접적인 비유 또는 은유의 기법이 사용되었다. 또한 비유는 속담에서도 잘 사용될 뿐 아니라, 고대 문학이나 성경에서도 찾아볼 수 있다.

> 어찌하여 형제의 눈 속에 있는 티는 보고 네 눈 속에 있는 들보는 깨닫지 못하느냐(마 7:3)

이는 사람들은 자기 스스로가 더 많은 약점과 문제를 가지고 있음에도 불구하고, 그냥 지나칠 수 있는 타인의 약점이나 실수를 들추어 비판하는 것을 비유적으로 교훈하고 있다.

비유는 어느 정도 풍유(諷諭, allegory)의 요소를 지닌 간결한 이야기로 다음과 같은 특징을 갖는다. 첫째는 비유를 구성하고 있는 요소가 모두 그 당시 상황과 풍습 등과 매우 밀접한 관계를 갖는다. 둘째는 매우 단순한 줄거리와 소수의 주인공을 가지고 있는 촌극(寸劇, skit)과 같다고 할 수 있으며, 대부분 극이 그러하듯 가능성 있는 사실에 비추어서 만들어진 이야기라는 점이다. 셋째, 비유는 듣는 사람의 삶과 밀접하게 연관되어 있어 듣는 이들로 하여금 이야기 속으로 빠져들게 하고, 그 비유를 통해 전하고자 하는 메시지에 반응하도록 촉구한다. 넷째는 이러한 반응을 촉구하는 방법은 비유의 가장 큰 특징이라고 할 수 있는 '**고정관념을 뒤집는(reversal of expectation)**' 일을 통해 이루어진다.[8]

그렇다면 비유는 과연 어떠한 기능과 구실을 하는가? 먼저 비유는 말이나 글을 아름답게 꾸미는 역할을 한다. 예를 들면, "보기 좋은 떡이 먹기도 좋다"라는 속담처럼, 적절한 비유를 사용할 때 글이나 말은 찬란한 빛을 발하게 된다. 비유는 새색시가 얼굴에 연지와 곤지를 찍는 것과 유사하다. 아름답게 꾸민 말과 글귀를 가리키는 미사여구(美辭麗句)라는 말은 이를 두고 한 말이다. 그러나 그동안 많은 학자들이 비유를 못마땅하게 여긴 것도 지나치게 미사여구에 의존했기 때문이라고 할 수 있다. 그렇기 때문에 비유가 속 빈 강정처럼 겉모습만 번지르르하고 실속이 없다는 비판을 피할 수 없었다. 동양에서도 교언영색(巧言令色)이라 하여 그럴듯한 말로 번지르르하게 발라 맞추는 말이나 알랑거리는 낯빛을 하는 것은 어진 사람이 취하여야 할 도리가 아니라고 하였

---

8   박성민, 『고정관념 거꾸로 뒤집기』 (서울: 순출판사, 2001), 17-18.

다.

반면 비유의 즐거움과 기쁨은 상상력의 날개를 펼칠 때 가능하다. 상상력은 한 번에 한 계단씩 차례로 올라가는 것이 아니라 밑에서 위로 뛰어 올라간다. 인간의 정신은 이렇게 한 사실에서 다른 사실로 갑자기 비약하는 데에서 적지 않은 기쁨과 즐거움을 느낀다. 이처럼 비유는 음식에 비유하면, 맛을 돋구는 향신료나 양념 같은 역할을 한다. 또한 비유는 거북스러운 내용을 듣기 좋게 말하는 일종의 완곡어법이 있고, 이와 반대로 일부러 불쾌감이나 혐오감을 주는 위악(僞惡)어법이 있다. 이렇게 빙 둘러서 말하는 수사법은 개별적인 언어에만 그치지 않고 더 나아가서는 문학에도 사용된다. 풍자적인 내용을 짐짓 다른 것에 빗대어 말하는 우화가 바로 이러한 비유의 범주에 들어간다.[9]

은유와 환유

환유를 이해하기 위해서는 먼저 별명 붙이기를 떠올려 보자. 어렸을 적 친구들에게 별명을 붙이는 경우가 많았는데, 이렇게 한 이유는 그 사람의 특징을 잘 부각시켜 그 사람에게 구체적이고 고유한 이름을 붙여줌으로써 그 사람을 표현하려는 것이다. 이같이 사람들은 사람이나 사물에 대한 인습적인 시각을 거부하고 늘 상 구체적이고 고유한 이름을 붙여 사람 또는 사물에 대한 새로운 인식을 표출한다. 이렇게 어떤 이름으로 어떤 사물을 대신하

---

9   윤진호, "광고 크리에이티브에서의 은유적 표현에 관한 연구", 9-10.

는 비유법을 대유법이라 한다. 대유법은 제유와 환유로 나눌 수 있다. 제유는 사물의 일부로서 그 사물 자체의 전체를 대표하게 하거나 전체로서 부분을 대표하게 하는 기법이고, 환유는 사물의 속성과 밀접한 관계가 있는 이름으로 어떤 사물을 대신 표현하는(대치하는) 기법이다. 제유의 핵심이 '대표'라면, 환유의 핵심은 '대치'이다.[10]

환유는 사물이나 개념을 '지칭'하는 기능이 있다면, 은유는 주로 사물이나 개념을 '이해하기 위한 장치'라고 할 수 있다. 은유에서는 서로 다른 두 개의 개념 영역이나 의미 영역 안에서 작용하지만, 환유에서는 오직 하나의 개념이나 의미 영역 안에서 작용한다. 바꾸어 말하면, 은유는 서로 다른 개념 영역이나 의미 영역 사이에서 전이가 일어나는 반면, 환유는 하나의 개념 영역이나 의미 영역 안에서 전이가 일어난다. 은유에서는 한 관념이 자신의 울타리를 뛰어넘어 다른 관념의 울타리 안으로 들어가지만, 환유에서의 한 관념은 여전히 자신의 울타리 안에 머물게 된다.

한 가지 예를 들어 보면, "황금 보기를 돌같이 하라"에서 황금은 작게는 돈을, 크게는 재물을 뜻하는 환유인데, 황금은 돈이든 재물이든 같은 울타리 안에 있는 인접성의 관념이다. 또 하나는 "펜은 칼보다 강하다"라는 환유 문장이다. 이 문장의 형식은 직유이지만, 내용에서의 펜은 그것과 관련된 문필을 가리키고 칼은 무력을 가리키는 추상적인 환유이다. 무력보다 문필의 영향력이 더

---

10   김지찬, 『언어의 직공이 되라』 (서울: 생명의 말씀사, 1996), 173.

크다는 비유이다. 여기서 펜은 문필을, 칼은 무력과 한 울타리 안에 있는 관념이다. "여자는 한 달에 한 번씩 마술에 걸린다"라는 광고 카피를 놓고 볼때 드러내놓고 말하기 민망한 말을 '마술'이라는 새로운 표현으로 만들어 냈다. 이것을 그냥 마술이라고 표현했다면 은유로 볼 수 있지만, '한 달에 한 번씩'이라는 말이 '여성의 생리'와 같은 의미 영역 안에서 인접성을 갖고 있으므로 이것은 환유적인 표현이 된다. 이것이 환유와 은유의 다른 점이다.[11]

시적 은유의 유형

첫째, 의인법적인 은유가 있는데, 이는 일반 사물을 인간에 빗대어 표현하는 은유법이다. 예를 들면, 주요한의 〈샘물이 혼자서〉에는 "샘물이 혼자서/ 웃으며 간다/ 험한 산길 꽃 사이로", 김춘수의 〈능금〉에는 "그리움은 마침내/ 스스로의 무게로/ 떨어져 나온다/ 떨어져 와서 우리들 손바닥에/ 눈부신 축제의/ 비할 바 없이 그윽한/ 여운을 새긴다"라는 표현이 있다.

둘째, 동물의 비유를 통한 은유이다. 이는 사물이나 사람을 동물에 비유하는 은유법이다. 예를 들면, '햇병아리 사원', '새발의 피', '파리 목숨', '쥐 꼬리만한 월급', '고양이 세수', '호랑이 할아버지', '영희는 여우다' 등의 표현이 있다.

---

11   윤진호, "광고 크리에이티브에서의 은유적 표현에 관한 연구", 39-40.

망치를 든 설교학

셋째, 구체화의 은유이다. 이는 효과적인 표현을 위해서 추상적인 개념을 구체적인 언어로 표현하기도 하고, 반대로 구체적인 것을 추상적으로 표현하기도 한다.

① 무릎을 꿇다-항복하다.
② 거울-본보기, 모범.
③ 눈이 높다-사물의 평가 기준이 높다.
④ 손을 들어 주다-지지하다, 편들어 주다.
⑤ 윗물이 맑아야 아랫물도 맑다-윗사람이 모든 일을 정직하고 투명하게 해야만 아랫 사람들도 거기에 따른다는 말.
⑥ 내 밥그릇 챙기기-자신의 이익을 먼저 생각하고 조치를 취하는 일.

넷째, 공감적 전이에 의한 은유 이해이다. 공감적 전이에 의한 은유는 우리의 5감, 즉 시각, 청각, 미각, 후각, 촉각 등이 그 감각의 유사성에 의해 감각 간의 전이 현상이 일어나는 경우가 많은데 이것을 공감각적 은유(共感覺的 隱喩)라고 한다. 그 예를 보면 다음과 같다.

① 시각에서 청각으로→밝은 소리, 맑은 음성, 가느다란 음성
② 촉각에서 청각으로→싸늘한 목소리, 부드러운 음성, 날카로운 소리

③ 촉각에서 시각으로→차가운 빛, 차가운 표정, 따뜻한 색깔

④ 미각에서 청각으로→달콤한 음성, 구수한 음성

⑤ 청각에서 시각으로→고요한 달빛, 은은한 무늬, 요란한 색깔

⑥ 촉각에서 미각으로→부드러운 맛, 시원한 맛, 투박한 맛

⑦ 시각에서 촉각으로→고운 살결, 붉은 장미의 촉감, 하얀 눈
　의 부드러움

　유경민은 은유를 개념 은유와 이미지 은유로 크게 분류하고, 개념 은유를 다시 구조 은유, 존재 은유, 방향 은유로 나누었다. 여기서 그가 말하는 이미지 은유는 어떤 대상에 대한 심적인 영상인 이미지의 사상(寫象)에 의한 이미지를 은유화한 것이다. 이미지 은유는 단순한 이미지의 중첩과 공감각 은유가 있다. 여기서는 종래의 시각, 청각, 후각, 미각, 촉각 외에 마음(정신)에 의한 감각을 하나 더 추가하여 공감각 은유의 범위를 확장시켜 다음과 같은 이미지 은유의 예를 제시하였다.[12]

① 그의 목소리는 촉촉하였다. 청각→촉각

② 그녀의 날카로운 목소리가 신경을 거슬린다. 촉각→청각

③ 여자들은 남자들의 달콤한 말에 인생을 걸기도 한다.
　미각→청각

④ 뜨거운 우정. 촉각→마음에 의한 감각

12　박영순, 『한국어 은유 연구』 (서울: 고려대학교 출판부, 2007), 117.

⑤ 경민이는 길눈이 어둡다. 마음에 의한 감각→시각

⑥ 올해도 봄눈으로 내리는 나의 사람아. 시각→마음에 의한 감각

이처럼 은유는 인간의 언어생활에서 빼놓을 수 없는 중요하고, 비중 있는 수사법이다. 또한 앞으로의 사회에서도 더 복잡해지고 인지능력이 발달될수록 새로운 사고와 환경을 만나게 되면서 점점 은유에 대한 사용이 확대될 것이다. 그래서 우리는 은유에 대해 더욱 많은 관심을 기울여야 한다.

천로역정에 나타난 은유

존 번연의 작품에서 나타난 은유의 예를 들면, "죄는 폭군"이고, "약은 하나님의 말씀"이며, "무지개는 하나님의 언약"이며, "펠리컨은 그리스도"라고 은유언어를 사용한다. 문자적으로는 "죄=폭군, 약=하나님의 말씀, 무지개=하나님의 언약, 펠리컨=그리스도"라는 공식이 결코 성립될 수 없다.[13] 그는 "펠리컨이라는 새가 어린 새끼를 자신의 새끼를 먹여 살리기 위해 제 부리로 가슴을 쪼아"대는 모습에서 "그리스도께서 자기 백성을 사랑하셔서 그들을 죽음으로부터 구원하기 위하여 자기 피를 아낌없이 흘리신 모습"을 은유시킨 것이라고 보고 있다.

---

13   John Bunyan, *The Pilgrim's Progress*, 박영호 옮김, 『천로역정』 (서울: 기독교문서선교회, 1993), 133.

"그리스도=펠리컨"이라는 은유는 이러한 해석 과정을 통해 우리에게 이해된다. 펠리컨은 피를 흘리는 새로 해석되고, 이 피를 흘리는 펠리컨이 우리 죄를 위해 십자가상에서 피 흘리셨던 그리스도로 상징되는 언어의 변용을 거친다. 이 변용의 과정 속에서 은유가 가진 혁신적인 의미의 영원성이 포착된다.[14] 이처럼 은유는 언어의 일시적 노리개가 아니라 어떤 중요한 주제를 새롭게 열어주는 특이한 언어 기술이다.

> 마을 사람 전체가 거의 다 친척이죠. … 기회주의자경, 교언경, 기생 오라버니씨, 표리 부동씨, 팔방 미인씨, 그리고 우리 교구의 목사로 일하는 일구이언(一口二큼)씨는 외삼촌이죠. … 나의 아내는 … 허위 부인의 딸이지요. 그러니까 아주 지체 높은 가문에서 태어난 것입니다. … 우리(도) 종교가 순탄한 길을 걸어갈 때 가장 열심히 믿고, 태양이 밝게 비추고 모든 사람이 그 종교를 찬양할 때에만 함께 길을 걸어 다니길 좋아합니다.[15]

번연은 세속적인 성직자의 모습도 돈을 사랑하는 세속인의 눈을 통해 신랄하게 비평하고 있다. 다음의 이야기를 들어보자.

> 어떤 훌륭한 목사가 … 더 많은 보수를 받기 위해 좀 더

___

14   위의 책, 134.
15   위의 책, 110-11.

망치를 든 설교학

공부하고 자주 설교하고 … 그리고 사람들의 기질이 그
것을 요구하기 때문에 자기가 갖고 있던 어떤 주장, 주의
들을 희생시키기까지 합니다. … 결론을 지어 말하자면,
한 목사가 적은 보수를 큰 보수로 바꾸려고 노력하는 것
은, 그 자체가 탐욕적인 행동으로 비판받기보다는 오히
려 그 때문에 자기 직분이나 일을 도모함에 있어 개선을
보이는 것이므로, 자기 직무에 충실하고 선한 일을 할 기
회를 놓치지 않는 점에서 오히려 찬사받아야 한다고 하
겠습니다.[16]

이와 같이 번역의 책에는 은유적 표현이 가득하다. 은유의 힘은
잘못된 기존 관념을 비평할 뿐만 아니라, 새로운 관념을 가지게
하는 힘이 있다. 그래서 설교자는 새로운 은유를 착기 위해 많은
노력을 해야 한다.

성경에 나타난 은유

은유적 표현은 성경에도 그 표현이 가득하다. 어쩌면 성경에서
표현하고 있는 언어가 은유로 가득하다고 해도 과언이 아닐정도
이다. 성경의 저자들은 하나님의 메시지를 전할 때 당시 사람에
게 익숙한 은유를 통해서 오감으로 하나님의 뜻을 경험하도록 했

---

16   위의 책, 115.

다. 레이코프와 존슨은 "우리가 생각하고 행동하는 관점이 되는 일상적 개념 체계의 본성은 근본적으로 은유적"이라고 말한다.[17] 이제 성경에 나타난 은유적 표현에 대해서 살펴보자.

"여호와는 사자"에 나타난 은유

아모스 선지자는 여호와의 계시의 음성을 사자의 부르짖음(포효)에 비유하고 있다.

> "여호와께서 시온에서부터 부르짖으시며 예루살렘에서부터 음성을 발하시리니 목자의 초장이 애통하며 갈멜산 꼭대기가 마르리로다"(암 1:2)

여기서 '부르짖다'라는 동사는 사자의 부르짖음에 쓰이는 동사이다. 물론 1장 2절에서는 "하나님은 사자"라고 명시적인 은유를 사용하고 있지 않다. 그러나 3장에서는 이 은유가 약간 더 명시적으로 드러난다.

> "사자가 움킨 것이 없고야 어찌 수풀에서 부르짖겠으며 젊은 사자가 잡은 것이 없고야 어찌 굴에서 소리를 내겠느냐… 사자가 부르짖은즉 누가 두려워하지 아니하겠느냐 주 여호와께서 말씀하신즉 누가 예언하지 아니하겠느

---

17   김지찬, 『언어의 직공이 되라』, 151.

냐"(암 3:4, 8, 개역한글)

성경의 다른 부분에서도 보면, 하나님을 "목자", "산성", "구원의 뿔"로 묘사하는 것은 모두가 은유이다. 은유란 일종의 렌즈이다. 은유라는 렌즈를 통해 성경을 보게 하고, 성경의 이야기를 통해서 세상을 바라보게 된다.

먼저 사자의 특징을 살펴볼 필요가 있다. 아모스는 전직이 목자였기 때문에 누구보다 사자의 특징에 대해서 잘 알고 있었다. 그가 바라보았던 사자는 아무 때나 부르짖지 않는다. 사자는 짐승을 공격하기 전에는 부르짖지 않았다. 왜냐하면 사냥감을 앞에 두고 부르짖게 된다면 짐승들이 모두 달아나기 때문이다. 그래서 사냥감을 잡고 난 후에야 비로소 울부짖는다. 이렇게 울부짖음으로써 다른 동물들을 쫓아 버리고, 자기가 잡은 짐승을 완전히 자기 것으로 소유하게 된다. 사자가 부르짖으면 양이나 소 한 마리가 무리 가운데서 사라졌음을 목자들은 알게 된다. 이러한 맥락에서 아모스 3장 4절인 "사자가 움킨 것이 없고야 어찌 수풀에서 부르짖겠으며 젊은 사자가 잡은 것이 없고야 어찌 굴에서 소리를 내겠느냐"를 다시 한 번 살펴볼 필요가 있다. 여호와께서 시온에서부터 부르짖으셨다는 것은 이미 여호와의 사냥이 시작되었음을 알리고 있다.[18] 여호와께서 진노하심으로 인간을 벌하실 때에는

---

18   욥도 "내가 머리를 높이 들면 주께서 사자처럼 나를 사냥하시며"(욥 10:16a)라고 외치고 있다.

자주 사자에 비유되었다. 히스기야는 "내가 아침까지 견디었사오나 주께서 사자같이 나의 모든 뼈를 꺽으시오니 조석간에 나를 끝내시리라"(사 38:13)라고 비통해 하였다. 그의 입에 사냥의 목표물이 물려 있거나, 목표 짐승이 치명적인 상처를 입고 쓰러졌음을 보여준다. 그렇기 때문에 이제 구출 가능성은 0%이다. 비록 목자가 사자의 입에서 양을 건져 낸다 하더라도, 남은 것은 "두 다리나 귀 조각"에 불과할 것이다. 이러한 이해를 바탕으로 다음 성경 구절에 귀를 기울여 보자.

> "목자가 사자 입에서 양의 두 다리나
> 귀 조각을 건져 냄과 같이
> 사마리아에서 침상 모서리에나
> 걸상의 방석에 앉은
> 이스라엘 자손도 이 건져 냄을 입으리라"(암 3:12)

결국 아모스의 선포는 이스라엘은 사자에게 찢겨 죽임을 당하고 두 다리나 귀 조각만을 남긴 불쌍한 양의 신세가 될 것이라는 의미이다. 목자가 건져 낸 것이 겨우 두 다리나 귀 조각이라면, 그것은 남은 자가 있을 것이라는 소망보다는 이스라엘의 전적인 몰락을 보여주는 증거가 된다는 점에서 충격적이 아닐 수 없다.[19]

아모스는 여호와를 사자로 보는 은유법을 사용하였고, '남은 자'

---

19   김지찬, 『언어의 직공이 되라』, 153.

사상은 하나님께서 그를 위해 심판을 유보하시거나, 심판 가운데서 그를 구원하신다는 사상을 표현하는 언어 장치였다. 노아와 그의 가족은 남은 자로 홍수 가운데서 구원을 얻었다. 롯을 대신하여 아브라함은 "남은 자"가 있으면 소돔과 고모라를 멸망시키지 말아 달라고 요청하였다. 여기서 우리는 남은 자가 하나님의 심판을 유보하는 근거로 쓰이고 있음을 볼 수 있다. 엘리야 시대에도 남은 자가 칠천이 있었다(왕상 19:18). 그러므로 이스라엘 백성에게 남은 자 사상은 구원의 상징이었음을 볼 수 있다.

그러나 아모스는 남은 자를 파멸의 상징으로 보았다. 남은 자를 구원의 상징이 아니라 파멸의 상징으로 제시하는 충격요법을 이용했다. 그럼에도 불구하고 사마리아의 상류층에는 아무런 영향을 미치지 못했다.[20]

> "화 있을진저 시온에서 안일한 자와
> 사마리아 산에서 마음이 든든한 … 자들이여
> 너희는 흉한 날이 멀다 하여
> 강포한 자리로 가까워지게 하고
> 상아 상에 누우며 침상에서 기지개 켜며
> 양떼에서 어린 양과 우리에서 송아지를 취하여 먹고
> 비파에 맞추어 헛된 노래를 지절거리며 다윗처럼 자기를
> 위하여 악기를 제조하며"(암 6:1, 3-5, 개역한글)

---

20   위의 책, 154.

사마리아인들은 침대에 누워 헛된 구원의 신학을 지절거리며 아모스의 선포에 귀를 기울이지 않았다. 그러나 그들이 도와줄 것이라고 믿는 목자는 이제 그들의 죽음의 증거만을 원한다. 이 사실을 알지 못하는 이들의 어리석음이 바로 오늘 우리의 어리석음은 아닐까? 번영과 축복의 신학 위에서 성공 신드롬에 걸린 우리의 모습이 사마리아인들과 크게 다르지 않다는 것은 단지 염세주의적 발상에서 나온 것은 아닐 것이다. 울부짖는 사자로서의 여호와의 은유-렌즈를 통해 아모스 기자가 오늘 우리에게 보여주려고 하는 것이 바로 이것이 아닐까? 은유를 이해할 때, 은유를 통해 어떤 측면을 강조하려 하는지에 초점을 맞추는 작업이 중요함을 깨닫게 된다.

"여호와는 방패"에 나타난 은유

선지자들은 신선한 은유를 통해 기존 질서나 기성의 신념을 비판하는 사회적 기능을 가진 반면, 시편의 기자들은 진부한 은유를 많이 사용하는 것을 발견하게 된다.

> "여호와는 나의 힘과 방패이시니 내 마음이 그를 의지하여 도움을 얻었도다"(시 28:7a)

이런 강한 신뢰감은 언뜻 보기에 하나님에 대한 무례한 태도로 보이는 요구도 가능케 한다. 다음 구절을 살펴보자.

망치를 든 설교학

"여호와여 ··· 방패와 손 방패를 잡으시고
일어나 나를 도우소서"(시 35:1-2)

하나님은 아브라함에게 자신을 방패로 제시하였다.

"아브람아 두려워 말라 나는 네 방패요
너의 지극히 큰 상급이니라"(창 15:1)

이 표현이 현대 독자들에게는 충격적이지 않을지 모르지만, 고
대 근동 사람들에게는 상당히 충격적이었다. 왜냐하면 전쟁에서
방패를 드는 일은 하급자의 일이기 때문이다. 하나님께 방패를
드는 일을 부탁하는 것은 하급자의 일을 부탁해도 기분 나빠하
지 않을 만큼의 친밀성이 없이는 불가능한 일이다. 결국 하나님
은 나의 방패라는 표현은 하나님이 친히 손 방패를 드시고 자신
의 백성을 보호하시며 도우시는 것을 경험해 본 사람만이 할 수
있는 은유이다. 체험을 통해 이 같은 하나님을 경험한 사람은 이
런 은유를 가지고 자신의 삶을 개념화하며, 이 방식에 따라 자신
의 사고와 행위를 수행하게 된다.[21]

"세균 덩어리 인간"에 나타난 은유

시편 22편 6절에 보면, "나는 벌레요 사람이 아니라 사람의 비

---

21   김지찬, 『언어의 직공이 되라』, 160.

방거리요 백성의 조롱거리니이다"라고 시편 기자는 자신을 사람
이 아닌 벌레라고 외친다.

> "네 영화가 스올에 떨어졌음이여
> 네 비파 소리까지로다
> 구더기가 네 아래 깔림이여
> 지렁이가 너를 덮었도다"(사 14:11)

홍미로운 것은 욥기 25장 6절에서도 이 두 개의 단어가 병렬로
쓰이고 있다는 점이다.

> "하나님의 눈에는 달이라도 명랑치 못하고
> 별도 깨끗지 못하거든
> 하물며 벌레인 사람 구더기인 인생이랴"(개역한글)

결국 벌레와 구더기는 인간의 죽음에 가까운 비참한 상태를 잘
보여주는 은유라 할 수 있다. 시편의 기자는 "나는 벌레요"라는
절규에서 느낀 체험도 죽음의 세력에 의해 인간으로서의 모든 존
엄과 최소한의 인간됨마저 상실한 처지를 은유로 구체화한 것이
다.[22]

기독교 진리의 핵심을 나타내는 "하늘에 계신 우리 아버지여"라

---

22   위의 책, 165.

는 문구에 나타나는 은유에 대해 살펴보자. 한 가지 예를 들어 보면, 소련의 첫 우주 비행사들이 우주 비행에 성공한 후 하늘에 올라가 보니 하나님이 계시지 않더라고 했는데, 이들은 하늘을 지향적 은유로 이해하지 못한 데서 이 같은 오류를 범한 것이다. "하늘에 계신 우리 아버지여"라고 주기도문을 드릴 때 우리는 이 하늘을 개념적인 하늘로 이해하지 공간적인 하늘로 이해하지 않는다. 예루살렘에서 공간적으로 보이는 하늘은 호주에서 보면 지옥의 방향이고, 그 반대도 성립된다. 결국 하나님이 계시는 하늘이란 물리적 하늘이 아니라 개념적 하늘이다.

그런데 이렇게 굳이 하늘에 계신 아버지라고 은유로 말하는 이유는 무엇인가? 그것은 바로 밝은 빛은 위쪽(하늘)에서 오고, 아래쪽은 나쁘다는 은유로 이해할 수 있다. 왕은 높은 보좌에 앉고, 신하들은 아래에 앉는 문화적 체험으로 인해, 하나님이 하늘에 계신 분으로 표현하는 은유로 이해하는 것이 더 타당하다고 할 수 있다.

이처럼 성경의 저자는 은유라는 렌즈를 통해 자신이 체험한 하나님의 나라를 전달하고 있다. 따라서 해석자도 이 렌즈를 통해 성경 기자가 본 것을 볼 줄 알아야 한다. 이 같은 렌즈와 상관없이 자기식의 선글라스를 끼고 제멋대로 상상의 나래를 펴고 행간을 읽는 우를 범하지 않아야 한다. 이제 시인만이 은유의 대가가 되는 것이 아니라, 성경 해석자도 은유의 대가가 되어야 한다.[23]

---

23   위의 책, 170.

설교자의 과제

지금까지 우리는 수사학과 수사법에 관련하여 다양한 화법들에 대해서 살펴보았다. 특별히 문학에 나타난 은유에 대해서 살펴보았다. 그리고 천로역정과 성경에 나타난 은유에 대해서도 살펴보았다. 보다 효과적인 설교 사역이 되고 들려지는 설교를 하기 위해서 그림언어인 은유를 잘 활용해야 한다는 사실을 알게 되었다. 내가 사용하고 있는 언어 체계가 어떠한지 성찰하고, 상상을 불러일으키고, 기존의 사고를 전복시켜 그리스도의 세계를 볼 수 있도록 설교에 있어서 은유 활용에 대한 노력을 기울여야 할 것이다.

5장 논리적 글쓰기와 인문학적 통찰력

설교자의 통찰력

세익스피어의 명언 중에 "연기자는 진리 아닌 것을 진리처럼 말하고, 설교자는 진리를 진리 아닌 것처럼 말한다"라는 말이 있다. 이 말은 연기하는 사람은 그 표현과 전달력에 있어서 회중의 마음을 사로잡고, 설득을 시키는 능력이 있다는 말이기도 하다. 반면, 정말 진정성 있게 파토스를 가지고 진리를 전달해야 할 설교자들은 그 전달 행위에 있어서 능력이 떨어진다는 의미이기도 하다. 설교자는 마른 뼈와 같은 영혼에 생명을 불어넣는 역할을 감당한다는 측면에서 삶의 예술가라고 말했다. 그리고 설교자는 늘 모방을 통하든지, 새로운 영감을 받든지 새로움을 창조하는 능력이 있어야 한다.

새로운 창조는 나만의 세계를 깨뜨리고 세상을 향한 개방성을 가질 때 가능해진다. 그래서 기존의 사고방식에서 약간은 삐딱하게 볼 수 있는 시선도 필요하다. 일종의 일탈적 관점에서 볼 수 있어야 한다는 말이기도 하다. 다시 말하자면, 새로움을 창조하는 사람이 되기 위해서는 나 자신뿐만 아니라, 내가 만나는 모든 사물에 대해서 새로운 의미를 부여할 수 있어야 한다. 만약 우리가 성공만을 추구한다면 새로움을 추구하는 가치는 발견하지 못한다. 나를 둘러싸고 있는 사물에 새로운 의미를 부여할 때 새로운 세계를 만나게 된다.

정현종은 『방문객』이라는 책에서 "한 사람이 들어오는 것은 실로 어마어마한 일이다. 왜냐하면 그 사람의 과거와 현재와 미래가 들어오기 때문이다"라고 말한다. 이러한 관점에서 한 사람을 만나는 행위는 실로 어마어마한 일이고, 우주를 만나는 행위라는 점은 분명하다. 마치 예수님께서 한 영혼이 천하보다 귀하다고 하신 말씀의 그 의미를 함께 발견하게 된다. 마태복음 16장 26절을 보면, "사람이 만일 온 천하를 얻고도 제 목숨을 잃으면 무엇이 유익하리요 사람이 무엇을 주고 제 목숨과 바꾸겠느냐"라고 하셨다. 그리고 마태복음 18장 12-13절을 보면, 잃은 양의 비유에서 아흔 아홉 마리 양들을 두고 잃어버린 한 마리의 양을 찾아다니다가 마침내 잃은 양을 찾은 그 기쁨으로 한없이 기뻐했던 이야기를 기록하고 있다.

이처럼 한 사람은 곧 세계, 우주로 통하는 통로다. 그래서 우리는 내가 만나는 사람이나 사물에 새로운 의미와 가치를 부여하게 될 때 새로움을 창조하게 된다. 그리고 거기에 새로운 가치를 부여할 수 있어야 한다. 따라서 글을 쓰는 행위는 새로움을 창조하는 행위, 그 가치를 부여하는 행위라고 볼 수 있다.

글쓰기의 핵심

논리적으로 글을 잘 쓰기 위해서는 '생각하기'와 '표현하기'를 잘 해야 한다. 글이란 한마디로 자신이 사고한 생각이나 주장을 적절한 단어와 문장으로 표현하는 것이기 때문이다. 그래서 글쓰기에 앞서 해야 할 것은 "깊이 생각하기"와 "표현하는 훈련"이다.[1]

설교 또한 성경(Text)을 바탕으로 깊이 묵상하고 깨달은 통찰력을 글이나 말로 전달하는 행위라고 볼 때, 글쓰기 훈련은 꼭 필요한 요소라고 할 수 있다. 깊이 생각하기를 위한 팁을 말씀드리자면, 거장의 어깨에 서서 볼 수 있도록 하는 것이다. 시대의 거장들, 사상가들의 글과 말을 빌려 세상을 보는 훈련을 하는 것도 매우 좋은 일이다. 인문학적인 훈련이 필요한 이유가 여기에 있다. 보통 사람들이 글쓰기를 할 때 어려워하는 점은 자신의 생각이나 주장은 있지만, 그것을 글로 표현하지 못하는 점이다. 또한 글로 표현하는 것은 잘하지만, 말로 잘 표현하지 못하는 사람도 있다. 그래서 좋은 글을 쓰기 위해서는 생각을 잘 표현하는 훈련이 필요하다. 다시 말해서, 글을 제대로 작성하기 위해서는 자신의 생각이나 주장을 논리적으로 정리할 수 있는 '사고력'과 이것을 체계적으로 구성할 수 있는 '표현력'이 요구된다.

먼저 사고력을 향상시키기 위한 방법은 삼다, 즉 **다독, 다작, 다상량(多商量)**이다. 좋은 글을 쓰고 효과적인 글을 쓰기 위해서는

---

1   손철성, 『고전과 논리적 글쓰기』 (서울: 이제이북스, 2002), 13.

삼다(三多)가 필요한데, 많이 읽고, 많이 쓰고, 많이 생각하는 훈련을 할 때, 글쓰기에 필요한 사고력과 표현력을 향상시킬 수 있다. 무엇보다도 좋은 글을 쓰기 위해 필요한 것은 그 주제에 대한 배경지식이다. 사고력을 향상시키기 위해서는 좋은 글을 많이 읽고, 항상 스스로 생각하는 자세를 가져야 한다. 이러한 훈련의 밑바탕은 다독을 통해서 배경지식을 풍부하게 얻게 되는데, 이를 바탕으로 깊은 생각을 할 수 있게 된다. 따라서 고전문학 읽기, 신문 읽기, 전문서적 읽기 등의 습관이 필요하다.

사고력 향상을 위한 방법

사고력 향상을 위한 방법 1

먼저 깊이 있는 사고력을 위해서는 **비판력, 논리력, 창의력**이 필요하다. 좋은 글을 쓰기 위해서는 배경지식뿐만 아니라 어떤 주제에 대해서 스스로 생각하고 판단할 수 있는 사고력을 키우는 훈련이 필요하다. **비판력이란 어떤 현상이나 사건에 대해 문제의식을 가지고 접근하면서 그 문제점을 분석하고 비판할 수 있는 능력**이다. 그리고 그에 대한 대안을 제시할 수 있어야 한다. 예를 들어서, '여성할당제'에 대한 문제가 대두되었을 때, 무조건적으로 반대하는 것이 아니라, '왜 여성할당제를 실시하려고 하는지, 그리고 만약 여성할당제가 실시된다면 어떤 점이 좋고 나쁜 점이 무엇인지'를 꼼꼼하게 따져 보는 태도가 필요하다. 여기에 더하여 **논리적 근거**

를 제시하면서 자신의 주장을 펼칠 수 있어야 한다. 이것이 바로 논리력이다.[2] 보통 논리적 글에서 가장 먼저 자신이 주장하고자 하는 내용이 무엇인지 자신의 주장을 쓰고, 그 주장을 뒷받침하는 문장을 하나 또는 두 문장 정도를 제시한다. 그리고 그에 따른 적절한 예를 제시한다. 마지막으로 "따라서"라는 부사와 함께 다시 한 번 자신의 주장을 기록한다. 논리적 문장은 보통 두괄식으로 하면 더 효과적일 수 있다.

또한 창의력이란 새로운 대안이나 방안을 제시할 수 있는 능력이다.[3] 단지 비판에만 그치면 새로운 방향으로 나아갈 수 없다. 따라서 창의적인 대안을 제시할 수 있어야 한다. 특별히 설교자에게 있어서 필요한 요소는 월터 브루그만이 말했던 것처럼 '예언자적 상상력'이 필요하다. 예언자적 상상력이란 하나님께서 예언자들을 통해서 보여주신 하나님 나라에 대한 신학적 성찰이다. 이러한 신학적 상상력이 분명하게 될 때, 회중을 향한 메시지가 분명해진다.

사고력 향상을 위한 방법 2

두 번째로 표현력을 향상시키기 위해서는 어떤 방법이 있을까? 사람은 말을 먼저 배우기 때문에 말을 글보다 더 친숙하게 느낀다. 그래서 체계적으로 훈련받지 않으면 글로 표현하는 것보다

---

2   위의 책, 14.
3   위의 책, 15.

말로 표현하는 것이 더 익숙하다. 말은 자신의 생각을 표현하고, 혹시 빠진 내용이 있으면 더 첨가해서 말하면 된다. 하지만 글은 전체적인 구조를 생각하며 체계적으로 서술해야 한다. 따라서 글을 쓰기 전에 미리 구상(개요 작성)하고, 형식에 맞추어 체계적으로 서술해야 한다. 이렇게 글은 전체적인 구조를 생각하며 체계적으로 서술해야 한다는 점에서 말로 표현하는 것보다 더 어렵다. 표현력에 있어서 핵심 요소는 자신의 생각이나 주장을 남에게 정확하고 분명하게 전달하는 것이다. 이것이 바로 표현력이다. 표현력에 있어서 자기 점검을 해야 하는 질문은 다음과 같다.

적절한 개념이나 용어를 구사하고 있는가?
문장이 매끄러우면서도 간결하고 정확한가?
글의 전체적인 구성이 체계적인가?
단문으로 명확하게 의미를 드러내고 있는가?

이러한 질문을 하면서 자신이 주장하려는 글이 잘 표현되고 있는지 살펴봐야 한다. 이러한 질문은 퇴고할 때도 매우 중요한 이정표가 된다. 이러한 질문을 가지고 글을 써 갈 경우, 정확한 표현과 체계적인 구성이 되어야 하는데, 한 문장이 너무 길면 그 뜻을 제대로 전달하기 어렵다. 그래서 가급적 단문으로 간결하게 표현할 수 있어야 한다.

논리적인 글을 작성할 경우에는 문학적이거나 감정에 호소하는 표현보다는 논리적이거나 객관적인 표현으로 자신의 생각이나 주장이 타당함을 주장하고 설득시켜야 한다. 그렇게 하기 위해서는 중심 문장과 뒷받침 문장을 결합하여 하나의 문단을 논리적으로 구성하는 훈련을 해야 한다.

앞서 살펴봤지만, 문장을 구성하는 방식은 두괄식, 미괄식, 양괄식이 있다. 두괄식은 핵심적인 주장을 먼저 쓴 다음에 그 근거를 제시하는 형식이다. 보통 논리적인 글의 개요는 '주장+이유는+예를 들어서+따라서…' 등의 형식을 띠게 된다. 미괄식은 근거를 먼저 제시하고 난 다음에 자신의 주장을 내세우는 형식이다. 이 형식은 '개별적인 사건+개별적인 사건+따라서' 등의 형식을 띠게 된다. 이러한 형식의 문단이 모여서 전체의 글을 형성하게 되는데, 흔히 논리적인 글을 쓰는 형식은 서론+본론+결론으로 구성된다.

사고력 향상을 위한 방법 3

세 번째는 좋은 문장을 쓰기 위해서는 주어와 술어의 호응관계가 잘 맞아야 한다.[4] 여기서 좋은 문장이란 자신의 생각이나 주장이 잘 드러나도록 표현하는 문장이다. 좋은 문장의 기본은 주어와 서술어가 호응이 되어야 하는데, 맞지 않는 문장을 비문이라고 말한다. 예를 들어, "나는 우정이란 물질적인 관계보다는 서로 아껴주는 정신적인 관계인 것이다"라는 문장을 볼 때, 주어인 '나

---

4   위의 책, 22.

는'과 술어인 '관계인 것이다'와 호응관계가 맞지 않다. 이렇게 되면 좋은 문장이라고 할 수 없다. 그리고 각 문장의 성분들, 즉 조사, 접속어미 등 여러 성분이 서로 잘 맞아야 한다. 예를 들어, "비록 그는 가난하면서 이 세상에 사는 보람을 느꼈다. 급속한 산업화에 따라 전 인류는 생태위기에 직면한 것은 당연한 결과이다"라고 기록한다면, 주장이 많이 흐려지고 있는 것을 볼 수 있다. 이를 수정해 보면, "비록 그는 가난했지만, 이 세상에 사는 보람을 느꼈다. 급속한 산업화에 따라 전 인류는 생태 위기에 직면하게 되었다"라고 호응관계를 잘 맞추면, 그 의미를 바르게 전달할 수 있게 된다.

문장은 간결하게 작성해야 한다. 예를 들어, "고등학교에 입학하면서 문예반에 들어갔는데, 글쓰기에 대한 애정이 생기기 시작해서 문예 창작을 선택했고, 문예 창작에 대해 아무 후회도 없고 너무너무 글 쓰는 일을 사랑한다"라고 기록했다면, 한 문장이 너무 길고 장황해서 무엇을 말하고자 하는지 정확하게 드러나지 않는다.

이 문장을 바꾸어 보면 다음과 같다. "나는 고등학교에 입학하면서 문예반에 들어갔다. 그런데 문예반 활동을 하면서 글 쓰는 일에 대한 애정이 생겨, 대학에 진학할 때 문예창작학과를 선택했다. 지금 그 선택에 대해서 후회가 없다. 나는 글 쓰는 일을 정말 사랑한다." 이렇게 간결한 문장이 설득을 시키고 이해시키는 데 도움이 된다.

사고력 향상을 위한 방법 4

네 번째로 문단을 만들 때, 하나의 주제를 중심으로 여러 문장을 논리적으로 구성할 수 있어야 한다. 문단을 구성할 때 가장 유의해야 할 점은 중심 문장과 뒷받침 문장을 잘 결합시키는 일이다. 예를 들어 보자.

"우리 집의 아침은 분주하다. 아침의 상쾌한 공기를 마시며 약수터에서 운동하는 것은 건강에 이롭다. 건강은 어느 것보다 소중하므로 잘 지켜야 한다. 아파서 고생하는 사람을 보면 마음이 안쓰럽다."

이런 글은 주장과 뒷받침 문장과의 관계가 잘 맞지 않는다. 이 문장을 다음과 같이 수정할 수 있다.

"우리 집의 아침은 분주하다. 우리 식구 모두는 매일 동네 뒷산에 있는 약수터에 가서 운동을 하고, 약수를 받아 온다. 집으로 돌아와서 아버지와 나는 아침 청소를 하고, 누나는 어머니를 도와서 아침 식사를 준비한다. 아침 식사가 끝나자마자 아버지는 출근하시고 누나와 나는 학교로 향한다."

이러한 형식으로 글을 수정하게 되면, 우리 집의 아침이 왜 분주한지를 명확하게 설명할 수 있다. 따라서 좋은 글을 쓰기 위해

서는 중심 문장과 뒷받침 문장의 관계를 잘 구성해야 한다.[5]

다섯 번째로 개요를 잘 작성해야 한다. 글의 목적과 대상 그리고 주제를 정했다고 해도 글이 쉽게 나오지 않는다. 마치 집을 짓기 전에 설계도를 잘 완성한 후 그 설계도에 따라 작업을 시작해야 하듯이, 글을 쓸 때 글의 전체적인 윤곽을 그려봐야 한다. 주제와 관련된 다양한 내용을 어떻게 집어넣을지, 주제를 어떤 방식으로 풀어 보여줄지, 또 어떤 순서에 따라 내용을 배열할지에 대해서 미리 구상해 보아야 한다. 글쓰기에 익숙하지 않은 사람은 구상을 가다듬은 뒤, 개요를 작성해 보는 것이 많은 도움이 된다.

개요란 글을 쓰기 전에 글 전체의 윤곽을 머릿속에 그려본 후, 그 내용을 도식화해서 적어 보는 것을 말한다. 만약 서론, 본론, 결론 형식으로 글을 써야 할 경우, 서론에 해당하는 글을 어떤 글로 쓸 것인지, 본론에서 현황이 어떻게 되고, 그 현황으로 인해 어떤 문제가 일어나고 있는지, 그리고 그에 대한 대안은 무엇인지를 대략적으로 적어 보는 것이다. 결론은 본론의 재요약으로 구성하면 된다. 이렇게 글을 쓰기 전에 미리 개요를 작성해 보면, 글을 논리적이고 체계적으로 완성할 수 있다.

먼저 구상하기에 대해서 살펴보고자 한다. 글에서 구상은 어떤

---

5   위의 책, 24.

재료를 어떤 순서로 써나갈 것인지에 대해 생각하고 정리하는 것을 말한다. 구상하는 방법은 시간 순서에 따라, 공간적인 순서에 따라, 논리적인 순서에 따라, 그리고 중요도나 흥미의 순서에 따라 구상하는 방법이 있다. 시간이나 경험의 순서에 따라 순서대로 기록하는 것은 기행문, 르포, 체험담, 역사서 등이 이에 해당한다. 또한 공간적인 순서에 따라 기록하는 방법이 있는데, 기록, 관찰, 사건보도, 상품 설명 등이 이에 해당한다. 먼 곳에서 가까운 곳으로, 가까운 곳에서 먼 곳으로, 왼쪽에서 오른쪽으로, 오른쪽에서 왼쪽으로 등 다양한 공간적인 순서에 따라 글을 쓸 수도 있다.

다음으로 논리적인 순서에 따라 글을 쓰는 방법이 있다. 학술적인 글이나 논설문 등 상황이나 현상에 대해서 분석하는 글이나 정책이나 방침을 제언하는 글은 논리적인 순서에 따라 정리하는 것이 좋다. 여기서 문제해결의 순서대로 구상하는 방법과 논리학에서 사용되는 연역적, 귀납적, 변증법적 방식으로 풀어가는 방법이 있다. 문제해결의 순서에 따라 전개하는 방법은 현상→결과, 결과→원인의 순서로 쓰는 것이 대표적이다. 어떤 현상이나 사실에 대해 설명하고 그 결과로서 이러이러한 현상과 사실이 생겼다고 서술하거나, 우선 현상을 서술하고 난 후 그것이 어떠한 원인에 의해서 발생이 되었는지를 설명하는 방식이다.

〈문제 해결법에 따른 5단계〉

1. 우선 어떤 문제인가를 결정한다.

2. 그것에 대해 어떻게 생각해야 할지를 정한다.

3. 실제 자료를 수집해 그런지를 조사한다.

4. 그 문제를 해결하는 데 필요한 방책을 제안한다.

5. 도출된 결과에 대해 다시 조사해 본다.

〈연역적인 방법〉

동물은 죽는다(대전제).

사람은 동물이다(소전제).

따라서 사람도 죽는다(결론).

〈귀납법적 방법〉

나는 운동을 좋아한다.

철수는 등산을 좋아한다.

결국 사람마다 취미가 다르다.

〈변증법적 방법〉

정: 문제에 대한 일정한 관점 옹호

　　북한을 개혁, 개방으로 이끌어 내고 통일에 대비하기 위해

　　서는 지원이 반드시 필요하다.

반: 정의 주장과 반대되는 논리 도입

망치를 든 설교학-

북한을 지원해 봐야 현 체제만 유지시키고 변화가 없으므로 지원하지 말아야 한다.

합: 정과 반의 모순 극복

북한에 지원하되 원하는 효과를 거두기 위해서는 물자가 필요한 곳에 정확하게 전달되는지 확인하고, 반대급부를 확실하게 요구해 관철해야 한다.

그다음으로는 중요도나 흥미도의 순서에 따라 글을 구성하는 방식이 있다. 많은 사람이 읽는 글이라면 독자의 편의에 따른 중요도나 흥미도 순으로 정리하는 것이 좋다.

직업을 선택할 때 우선적으로 고려해야 할 사항은 선택하고자 하는 직업과 자기 적성의 일치이다. 자신의 적성에 맞는 직업에 종사할 때만이 만족감과 행복감을 느끼게 되며 자아실현에 더욱 다가설 수 있다. 적성에 맞지 않은 직업을 선택할 경우 도중에 그만두기 십상이다. 직업 선택의 또 하나의 중요한 요소는 장래성이다. 현대사회처럼 변화 속도가 빠른 사회에서는 직업의 장래성, 즉 그 직업의 장기적 전망을 살펴봐야 한다. 자신이 오래 몸담을 수 있는 직업이나 평생직업을 선택해야 한다. 직업 선택에서 직장의 안정성도 빼놓을 수 없다. 직장의 전망이 불투명한 상태에서 일시적인 방편으로 직업을 선택하기보다 평생 안정된 직장생활을 할 수 있는 직업을 선택하는 것이 중요하다.

개요 작성에 대한 샘플을 살펴보도록 하자.[6]

-제목: 세계화
-화제 개요: 세계화의 긍정적 측면, 부정적 측면
-문장 개요: 세계화는 긍정적인 측면과 부정적인 측면을 동시에 지니고 있다.

〈화제 개요의 예〉
1. 서론: 1) 세계화는 거스를 수 없는 추세
           2) 긍정적 측면, 부정적 측면을 동시에 가지고 있음.
2. 본론1: 긍정적인 측면
           1) 경제효율의 극대화
           2) 자원 분배의 최적화
           3) 규모의 경제이익 발생
           4) 생산과 소득 증대
   본론2: 부정적인 측면
           1) 일부 선진국이 세계경제 지배

---

6   위의 책, 30-31.

망치를 든 설교학-

122

2) 개도국의 경제주권 침해

3) 경제 주체의 대외의존도 심화

4) 국가 간, 계층 간 소득불균형 확대

3. 결론: 국제적 분업의 이득을 확보하고 구조조정과 고
도화를 통해 지속적인 경제 성장을 이루어 나
가야 한다. 세계화를 추구하는 과정에서 경제
적 이익을 극대화하면서 그 부작용을 소화해야
한다.

내용별로 단락을 구분하는 예를 살펴보자. 보통 논리적 글은 소
주제문+뒷받침 문장+뒷받침 문장 형식으로 기록한다.

인터넷은 편리성과 유용성에도 불구하고 폐해 또한 적지 않다〈
소주제문〉. 익명성에 의지해 상대를 무차별적으로 공격하는 경
우가 있으며〈뒷받침 문장1〉, 인터넷이 사기 등 범죄에 이용되기
도 한다〈뒷받침 문장2〉. 또한 인터넷상에서 언어 파괴가 심각하
게 일어나고 있으며, 그것이 현실 언어에도 영향을 미치고 있다
〈뒷받침 문장3〉. 청소년이 인터넷에서 불건전한 정보에 쉽게 노
출됨으로써 정신의 황폐화를 겪기도 한다〈뒷받침 문장4〉.

Tip1. 단락 쓰기의 유의점

· 문단은 반드시 하나의 중심 생각만 내포해야 한다.

· 문단은 통일성을 나타내야 한다.

· 문단은 연결성과 유연성을 가져야 한다.

Tip2. 글의 진행 방식

· 강한 인상을 주려면 두괄식으로 한다.

· 흥미를 지속하려면 미괄식으로 한다.

· 주장을 강조하려면 양괄식으로 한다.

· 실용문은 삼단 구성이 무난하다.

망치를 든 설교학-

글쓰기의 실제(서론과 결론)

  글을 구성하는 방법으로는 기승전결(起承轉結)의 사단 구성과 서론-본론-결론의 삼단 구성이 있다. 기승전결은 시작(詩作), 특히 한시(漢詩)의 절구체(絕句體)에 사용되는 구성법이다. 서론, 설명, 증명, 결론과 같은 4단계 구분도 기승전결의 전용이다. 사단 구성은 소설이나 희곡에서 그 줄거리나 구성을 고안하는 데 주로 사용된다. 소설 등 문학적인 글쓰기에서는 기승전결의 사단 구성이 유용하나, 일반적인 실용문에서는 서론-본론-결론 또는 도입-전개-정리의 삼단 구성이 쉽고 무난하다. 실용문은 일반적으로 짧아서 복잡하고 긴장감이 떨어지는 기승전결 방식보다 서론-본론-결론의 삼단 구성으로 간결하게 마무리하는 것이 좋다. 삼단 구성법은 논리적 배열에 가장 적합한 형식이고 짜임새가 있어 보이나 결론 및 중요 사항이 제일 뒤에 온다는 단점을 가지고 있다. 이러한 단점을 보완하기 위해서는 제목이나 부제목을 잘 달면 된다. 제목에 결론의 내용을 최대한 포함시켜서 글의 주요 내용을 짐작할 수 있게 하면 삼단 구성의 단점을 충분히 극복할 수 있다.

주제란 무엇인가?

  주제란 글쓴이가 주장하고자 하는 **중심 생각**이나 **중심 내용**을 말한다. 주제를 핵심 사상이라고 한다면, 제재는 이 생각을 드러내기 위해 쓰인 재료를 말한다. 한편 주제는 제재를 통해 표현되며 구체성을 얻게 된다. 좀 더 세부적으로 설명을 하자면, 소재(素材)는 글의 으뜸이 되는 재료로서 글 쓰는 이의 안목이 비친 대상, 자연물, 사회 환경, 인물의 행동 감정, 관념, 인간, 신의 문제 등을 표현하기 위해 동원되는 재료다. 제재는 예술작품, 학술연구 따위의 바탕이 되는 주요한 문제, 즉 글의 중심이 되는 재료를 말한다.

예를 들어, 〈빼앗긴 들에도 봄은 오는가〉에서 이것은 제목이다. 그렇다면 이 시에서의 주제는 무엇일까? 시인이 말하고자 하는 핵심 내용은 무엇일까? 그것은 바로 조국의 광복이다. 조국의 광복이 주제다. 이 주제를 드러내기 위해서 사용한 소재(재료)는 들, 봄이라는 단어이다. 그리고 시인이 문제 의식을 가진 제재는 일제 치하에서 신음하고 있는 조국이 된다. 이 시에서 중심이 되는 내용은 조국의 광복이라고 볼 수 있다. 정리하자면, 시인은 일제 치하에서 신음하고 있는 조국을 바라보며, 조국의 광복을 염원하는 주제를 들이나 봄이라는 소재를 통해서 드러내고 있다.

글을 쓸 때 가장 먼저 유의해야 할 점은 주제를 명확하게 하는 것이다. 주제가 결정되어야 주제를 드러내기에 적합한 내용을 마련할 수 있기 때문이다. 주제가 명확하게 결정되지 않은 상태에서 글을 쓰면 내용이 산만해져 무엇을 썼는지 잘 모르게 되는 경우가 많다.

주제를 정할 때 유의해야 할 점을 살펴보자. 첫째, 주제는 글을 쓰는 사람의 능력에 맞는 것이어야 한다. 흔히, 글을 쓸 때 주제를 거창하게 정하게 되는데, 주제를 거창하게 정하면 오히려 좋은 글을 쓸 수 없다. 예를 들어, "우리나라 경제의 문제점"이라는 주제는 중학생에게는 좋은 주제라고 하기 어렵다. 그것은 글을 쓰는 이의 능력을 벗어난 주제이기 때문이다. 둘째, 주제는 범위가 명확하고 구체적인 것이어야 한다. "환경을 보호하자"라는 막연하고 추상적인 주제보다는 "일회용품의 사용을 줄이자"와 같이 범위가 명확하고 구체적인 주제가 훨씬 좋다. 셋째, 주제는 여러 사람이 공감할 수 있어야 한다. 독창적인 내용으로 글을 썼다고 하더라도 그 글의 주제가 글쓴이 자신의 독단적인 생각이라든가, 많은 사람이 인정할 수 없는 것이라면 좋은 주제라고 할 수 없다. 글을 쓰는 것이 다른 사람과 대화를 나누는 과정임을 생각한다면, 주제를 정할 때 많은 사람이 공감할 수 있는 것을 선택하는 것이 바람직하다.

제목이란 무엇인가?

제목은 글의 내용을 대표하는 이름이다. 〈난장이가 쏘아 올린 공〉, 〈운수 좋은 날〉, 〈갈매기의 꿈〉 등의 제목은 글의 내용을 대표한다. 쉽게 말해서, 제목은 **별명 붙이기**라고 할 수 있다. 특별히 설교와 관련해서 볼 때, 제목은 첫 번째 유혹하기(주목 끌기)의 역할을 한다. 그래서 사람들의 호기심을 유발할 수 있는 제목(별명)을 붙이는 것이 매우 유용하다. 설교 내용을 기억하지 못하더라도 제목을 기억하게 되면 반은 성공한 셈이고, 제목을 기억하면 내용도 기억날 수 있게 된다.

제목과 서론의 관계성

서론은 글의 도입부이다. 즉, 자신의 주장이나 의견을 본격적으로 내세우는 본론을 쓰기 전에 관심을 유도하는 부분이다. 사람으로 말하면 얼굴에 해당하고, 건물로 말하면 터 닦기에 해당한다. 또한 낚시에 비유하면 밑밥 던지기이다. 이처럼 서론은 독자의 관심과 흥미를 끌기 위한 부분이다. 마치 건물을 지을 때 터를 어떻게 닦느냐에 따라 건물의 모습이 달라지는 것처럼, 서론을 어떻게 쓰느냐에 따라서 글의 모습도 달라진다. 터를 닦을 때 건물의 모습을 미리 떠올리듯이, 서론을 쓸 때는 본론의 내용을 미리 떠올려 보아야 한다. 그래야 본론으로 관심을 잘 유도할 수 있다. 이와 같이 서론은 관심을 유도하거나 글의 목표를 제시하는 부분이기에 글의 전반적인 전개 방향과 인상을 좌우하는 역할을 한다. 즉, 서론은 읽는 사람의 관심을 불러일으켜서 글을 읽어 보려는 의욕을 자극하며, 나아가 앞으로 전개될 내용을 어느 정도 짐작하게 해 주는 역할을 한다. 주의할 점은 서론이 길면 시작부터 지루해지고 짜증이 나므로 간결하게 작성해야 한다는 점이다.

서론을 쓸 때 생각해야 할 점은 '관심 유도하기'이다.[1] 보통 사람들은 어떤 일을 본격적으로 벌이기 전에 우선 남의 관심을 유도

---

1   위의 책, 32.

한다. 그 방법은 다양하다. 예를 들어, 남에게 궁금한 사항을 묻거나 어떤 부탁을 한다고 해 보자. 어떤 사람은 "여보세요"라고 부르고, 어떤 사람은 남의 어깨를 치기도 하며, 또 어떤 사람은 '으흠' 하고 헛기침을 하기도 한다. 이렇게 남의 관심을 유도함으로써 상대방이 자신의 질문을 받거나 부탁을 들어줄 마음의 준비를 할 여유를 주게 된다. 여자를 사귈 때도 마찬가지다. 어떤 여자가 마음에 들었다고 해서 갑자기 "나는 당신을 사랑하니 우리 결혼합시다"라고 말한다면 제정신이 아닌 사람으로 간주되어 십중팔구 거절을 당할 것이 뻔하다. 따라서 이런 사태를 방지하기 위해서는 미리 상대방의 관심을 잘 유도해야 한다. 상대방에게 꽃을 줄 수도 있고, 함께 영화를 보러 가자고 할 수도 있으며, 또는 책을 선물하거나 편지를 쓸 수도 있다. 물론 나름대로 효과적이고 적절한 방법을 사용하면 된다. 이러한 과정을 통해서 자신의 마음을 어느 정도 드러내고, 나아가 상대방에게도 마음의 준비를 할 여유를 줄 수 있다.

설교에서 서론으로 활용할 수 있는 것은 예화, 시사, 본문 내용 언급, 유머, 사자성어, 경험, 시, 서적 등 다양하게 활용할 수 있다. 서론에서 본론으로 넘어가는 마지막 문장은 역접 질문으로 하는 것이 시선을 집중시키는 데 효과적이다. 일반적인 논술에서 "~에 대해서 검토해 보겠다", "~을 검토하는 일은 의의 있는 일이다"라고 기록하지 않는다. "이런 문제를 해결하기 위해서는 다음과 같은 대책이 필요하다"라는 정도로 기록하면 된다.

서론을 구성할 때 문제 제기형을 사용한다면, 그 문제에 대해 부정하는 입장을 기록할 때 앞부분은 긍정적으로 기록하고 뒷부분은 부정적으로 기록한다. 그리고 부정적인 입장을 근거로 본문에서 "이러한 문제들에 대해서 심각하게 드러내고 있습니다"라는 형식으로 이어갈 수 있다. 또 예화를 활용할 경우, 정확한 주제를 언급하면서 "오늘 말씀에서도 보면, OO 주제에 대해서 권면하고 있습니다"라는 형식으로 진행할 수 있다. 예를 들어, 지난주 설교의 본문은 고린도전서 15장 1-11절 말씀이었다. 제목은 "참 그리스도인이 되는 비밀"이라고 했고, 주제는 "참된 그리스도인은 예수 그리스도의 죽음과 부활을 믿음으로 된다"라고 정했다. 그리고 서론에서 다음과 같이 기록했다.

> 철학의 역사에서 대륙의 합리론과 영국의 경험론을 통일시켰던 독일의 철학자 칸트는 그의 저서 『순수이성비판』이라는 책에서 "형식이 내용을 지배한다"라고 말합니다. 그곳에서 칸트는 '형식 없는 내용은 맹목이고, 내용 없는 형식은 공허하다'라는 말을 했습니다. 다시 말해서, 이 말은 "내용 없는 사상은 공허하고, 개념 없는 직관은 맹목이다"라는 말로써 칸트의 인식론의 핵심인 선천적 종합판단의 요약적인 말입니다. 이 말을 신앙에 적용해 본다면, 신앙 없는 전통은 공허하고, 전통 없는 신앙은 맹목적인 신앙이 될 수 있다는 말로 이해할 수 있습니다. 그

만큼 사상에서뿐만 아니라, 신앙에서도 신앙과 전통, 전통과 신앙은 동전의 양면처럼 중요한 요소라는 말입니다. 전통은 신앙을 담는 그릇이 되어야 하고, 신앙이 전통 안에 잘 담길 때 바른 신앙으로 나아갈 수 있습니다.

이처럼 오늘 말씀은 전승과 복음(신앙)의 관계성을 잘 보여주고 있는 말씀입니다. 신앙의 내용 안에서 역사적인 전승과 신앙이 만날 때, 참 신앙인이라는 점을 강조하고 있습니다. 우리의 신앙에 있어서 전승(역사)은 우리가 가진 신앙이 객관성을 갖게 합니다.

반면 신앙의 고백은 주관성을 갖게 합니다. 따라서 바른 신앙은 역사적으로 십자가에 죽으심과 부활을 기억하며, 그 예수님을 그리스도로 고백하는 것입니다. 그리고 그 신앙은 하나님의 역사를 종말론적인 사건으로 만들어 가는 능력입니다. 그렇다면 오늘 말씀에서 어떻게 이를 증언하고 있는지 함께 말씀 속으로 들어가 보도록 하겠습니다.

이처럼 서론을 기록할 때 적절한 형식을 따라 구성하게 된다면, 앞으로 어떤 내용이 전개될지에 대해 호기심을 유발시키면서 진행할 수 있다.

결론이란 무엇인가?

결론이란 서론과 본론에서 서술했던 글의 내용을 전체적으로 마무리하는 부분이다. 서론이 논술 주제로 관심을 유도하는 것이라면, 본론은 자신의 견해나 주장을 본격적으로 내세우는 것이고, 결론은 이러한 논의를 끝맺는 것이다. '유종(有終)의 미(美)'라는 말에서 알 수 있듯이 끝을 잘 맺어야 좋은 글이 된다. 제아무리 서론과 본론에서 논의를 잘 이끌어 왔다고 할지라도 결론이 좋지 못하면 지금까지의 논의가 헛수고가 되고 만다. 예를 들면, 결론에서 본론의 내용과 상반되는 주장을 펼치거나 본론과 전혀 상관이 없는 새로운 주장을 한다면, 이것은 글 전체의 논리성과 일관성을 무너뜨리게 된다. 다음의 글을 살펴보자.

(본론) 세계화로 인해 국가 간의 협력과 교류, 상호의존이 점차 심화되고 있다. 따라서 우리 국가와 다른 국가를 구별하여 차별하는 것은 세계적 흐름을 거스르는 행위가 된다. 물건을 살 때도 마찬가지다. 소비자들은 어느 나라 상품인가를 기준으로 삼을 것이 아니라, 가격과 품질을 기준으로 삼아야 한다. 그것이 소비자들에게도 이익이 될 뿐만 아니라, 더 나아가 국제 무역을 활성화시켜서 우리 상품의 해외수출을 증가시켜 준다.

(결론) 그럼에도 불구하고 우리는 애국심을 발휘하여 우리 상품을 사야 한다. 우리 상품이 가격이 비싸고 품질이

낮더라도 그 정도의 개인적 손해는 감수하겠다는 희생적 자세를 가져야 한다.[2]

이 글은 전체적으로 논리적 일관성이 결여되어 글이 매우 부자 연스럽다. 왜냐하면 본론과 결론이 서로 상반되는 내용의 주장을 펼치고 있기 때문이다. 본론에서는 세계화 추세를 긍정적으로 설명하면서 소비자들이 굳이 상품의 국적을 따질 필요가 없다고 하였는데, 결론에서는 이와 상반되게 애국심을 발휘하여 국산품을 사야 한다고 주장하고 있다. 따라서 이 글이 주장하려는 바가 무엇인지 애매하다. 굳이 국산품을 살 필요가 없다는 것인지, 아니면 애국심을 발휘하여 국산품을 사야 한다는 것인지 분명하지 않다. 본론의 내용을 고려할 때 논의의 일관성을 위해서는 다음과 같이 결론을 맺는 것이 좋다.

"따라서 세계화 시대에는 굳이 애국심을 발휘하여 우리 상품을 살 필요는 없다. 상품 선택의 기준은 가격과 품질이 되어야 한다."[3]

그렇다면 결론을 어떤 내용으로 구성하는 것이 좋은가? 결론에서는 대체로 다음과 같은 내용을 서술하는 것이 좋다. ① 지금까

---

2   위의 책, 53-54.
3   위의 책, 54.

지의 논의를 요약하거나 ② 대책이나 해결책을 제시하거나 ③ 앞으로의 자세나 전망을 밝힌다. 물론 구체적으로 어떤 내용을 쓸 것인가는 논술 문제의 유형이나 요구 사항에 따라 달라지기도 한다.[4] 설교에 있어서 결론은 본론의 재요약+성구 인용 등으로 할 수 있다 (먼저~~, 또한~~, 더 나아가~~ 형식으로 기록하고, "오늘 주제를 실천하기로 결단하는 우리에게 주시는 말씀이 있습니다"라는 형식의 흐름으로 기록하는 것도 좋다). 우리는 이러한 글의 방식을 통해서 보다 더 효과적으로 말씀을 전할 수 있는 설교자가 되어야 한다. 무엇보다도 언어에 능통한 직공이 되어 감추어진 하나님의 신비의 세계를 펼쳐 보여줄 수 있는 설교 사역자가 되어야 한다.

인문학적 통찰력 훈련

삶의 바람직한 자세에 대한 논의

인문학적 통찰력이란 문학 작품을 통해 저자가 풍자하고자 한 내용을 포착하는 것이다. 설교자에게 인문학적 통찰력이 필요한 이유는 하나님의 말씀(메시지)을 전하기 위한 징검다리 역할로서 신학적 상상력을 하는 데 기반이 되기 때문이다. 인문학자들의 통찰력을 도움 받아 신학적 상상력을 펼쳐야 한다. 이러한 면에서 대학 입시에 서 출제되었던 논술 문제를 분석함으로써 그 통찰력을 배워 보도록 하자.

---

4   위의 책, 57.

먼저 살펴볼 주제는 바람직한 자세이다.[5] 출전은 리처드 바크의
『갈매기의 꿈』이다. 다음 문제를 읽고 어떻게 글을 써가야 할지
함께 고민해 보자.

다음 제시문은 리처드 바크가 쓴 『갈매기의 꿈』에서 발췌한 내
용이다. 이 이야기는 주인공인 갈매기 조나단의 행동을 통해 암
시적으로 인간들의 삶의 모습을 비판하고 있다. 어떤 점들이 비
판의 대상이 되고 있는지 글의 내용에 근거하여 밝히고, 나아가
바람직한 삶의 태도에 대한 자신의 견해를 논술하라.

아침이었다. 그리고 새로이 솟는 태양의 황금 햇살이 고
요한 바다의 잔물결 위에 반짝였다. 해안으로부터 1마일
떨어진 곳에서 고기잡이배 한 척이 바다에 밑밥을 뿌리
고 있었다. 아침먹이를 찾는 갈매기 떼를 위한 소식이 공
중에 전해지자, 한 떼의 수많은 갈매기가 날아와 먹이 조
각들을 얻으려고 몸을 비키며 싸우는 것이었다. 그것은
또 바쁜 하루의 시작이었다.
그러나 멀리 외롭게 떨어져, 배와 해안에서 홀로 벗어
난 조나단 리빙스턴 시걸은 연습을 하고 있었다. 100피
트 상공에서 그는 물갈퀴 달린 발을 아래로 내리고 부리

---

5   다음 글은 『고전과 논리적 글쓰기』에 수록된 대학입시 논술 문제를
     분석한 내용을 바탕으로 구성하였다.

5장_논리적 글쓰기와 인문학적 통찰력

는 위로 쳐들며 두 날개는 아플 정도로 힘들게 꼬아서 구부린 상태를 유지하려고 애썼다. 그가 날개를 구부린 것은 천천히 날려는 의도에서였다. 그래서 그는 바람이 얼굴에 살랑거리고, 바다가 그의 밑에 가만히 서 있게 될 때까지 속도를 낮추었다. 맹렬하게 정신을 집중시키려고 안간힘을 다했다. 그러자 깃털들이 곤두서면서 그는 속도감을 잃고 떨어져 버리고 말았다.

아는 바와 같이, 갈매기들은 결코 비틀거리거나 속도감을 잃지 않는다. 공중에서 속도감을 잃는다는 것은 그들에게는 망신거리이며, 또한 그것은 불명예스러운 일이다. 그러나 조나단 리빙스턴 시걸은 부끄러워하지 않고 그 떨리고 힘든 구부린 자세를 취하려고 다시 날개를 쫙 폈는데, 천천히 더욱 천천히 날다가 다시 한 번 속도감을 잃었다. 그는 보통 새가 아니었다.

대부분 갈매기는 나는 것에 대한 가장 단순한 지식-즉 해안으로부터 먹이를 찾으러 날았다가 되돌아오는 방법-이상의 것은 애써 배우려 들지 않았다. 대부분 갈매기에게 있어서 중요한 것은 나는 것이 아니라 먹는 것이었다. 그러나 이 갈매기에게 중요한 것은 먹는 것이 아니라 나는 것이었다. 조나단 리빙스턴 시걸은 다른 그 무엇보다도 나는 것을 더 좋아했다.

그는 이런 생각이 스스로 다른 새들과 사이좋게 지내게

하는 방법이 아니라는 것을 알게 되었다. 그의 부모마저도 조나단이 하루종일 혼자서 저 활공을 수백 번씩 연습하며 지내는 것에 낙담했다.

예를 들면, 이유는 몰랐지만, 그가 자기 날개 길이의 반도 안 되는 높이로 바다 위를 날 때는 힘을 덜 들이고도 공중에 더 오래 머물 수가 있었다. 그의 활공은 흔히들 하는 것처럼 두 다리를 바닷속으로 내려 물을 철벅철벅 튀기면서 끝나는 것이 아니라, 그의 발을 몸에 유선형으로 찰싹 붙인 채 해면에 닿으면서 길고 편편한 자국을 남기는 것으로 끝났다. 그가 두 다리를 올린 채 해변으로 착륙하고 활주해 들어가기 시작하자, 그의 부모는 모래사장에서 그의 활주에 보조를 맞추면서 정말로 매우 걱정스러워했다.

"왜 그러니, 존, 왜?" 그의 어머니가 물었다. "다른 갈매기들처럼 행동하는 게 뭐 그렇게 어렵니, 존? 어째서 낮게 나는 것은 펠리컨이나 신천옹들에게 맡겨 두질 못하는 거냐? 왜 먹지도 않고? 얘야, 넌 뼈하고 털만 남았구나!"

"뼈와 털만 남은 건 상관없어요. 어머니, 전 다만 제가 공중에서 무엇을 할 수 있고, 또 무엇을 할 수 없는지 그게 알고 싶은 것이에요. 그것뿐이에요. 전 그저 알고 싶을 뿐이에요."

"이봐라, 조나단" 하고 그의 아버지가 부드럽게 말했다. "겨울도 멀지 않았다. 고깃배들도 거의 없을 테고, 해면 의 고기들도 바닷속 깊은 곳에서 헤엄칠 것이다. 네가 꼭 연구를 해야 한다면, 먹이에 대해, 그걸 구하는 법에 대 해서 연구해라. 이렇게 나는 일도 매우 좋지만, 활공은 먹고살 수는 없다는 걸 너도 잘 알잖니? 네가 나는 이유 는 먹기 위해서라는 걸 잊었니?"

조나단은 고분고분하게 고개를 끄덕였다. 그 후 며칠 동 안 그는 다른 갈매기들처럼 처신하려고 애썼다. 그는 실 제로 다른 갈매기 떼와 함께 선창 가와 고깃배 주위를 날 면서 날카로운 소리로 울어대고 싸우며, 고기나 빵 조각 을 보고 물속에 잠수하는 일들을 해 보았다. 그러나 그는 그런 것을 일로 여길 수는 없었다.

그는 자기를 따라오는 허기진 늙은 갈매기에게 힘들여 얻은 멸치를 일부러 떨어뜨려 주면서 이 모든 것이 너무 무의미하다고 생각했다. '나는 이런 모든 시간을 나는 것 을 배우는 데 쓸 수 있었는데. 배워야 할 일이 너무나 많 거든!'

얼마 지나지 않아서 갈매기 조나단은 또다시 홀로 떨어 져 먼바다에서 배를 곯으면서도 행복하게 배우고 있었 다.

(그 후 이러한 행동이 갈매기 사회의 품위와 전통을 더럽혔

다는 이유로 조나단은 갈매기 떼로부터 추방당하게 된다. 그러나 조나단은 좌절하지 않고 끊임없이 노력하여 시간과 공간을 초월하여 나는 법을 깨달은 다음에 다시 고향으로 돌아와 동료들에게 이것을〈나는 법〉가르쳐 준다.[6]

통찰력을 위한 질문

이러한 출제 문제에 대해서 어떻게 글을 써야 할까? 그리고 저자를 통해서 우리가 배울 수 있는 통찰력은 무엇인가? 우리는 이러한 질문을 가지고 제시된 글을 분석해야 한다. 분명한 것은 이 제시문은 리처드 바크가 쓴 『갈매기의 꿈』에 나오는 갈매기인 '조나단 리빙스턴'을 통해 인간의 삶을 비판하고 있다. 그래서 우리는 이 글에 나오는 갈매기의 행동과 태도가 무엇을 상징하고 있는지 살펴봐야 한다. 특별히 인간의 삶과 관련하여 고찰해야 한다. 그 이유는 제시문의 암시적 의미나 상징적 의미를 통해서 인간 사회 문제를 비판하고 있기 때문이다.

그렇다면 이 문제에서 요구하는 것은 무엇인가? 하나는 제시문에서 비판의 대상이 되고 있는 "인간의 삶의 모습은 무엇인가?"이고, 또 하나는 "바람직한 삶의 태도는 무엇인가?"이다. 이러한 질문을 가지고 제시문을 꼼꼼하게 분석하면서 비판의 대상이 되고 있는 문제점을 지적할 수 있어야 한다. 이때 한 가지 주의해야 할 점은 반드시 제시문의 내용을 근거로 해서 문제점을 지적해야

---

6   위의 책, 83-85.

한다는 것이다. 또한 두 번째 질문과 관련해서는 첫 번째 질문에
서 지적한 내용과 관련하여 그러한 문제점을 극복하는 방향으로
글을 서술해야 한다.

질문에 어떻게 답할 것인가?[7]

우선 제시문에서 비판이 되고 있는 문제점에 대해서 다양한 측
면에서 접근할 수 있다. 그중에 몇 가지를 지적하면 다음과 같다.

첫째, 현실에 안주하려는 일상적이고 타성적인 삶에 대한 비판이다.
이와 관련된 구절은 다음과 같다.

> "대부분 갈매기는 나는 것에 대한 가장 단순한 지식, 즉 해안으
> 로부터 먹이를 찾으러 날아갔다가 되돌아오는 방법 이상의 것
> 은 애써 배우려 들지 않는다." "다른 갈매기들처럼 행동하는 게
> 뭐 그렇게 어렵니, 존? 어째서 낮게 나는 것은 펠리컨이나 신천
> 옹들에게 맡겨 두질 못하는 거냐?"

여기서 알 수 있듯이 조나단은 기존의 갈매기들과는 달리 저활
공 비행 등을 시도하면서 새로운 비행술을 연습한다. 그러나 대
부분 갈매기는 기존의 나는 법에 안주하려고 하지 새롭게 나는
법을 배우려고 하지 않는다. 인간들도 기존의 삶의 방식이나 태

---

7   위의 책, 87.

도에서 벗어나서 새로운 것을 습득하는 데 두려움을 갖고 있거나, 또는 그것을 쓸데없는 일로 간주한다. 그저 기존의 질서와 현실에 안주하여 남들이 하는 대로 행동하면서 거기서 만족을 느끼는 데 그치는 경우가 많다. (전통은 우리에게 익숙함을 준다. 익숙함은 낯선 지식이나 상황에 대해 거부하는 경향이 있다. 이는 일차원적 삶에 만족을 준다.)

둘째, 물질 중심적 태도에 대한 비판이다.

"수많은 갈매기가 날아와 먹이 조각들을 얻으려고 몸을 비키며 싸우는 것이었다. 그것은 또 바쁜 하루의 시작이었다.""대부분 갈매기에게 있어서 중요한 것은 나는 것이 아니라 먹는 것이었다.""네가 꼭 연구를 해야 한다면, 먹이에 대해, 그걸 구하는 법에 대해서 연구를 해라. 네가 나는 이유는 먹기 위해서라는 걸 잊었니?"

이러한 구절들에서는 너무 물질에 얽매어 있는 모습을 비판하고 있다. 대부분의 일과가 먹이를 얻는 일을 중심으로 짜여 있으며, 또 가치 판단의 가장 중요한 기준도 먹이의 획득이다. 이러한 모습은 인간들에게서도 볼 수 있다. 모든 것을 돈을 중심으로 생각하면서 돈에만 집착하여 동료애나 사랑, 인격 등과 같은 소중한 정신적 가치를 저버리는 경우가 많다. 이러한 물질 중심주의는 인간 사회에 많은 해악을 가져온다.

셋째, 관행이나 관습에 얽매인 태도에 대한 비판이다.

"그는 이런 생각이 스스로를 다른 새들과 사이좋게 지내게 하는 방법이 아니라는 것을 알게 되었다." "그 후 이러한 행동이 갈매기 사회의 품위와 전통을 더럽혔다는 이유로 조나단은 갈매기 떼로부터 추방당하게 된다."

여기서는 기존의 관행이나 관습이 갈매기 사회를 아주 강하게 지배하고 있음을 알 수 있다. 기존의 관행이나 관습에서 벗어나는 조나단의 이러한 행동은 그 사회에 용납되지 않는다. 그래서 조나단은 결국 사회의 품위와 전통을 어지럽힌 이단자로 몰려서 추방까지 당하게 된다. 이러한 모습은 인간 사회에서도 쉽게 볼 수 있다. 사회 곳곳에 관행이나 관습이 도사리고 있어서 개인의 창의적인 시도나 새로운 사고방식을 허용하지 않고 이를 무시하고 억압한다.

이외에도 실용성이나 실용적 학문만을 중시하고 순수한 탐구 정신이나 순수 학문을 무시하는 경향에 대해 비판하고 있다는 점도 지적할 수 있다.

다음은 바람직한 삶의 태도이다. 위에서 지적한 이러한 문제점과 관련하여 어떤 삶이 바람직한지를 나름대로 모색해 볼 수 있다.

첫째, 일상적인 타성적 삶에서 벗어나 자신의 잠재적 능력을 개발하여 자아를 실현할 수 있어야 한다.

"뼈와 털만 남은 건 상관없어요. 어머니, 전 다만 제가 공중에서
무엇을 할 수 있고, 또 무엇을 할 수 없는지 그게 알고 싶은 거
예요."

이것은 조나단이 추구하는 삶의 대토를 잘 보여주고 있다. 즉,
자신이 무엇을 할 수 있는지, 자신의 잠재력은 무엇인지를 확인
하고, 그것을 개발하기 위해서 부단히 노력하는 삶의 자세이다.
인간에게 가장 소중한 것은 바로 자아실현이다. 남과는 다른 자
신의 고유한 개성과 소질을 개발해 그것을 현실화시키는 것이 중
심이 되어야 한다. 둘째, 물질 중심주의에서 벗어나서 정신적 가
치도 소중히 여겨야 한다.

"이 갈매기에게 중요한 것은 먹는 것이 아니라 나는 것이었다.
조나단은 다른 그 무엇보다도 나는 것을 더 좋아했다." "그는 자
기를 따라오는 허기진 늙은 갈매기에게 힘들여 얻은 멸치를 일
부러 떨어뜨려 주면서 이 모든 것이 너무 무의미하다고 생각했
다. '나는 이 모든 것을 나는 것을 배우는 데 쓸 수 있었는데.'"
"배를 곯으면서도 행복하게 배우고 있었다."

이것은 먹이를 구하는 일에 최고의 가치를 부여하여 거기에만

5장_논리적 글쓰기와 인문학적 통찰력

몰두하는 것이 아니라, 오히려 그러한 일만 하는 것이 무의미하다는 것을 보여준다. 즉, 물질보다 더 소중한 다른 가치들이 있다는 것이다. 따라서 새로운 것을 배우고, 새로운 것에 도전하며, 자신의 꿈과 소질을 개발하여 실현하려는 이러한 노력 자체를 소중히 여겨야 한다. 또 자신이 터득한 기술과 지혜를 동료들에게 가르쳐 주기 위해 고향으로 다시 돌아오는 조나단의 모습에서 진한 동료애적 태도를 배울 수도 있다. 이외에도 다음과 같은 것이 있다.

- 관행이나 관습에서 벗어나서 도전적이고 진취적인 태도를 가져야 한다.
- 새로운 지식이나 기술의 습득 그 자체에서도 만족을 느껴야 한다. 즉, 순수 이론적 태도의 가치를 인식할 수 있어야 한다.
- 온갖 어려움을 무릅쓰고 진리를 다른 사람들에게 전달하기 위해 노력하는 교육자가 되어야 한다.

효율성에 관한 논의[8]

다음은 효율성이 지배하는 사회에서 어떤 인간이 되어야 하는가?에 대한 통찰력을 주는 글이다. 이번 글의 주제는 "현대사회의 효율성 논리와 그 문제점(기술적, 도구적 이성에 대한 비판)"이

---

8   위의 책, 95.

망치를 든 설교학-
144

다. 출전은 마르쿠제의 『1차원적 인간』이다. 이 주제에서 제시된 문제는 다음과 같다.

다음 제시문에서 마르쿠제는 현대 산업 사회에 널리 퍼진 방식을 '1차원적 사유'로 규정하면서, 효율성의 논리가 지배하는 현대사회를 '**1차원적 사회**'라고 비판하였다. 여기서는 이와 관련하여 현대사회에서 '**효율성**'의 **극대화**에 따른 문제점은 무엇이며, 이러한 문제를 해결하기 위해서는 어떤 사고방식이나 삶의 태도가 요구되는지에 대해서도 논술하라(사회, 경제, 사회, 문화, 교육, 예술, 광고, 생산, 조직 등 특정 영역이나 분야를 구체적 사례로 제시해도 좋음).

널리 행하여지고 있는 사회 통제 형태들은 새로운 의미에서 기술적이다. 확실히, 생산 및 파괴의 기구가 가진 기술적 구조와 효율성은 현대를 통틀어 인간을 노동의 사회적 분화에 종속시키는 주요 방편이 되어 왔다. 더욱이 이와 같은 종속에는 언제나 생계의 위협, 재판, 경찰, 군대와 같은 보다 명백한 강제 형식이 뒤따랐다. 그것은 지금도 그렇다. 그러나 현대에는 기술적 통제가 모든 사회 집단과 이해관계를 위해서 이성의 참된 구현체로 나타나며, 그리하여 갈등과 모순은 이 사회에 없는 것처럼 간주되며, 기존 사회 질서에 대한 대항은 불가능하게 보일 정도이다.

가장 고도로 발달된 이 문명 지역에서 사회적 통제가 개인적 항의의 밑뿌리까지 스며들 정도로 투입되었다고 해서 이상할 것은 조금도 없다. 기존 사회 질서에 '동조하기'를 거부하는 정신과 정서는 신경질적이고 무기력한 것으로 보인다. 이것이 현대를 특징짓는 정치적 현상의 사회 심리적 측면이다.

오늘날 개인적 공간은 기술의 효율성 논리에 의해서 침범되어 파괴되고 있다. 대량 생산과 대량 분배는 개인의 '모든 것'을 요구하며, 이러한 산업 심리학은 이미 오래전부터 공장뿐만 아니라 사회 전반에까지 확대 적용되고 있다. 이 과정에서 기존 질서에 대한 저항이 뿌리를 박을 수 있는 정신의 '내적 차원'이 소멸되고 있다. 부정적인 사유인 '이성'의 비판력이 자리잡는 이러한 '내적 차원'이 상실되고 있는 것이다.

오직 1차원만 존재하며, 어디서나 어떤 형식으로나 현대 사회는 그렇게 되어 있다. 생산의 효율성은 정당성을 주장하면서 이에 대한 비판을 거부하며, 여기서는 기술적 합리성이라는 '허위의식'이 참된 의식으로 간주된다.

이것은 '이데올로기의 종언'을 의미하지 않는다. 그와 반대로 어떤 의미에서는 오늘날 이데올로기가 생산 과정 그 자체 안에 있는 까닭에, 선진 산업 문화는 그전보다

‘더욱’ 이데올로기적이다. 이 명제는 도전적인 형식으로 현재의 기술적 합리성이 지닌 정치적 측면을 드러낸다. 생산 장비와 그것이 생산하는 상품 및 서비스는 사회 체제 전부를 거래하거나 이용한다. 대량 수송과 커뮤니케이션의 수단, 의식주의 일용품들, 억제할 수 없이 쏟아져 나오는 오락 및 정보 산업들은 앞서 말한 1차원적 태도와 습관, 어떤 지적 정서적 반응을 낳는데, 이것은 소비자들을 다소간은 기분 좋게 생산자한테 묶어 매며, 나아가서는 생산자를 통해 전체에 묶어 놓는다. 생산물들은 소비자들을 교화시키고 조작한다. 즉, 그들은 허위에 면역된 거짓된 의식을 확산시킨다. 그리고 이 유익한 생산물들은 더 많은 사회 계층의 더 많은 인간들에게 보급되면, 그들이 수행하는 교화는 하나의 생활양식이 된다.

그리하여 1차원적 사유와 행동이라는 패턴이 나타나게 된다. 여기서는 기존의 주장과 행위를 비판하면서 이를 넘어서려는 새로운 사유와 소망 및 목적들은 배제되거나 아니면 기존 체계의 용어로 위축된다. 새로운 것을 추구하려는 사유와 소망 및 목적은 기존 질서의 기술적 합리성의 논리에 의해서 억압되고 규제된다.

제시문은 마르쿠제가 쓴 『1차원적 인간』에서 부분적으로 발췌한 내용이다. 헤르베르트 마르쿠제(Herbert Marcuse, 1898-1970)는 독일의 철학 사상가로서 1964년에 미국에서 『1차원적 인간』을 출판하였다. 이 책은 미국의 청년 및 학생들에게 많은 영향을 주어서 1960년대 후반과 1970년대 초반에 활발하게 일어난 미국 학생 운동과 '신좌파 운동'의 이론적 기반이 되기도 하였다. 마르쿠제는 막스 호르크하이머(Max Horkheimer), 테오도르 아도르노(Theodor Adorno)에서 시작하여 위르겐 하버마스(Jürgen Habermas)까지 이어지는 프랑크푸르트 학파의 일원으로서 활동하였는데, 이 학파는 주로 현대 산업 사회의 문제점을 이론적, 철학적으로 비판하는 작업을 하였다.

마르쿠제의 이 책도 비판 의식을 상실한 채 기존 체제에 편입되어 살아가고 있는 현대인들의 모습을 비판하고 있다. 기존 현실을 분석하고 설명하는 데 그치는 실증주의적 사고의 득세, 그리고 대중의 의식을 마비시키고 수동적으로 만드는 대중문화의 확산이 대중을 무비판적으로 만들었다는 주장이다. 그가 말하는 '1차원적 인간'이란 바로 이러한 상태에 있는 인간을 가리킨다.

이 문제에서 "효율성의 논리가 지배하는 현대사회"라는 구절이 있다. 즉, 현대사회에서는 효율성의 논리가 지배함으로써 정치, 경제, 사회, 문화 등 대부분의 사회 영역에서 효율성을 향상시키

9 　　위의 책, 97.

는 데 힘을 쏟는다. 그래서 개인의 활동이나 조직의 운영은 효율성을 높이는 방향으로 이루어지고 있다. 최소의 시간과 최소의 비용으로 최대의 효과를 얻으려는 것이다. 그러나 효율성의 극대화만을 추구하는 이러한 사고방식과 원리는 많은 문제점을 안고 있다. 바로 이것이 이번 논술 문제의 주제 배경이다. 현대사회를 지배하고 있는 효율성의 극대화 원리를 제대로 파악하고 있는지, 그리고 이로부터 어떤 문제가 발생하는지를 알고 있는가를 묻고 있다.

어떻게 답할 것인가?[10]

먼저 현대사회에서 효율성의 논리가 지배하는 구체적인 모습을 드러낸다. 물음을 다시 한 번 살펴보자.

제시문에서 "기술적 구조와 효율성은 현대를 통틀어 인간을 노동의 사회 분화에 종속시키는 주요 방편이 되어 왔다"라고 하였다. 또 〈유의 사항〉에서도 "정치, 경제, 사회, 문화, 교육, 예술, 광고, 생산, 조직 등 어느 영역이나 분야를 구체적 사례로 제시해도 좋다"고 하였다. 바로 여기서 효율성의 원리가 지배하는 구체적 사례를 설명할 수 있는 실마리를 찾을 수 있다. 즉, 여기서 언급하고 있는 다양한 분야나 영역에서 두세 가지를 선택하여 효율성의 원리가 구체적으로 어떻게 적용되고 있는지를 보여주면 된다.

---

10   위의 책, 98.

〈사례1〉 생산 과정의 효율성

생산 과정에서 효율성을 높이기 위해 채택된 것이 기계화이다. 기계화는 인간의 노동력과 생산 수단을 효과적으로 결합하여 적은 비용으로 대량 생산을 하기 위해 도입되었다. 이를 대표하는 것이 컨베이어 벨트 시스템이다. 컨베이어 벨트 시스템에서는 작업자가 이동하면서 작업을 하는 것이 아니라, 작업자는 자기 자리에 있고 대신 제품이 컨베이어 벨트에 실려 온다. 그리고 부품이 표준화되어 있고 작업도 아주 세분화, 단순화되어 있다. 따라서 이러한 생산 방식에서는 컨베이어 벨트의 이동 속도를 조절함으로써 근로자들의 작업을 쉽게 통제할 수 있고, 또 근로자들의 작업을 단순화시켜 생산성의 향상을 꾀할 수 있다.

〈사례2〉 조직의 효율성

조직을 효율적으로 관리하고 의사 결정을 효과적으로 하기 위해 도입된 것이 관료적 체계이다. 관료적 조직은 피라미드적인 명령 체계를 도입하여 거대한 조직을 관리하고 통제한다. 대부분의 의사 결정은 상층부에서 이루어지며, 하층부에 있는 사람은 단지 주어진 명령이나 지시에 따라서 움직일 뿐이다. 예를 들면, 기업에서는 자본가가 더 많은 이윤을 남기기 위해 조직을 효율적으로 통제할 수 있는 위계적 체계를 만든다. 그래서 조직의 관리나 통제는 자본가나 전문 경영인 같은 소수의 전문 기술자에 의해서 이루어진다.

〈사례3〉 학교 교육의 효율성

우리 사회에서 고등학교 교육은 대학 입시 위주로 되어 있다. 어떻게 하면 더 많은 학생을 대학에 입학시킬 것인가가 최대의 목표이다. 그래서 이 목표를 달성하기 위한 효과적인 방법이 무엇인가에 최대의 관심이 쏠린다. 음악, 미술, 체육 등 대학 입학 시험과 관련이 먼 과목은 경시된다. 아침부터 늦은 밤까지 정규수업, 보충수업, 방송수업, 자율학습 등으로 학생들은 온종일 학교에 얽매여 있어야 하며, 교사들의 엄격한 통제를 받아야 한다. 수업도 개성과 창의력을 살리기보다는 시험에 자주 나오는 내용을 암기하는 방식으로 이루어진다.

이제 두 번째로 효율성의 극대화가 가져다 준 문제점이 무엇인지 파악한다. 이런 관점에서 다음으로 둘째 물음을 살펴보자. 제시문에 효율성의 극대화에 따른 문제점이 잘 지적되어 있다.

"사회적 통제가 개인적 항의의 밑뿌리까지 스며들 정도로 투입되었다.""개인적 공간은 기술의 효율성 논리에 의해서 침범되어 파괴되어 있다.""기존 질서에 대한 저항이 뿌리를 박을 수 있는 정신의 '내적 차원'이 소멸되고 있다.""기존의 주장과 행위를 비판하면서 이를 넘어서려는 새로운 사유와 소망 및 목적들은 배제된다." 그리고 물음에서도 이러한 문제점을 찾을 수 있다. "달성하려는 목표가 정당한지 부당한지에 대해서는 관심을 갖지 않으

며 또 목표를 달성하기 위한 수단이 '올바른가, 그른가'라
는 도덕적 판단도 유보된다."

여기서 알 수 있듯이 효율성의 극대화만을 추구하는 태도는 대
체로 주어진 목표의 정당성이나 도덕성을 문제 삼지 않는다. 단
지 주어진 목표를 효과적으로 달성하기 위한 방법만을 문제 삼는
다. 따라서 추구하는 목표 자체가 비도덕적일 수도 있고, 인류에
게 피해를 줄 수도 있다. 그러한 목표를 달성하기 위한 수단에 대
한 도덕적 반성이나 비판도 결여되어 있다. 채택된 수단이나 방
법이 인간의 행복을 증진시키는 데 도움이 되는지 아닌지를 고려
하지 않는다.

그래서 호르크하이머와 아도르노는 이렇게 비판 의식과 반성
의식이 마비되고 오직 효율적인 수단과 방법을 계산하는 데에만
관심을 기울이는 이성을 '도구적 이성'이라고 비판하였다. 그리고
마르쿠제는 이렇게 효율성의 논리가 지배하는 사회를 '1차원적
사회'라고 비판하였다. 이런 사회에서는 인간이 기술 지배와 효율
성 추구의 도구로 전락함으로써 인간의 주체성과 자율성이 상실
되고 인간 소외가 심화된다.

〈사례1〉의 경우에 작업자는 컨베이어 벨트의 이동 속도에 맞춰
서 하루종일 세분화된 단순 작업을 반복해야 하므로 근로자들은
쉽게 지겨움과 싫증, 피로를 느끼게 된다. 또 작업 과정에서 창조
성과 자율성을 발휘할 수도 없다. 인간의 노동을 대체하려고 만

망치를 든 설교학-

든 기계가 오히려 인간을 기계의 노예로 만든다. 인간은 무미건조한 단순한 기계적 작업을 반복하는 기계의 부속품으로 전락하였다.

〈사례2〉의 경우에도 위계적인 명령 체계에서 하급자들은 자신의 개성과 창조성을 발휘하기 힘들다. 자율적으로 어떤 일을 결정하기보다는 상부의 지시와 명령에 따라서 일을 처리해야 한다. 따라서 효율성을 높이기 위해 만들어진 이러한 위계적이며 관료적인 조직은 인간의 주체성과 창조성을 억압한다.

〈사례3〉의 경우에도 학교 교육이 학생들의 개성과 창의성을 제대로 살려 주지 못하고, 인성 교육에도 소홀하게 된다. 오직 성적이라는 하나의 잣대로만 평가를 함으로써 성적이 좋지 못한 학생은 학교나 가정에서 냉대를 받으며 좌절하기도 한다. 그래서 자신의 소질을 계발하지 못하고 탈선을 하는 경우도 있다.

이처럼 주어진 목표를 단지 효율적으로 달성하려는 데에만 관심을 가지는 '기술적 합리성'의 지배 때문에 인간은 주체성을 상실하면서 소외 상태에 빠지게 된다. 효율성의 논리가 인간의 행복을 증진시키는 것이 아니라, 오히려 인간을 불행하게 만들고 사회를 위기로 몰아넣고 있다.

바람직한 사고방식이나 삶의 태도[11]

효율성의 극대화 논리가 야기하는 이러한 문제들을 해결하기

---

11 위의 책, 102.

위해서는 어떠한 사고방식이나 삶의 태도가 필요할까? 제시문에는 '기존 사회 질서에 동조하기를 거부하는 정신', '부정적 사유인 이성의 비판력', '새로운 것을 추구하려는 사유와 소망 및 목적'과 같은 개념이나 구절이 나온다. 바로 이것이 논의의 실마리가 될 수 있다.

이를 바탕으로 여기서는 단지 주어진 목표를 달성하기 위한 수단의 효율성에만 관심을 기울이는 사고방식이나 태도에서 벗어나야 한다는 점을 지적해야 한다. 그러면서 적극적으로 다음과 같은 태도의 필요성을 설명하면 된다. 달성하려는 목표가 정당한지 부당한지, 인류의 행복을 증진시키는 데 도움을 주는지 그렇지 못한지를 고려하는 사고방식이 필요하다. 또 수단이 도덕적인지 비도덕적인지에 대해서도 생각해 보아야 한다. 바로 이런 태도가 비판적 의식이자 비판적 태도이다. 이성의 기능에는 목표를 효율적으로 달성하기 위한 기술적, 도구적, 계산적 기능만이 있는 것이 아니라, 목표 그 자체의 정당성과 도덕성을 생각하는 비판적, 반성적 기능도 있다.

따라서 기술적 합리성에 짓눌려 왔던 이러한 이성적 기능을 되살려야 한다. 서로가 자유로운 대화를 통해서 추구하는 목표와 이를 달성하기 위한 수단이 사회 구성원과 공동체의 발전에 도움이 되는지 어떤지를 비판하고 반성하는 태도가 필요하다. 이러한 사고방식이 널리 통용되는 사회가 바로 '2차원적 사회'라고 할 수 있다.

망치를 든 설교학-

이러한 인문학자들의 통찰력을 징검다리 삼아 신학적 상상력으로 나아가는 자세가 필요하다. 설교는 통찰력을 요구한다. 이 통찰력은 단순히 문제 제기를 위한 통찰에서 머무르는 것이 아니라, 그 대안을 설교 본문에서 찾아야 한다. 이것이 결국 예언자적 상상력이며, 신학적 상상력이다. 설교자에게 필요한 것은 바로 이러한 상상력이다.

6장 설교 신학과 설교 분류

신학 부재

교회 현장에서 자주 듣는 말 중의 하나는 "목회 현장에서는 신학이 필요 없다"라는 말이다. 이 말은 설교에도 신학이 필요 없다는 말과 같다. 과연 신학은 현장성을 담보하지 못하는 걸까? 예배학 용어에 '렉스 오란디, 렉스 크레덴디(Lex orandi, lex credend)¹라는 말이 있다. 이 말은 기도의 법과 믿음의 법과의 관계성에 대한 말이다. 즉 기도하는 것의 법칙은 믿는 것의 법칙이라는 말로 기독교 전통의 신조와 정경을 확립하기 위한 신학적 틀을 제공한다. 사실 신학은 현장을 진단할 수 있는 기준이 되고, 현장은 신학에 의해서 정립되어야 한다. 그런 의미에서 보면, 신학과 설교는 뗄레야 뗄 수 없는 상호보완적인 관계에 있다. 따라서 올바른 설교 사역을 위해서 신학적 사고는 필수적이다.

---

1   박홍호, Lex orandi lex credendi 예배 원리를 중심으로 한 예배신학
     연구 : Don E. Saliers, Geoffrey Wainwright, Gordon W. Lathrop
     을 중심으로, 장로회신학대학교대학원 미간행석사논문, 2010.8.참고.

설교 신학의 역할

리차드 리셔는 오늘날 현대 신학의 공통적인 출발점이 신학의 붕괴라고 말한다. 그는 설교는 교회 생활의 중심에 있지만, 교회는 교회의 자기반성인 신학으로부터 소외당하고 있다고 진단한다. 설교에 대해서 다양하게 인식을 하고 있지만, 설교는 신학적 방황을 겪고 있다는 말이다. 심지어 설교는 분명하게 의미도 밝혀지지 않은 채 다양한 요소들과 결합되어 사용되고 있다. 설교와 신학과의 관계성에 대해서 심각하게 논의되지 않고 있거나 분석되고 있지 않기 때문에 설교는 신학으로부터 소외당하고 있다.[2]

겔하르드 에벨링은 "신학은 설교자가 설교를 어려워할 만큼 어렵도록 만들기 위해 필요하다"라고 말한다. 그리고 신학은 교회의 복음 선포를 감시한다. 또한 칼 바르트는 신학을 교회의 언어와 생활을 측정하는 교회의 '자기 검증'이라고 말했고, 오트는 '설교는 신학이다', '신학은 설교이다'라고 주장한다. 에벨링에 따르면, 신학은 설교자가 기독교 교리의 핵심으로 돌아가도록 함으로써 설교를 어렵게 한다고 주장한다. 신학은 설교자로 하여금 보다 넓은 범위의 모든 요소들-창조, 타락, 섭리, 성화, 교회, 종말론-과 성경의 모든 본문들을 이 기독교 신앙의 구성적 핵심과 연결시키도록 촉구한다.

---

2   리차드 리셔, *A Theology of Preaching*, 홍성훈 옮김, 『설교의 신학』 (서울: 도서출판 소망사, 1992), 11-13.

중요한 것은 설교자가 본문에서 바로 설교가 나올 수 있다고 믿는다면, 난해하고 정돈되지 않는 성경의 주장으로 인해 설교는 실패하게 된다. 멜랑히톤의 말을 빌리자면, "복음은 성경을 바르게 이해할 때 문이 열린다." 설교자는 성경의 문맥에서, 교회의 가르침과 현재의 상황 속에서 "왜 이 말씀이 들려져야 하는가?"를 물어야 한다. 설교는 성경의 많은 사상들이 신학적 의미를 갖도록 정돈해야 한다. 예를 들면, 로마서 8장 28-30절에 나오는 "윤리와 예배, 그리고 예수님의 겸손과 높임 사이의 관계는 무엇인가?"를 물어야 한다.

또한 마태복음 16장의 베드로의 신앙고백에 비추어 볼 때, 우리는 교회에서 무엇이라고 고백해야 하는가? 고린도후서 3장 13절에 나오는 '수건'은 구약과 신약 간의 관계에 대해서 무엇이라고 말하고 있는가? 설교는 이 본문이 어떻게 신앙의 핵심과 관련되어 있는가?를 물어야 한다. 그리고 리셔는 인간으로서 설교자는 이 세상에 살면서 목회를 하지만, 신학자로서의 목사는 우리 시대의 유동성, 역사주의, 세속주의, 평범한 종교성, 그리고 무엇보다도 우리 세대의 불안을 정확하게 평가할 수 있어야 한다고 말한다. 오직 설교자의 신학적 재능만이 설교자로 하여금 인간의 상황을 그 중심, 즉 영원한 복음과 결합된 신적이며 지속적인 진리와 연관 지을 수 있게 만든다.

사실 설교자는 목회 현장을 넘어서면 조직신학과 정신요법, 인류학, 철학, 이데올로기, 정치학, 예술, 과학, 의학, 인공두뇌 그리고 윤리학과 끊임없는 논의가 요구된다. 그렇다면 설교자는 어디서부터 시작해야 할까? 지금 여기서부터인가? 아니면 성경적 상황 '그때' 그리고 '그곳'에서부터 시작해야 할까? 설교자는 영원한 프리즘을 통해서 성경의 그때-거기와 여기-지금 사이를 연결해야 한다.[3]

설교 신학과 정의

설교자의 중요한 임무 중 하나는 설교 사역이 무엇인지에 대해 분명한 이해를 하는 것이다. 설교자가 자신이 행하고 있는 설교 사역에 대해 분명한 정의를 내릴 때, 자신의 정체성을 파악하게 되고, 자신이 하는 사역에 대한 확신을 갖게 된다. 먼저 구약에 나타난 예언자들의 설교 사역을 보면, 그들은 철저히 하나님으로부터 소명(calling)을 받아서 자신의 전 생애를 바쳐 하나님의 말씀을 전하는 사명을 감당했다. 그들은 말씀의 사자(使者)라는 의식을 가지고 있었다. 그리고 그들은 하나님의 실존을 알리고 그의 말씀을 전하는 데 집중적인 관심을 두었다. 그들은 철저하고 분명하게 하나님의 말씀을 인간에게 전하는 것을 반드시 수행해야 한다는 것을 자신의 임무로 받아들였다. 그래서 그들의 주체는 항상 하나님이었다. 다시 말해서, 하나님이 스스로 선지자들을 통해서 말했다는 것이다. 그들은 이러한 소명 의식을 가지고

---

3   위의 책, 14-23.

어떤 어려움이나 역경이 있어도 용기있게 하나님의 말씀을 선포했다.[4]

이러한 예언자적인 전통은 신약시대 사도들에게 그대로 전해졌다. 특별히 신약에서의 설교는 하나님의 구속사역과 관련하여 증언을 하는 형태였다. 즉, 예수 그리스도의 오심과 그 생애와 교훈, 십자가의 수난과 부활, 승천과 재림을 선포하는 것이었다. 그들은 그리스도의 사건을 과거의 사건으로만 보지 않고 현재적이고 전체적인 사건으로, 즉 창조 때부터 재림까지를 이어주는 사건으로 외쳤다. 사도들이 외쳤던 말씀의 증언은 단순히 인간적인 사건의 전달이 아니고, 그리스도의 사자들로서의 외침이었다고 확신한다. 따라서 설교 사역은 특별한 부름을 받은 존재가 언제나 성경에 기록된 대로 살아있는 하나님과 그분이 행하시는 구속의 역사를 증언하고, 그 기록에서 주어진 말씀을 전달하기 위한 운반의 사명을 감당함으로써 이루어진다. 이러한 말씀 사역은 하나님과 그 백성 사이에서 지속되어야 하고, 하나님 나라를 이 땅에 확장해 가는 데 더욱 강화되어야 한다.[5]

이러한 귀중한 설교 사역에 대해 존 칼빈은 "하나님은 하늘로부터 누구나 다 들을 수 있도록 말씀하시지 않고 오직 그의 도구로 인간을 선택하여 말씀하신다"라고 하면서 선택된 하나님의 종 또는 대사로 정의하면서 그 정체성을 강조한다. 그리고 설교는 하

---

4   정장복, 『한국교회의 설교학 개론』 (서울: 예배와 설교 아카데미, 2001), 63-64.

5   위의 책, 65-66.

나님이 예배의 현장에 임재하셔서 그의 종을 통하여 말씀하신 것이며, 그 말씀을 통하여 하나님의 약속과 계명이 성취되는 효과를 거두게 된다고 말한다.

또한 칼 바르트는 하나님 자신의 말씀이라고 이해한다. 하지만 하나님 자신이 선하신 뜻을 따라 하나님의 이름으로 한 인간(설교자)를 선택하시고, 성경 말씀을 방편으로 하여 인간들에게 증거하게 하신다라고 주장한다. 따라서 칼 바르트에 의하면, 교회란 하나님의 말씀이 외쳐지고, 경청되어지는 하나님 백성의 모임이며, 그곳에서 말씀은 시대를 따라 늘 새롭게 소생된다고 강조한다.

필립 브룩스는 "설교란 한 사람에 의하여 다수의 사람들에게 주어지는 진리의 전달(communication)이다"라고 정의한 바 있다. 이에 따르면, 진리란 하나님의 말씀으로서 인간에게 전달되어야 할 주제이고, 설교자란 그 진리를 전달해 주어야 할 운송 책임자이다. 토마스 롱은 '증언으로서의 설교'를 말한다. 존 스토트는 '다리놓기'를 말하고, 찰스 캠벨은 '실천과 저항으로서의 설교'를 말한다. 정장복은 '성언운반일념'이라고 주장한다.

이러한 설교에 대한 정의는 설교에 대한 분명한 신학적 개념을 담고 있다. 따라서 우리 또한 분명한 설교 신학에 대한 정의와 입장을 가지는 것이 중요하다.

설교의 분류/유형

설교에 대해서 다양한 방식으로 분류를 한다. 설교는 유형과 형태로 나뉜다. 유형은 본질과 같은 의미이다. 설교의 본질을 묻는 것이 유형이고, 형태는 일종의 그릇이다. 진리의 말씀을 전하는 방식이라고 할 수 있다.

먼저 우리가 살펴보고자 하는 것은 설교의 유형에 관한 분류이다. 첫째, 주제 설교(Topic Sermon)이다. 주제 설교는 삶의 장에서 발견된 주제를 선택하고 거기에 맞는 본문을 찾아 전개해 나가는 설교이다. 또한 본문에서 하나의 주제를 추출하여 그 주제를 전개시키는 형태를 말한다. 이러한 설교는 설교자 자신의 생각이나 주장을 펼치기 위해 본문을 사용하였다는 점에서 비판을 받아 왔다. 이렇게 될 경우 본문이 설교자에게 봉사하게 되는 그야말로 비성경적인 설교가 되고 만다. 그렇지만 주제 설교가 성경의 위대한 주제, 즉 가장 필수적인 성경적 개념에 충실하다면, 그것은 충분히 성경적인 설교가 될 수 있다. 그러므로 주제 설교가 성경적인 설교가 되기 위해서는 설교의 모든 주안점이 특정한 본문에서 나오지 않는다 할지라도 성경의 여러 책에 있는 본문에 근거해야 한다.

둘째는 본문 설교(Textual Sermon)이다. 흔히 본문 설교를 강해 설교와 혼돈하게 되는데, 본문 설교는 대개의 경우 짧은 본문(보통 2-3절, 짧게는 1-2절)을 사용하며, 성경 본문을 나열식으로 주석해 가는 설교(주해식 설교)이다. 이 설교는 짧은 본문을 사용하기 때문에 집중적으로 본문을 분석할 수 있는 장점이 있다. 그래서 본문 설교를 강해 설교와 혼동하는 경우가 많이 있다. 한 절이나 두 절의 성경 말씀에서 발견되는 하나의 성경적 개념에 대해 집중적으로 다루기 때문에 이것을 성경적 설교라고 생각한다.

하지만 이 설교는 본문의 전후 문맥을 고려하지 않고 해석하므로 본문을 오용할 위험이 있다. 그래서 파편적이고 단편적인 지식에 머무르게 된다. 결과적으로 회중에게 편협하고 제한된 성경 지식을 전달하게 되어 진리를 왜곡시킬 가능성이 아주 높다. 따라서 성경 말씀을 한 절 한 절 풀어서 설명해 나가는 방식의 본문 설교는 강해 설교라고 할 수 없다.

셋째, 강해 설교(성경적 설교)이다. 강해 설교는 **"성경을 중심으로 한 설교"**이다. 즉, 강해 설교는 성경 본문의 기록자가 마음에 가지고 있었고, 또한 성경 전체의 맥락에 비추어볼 때 그 본문 안에 있는 본질적인 실제 의미를 밝혀 내서 그것을 오늘날의 청중의 필요에 적용시키는 식으로 성경 본문을 다루는 것이다. 그래서 강해 설교는 단순히 성경적 설교라는 등식에 속하는 것이 아니라, 성경적 설교의 범위 안에 강해 설교가 포함되어야 한다.[6] 이 점에 대해서 존 스토트(John Stott)는 다음과 같이 말한다.

그것(본문)이 짧든지 길든지 간에 주해자로서 우리의 책

---

6   Sideney Greidanus,*The Modern Preacher and the Ancient Text*, 김영철 역, 『성경 해석과 성경적 설교』 (서울: 여수룬, 1995), 36.

임은 그 본문이 말하는 대로 그 메시지를 분명하고 쉽고
정확하고 적절하게, 그리고 첨가나 삭제 또는 오류 없이
전하는 것이다. 강해 설교에서는 본문의 역할이 본문과
크게 다른 주제를 말하는 설교의 의례적인 서론으로만
제시하거나, 잡다한 생각의 보따리를 걸어두기 위한 편
리한 말뚝이어서는 안 되고, 그 대신에 설교하려는 모든
내용을 결정하고 조종하는 주인이 되어야 한다.

강해(Exposition)라는 말은 라틴어 exposto라는 말에서 나왔
다. 그 뜻은 '설명하다', '접근할 수 있게 하다'라는 의미가 있다.
따라서 강해 설교란 성경으로부터 신실하게 받은 메시지를 현대
의 청중에게 접근할 수 있도록 돕는 설교이다. 이에 대해 해돈 로
빈슨(Haddon W. Robinson)은 『성경적 설교』라는 책에서 "강해
설교는 본문의 문맥에 맞는 역사적, 문법적, 문학적 연구를 통해
얻어지고 전달되는 성경적 개념을 전달하는 것이다. 성령님은 그
것을 먼저 설교자의 인격과 경험에 적용시키시고, 그 다음에 그
를 통해 그의 청중에게 적용시키신다"라고 말한다.
  또한 메릴 엉거(Merrill F. Unger)는 이렇게 말한다.[7]

  본문의 길이가 어떻든 간에 성경 원저자의 생각 속에 있

---

7   주승중, 『성경적 설교의 원리와 실제』 (서울: 예배와 설교 아카데미,
     2006), 33.

었던 그대로 정확하고 근본적인 본문의 의미를 성경 전체의 문맥에 비추어 설명하고 오늘날 청중의 필요에 적절하게 적용한다면, 그것은 강해 설교라고 말할 수 있을 것이다. 강해 설교는 성경에 관해 설교하는 것이 아니라, 성경을 설교하는 것이다. '주께서 말씀하신 것'이 강해 설교의 알파와 오메가이다. 즉, 성경으로 시작했다가 성경에서 끝나는 것이다. 그리고 그 중간의 모든 것이 또한 성경으로부터 나온다. 다시 말해 강해 설교는 성경 중심적 설교이다.

이처럼 강해 설교는 단순히 성경 본문을 나열식으로 주석해 가는 설교가 아니다. 또한 본문의 중요한 단어를 연구하여 회중에게 소개하거나 회중의 삶과는 아무 관련도 없고 적용도 없는 성경 이야기를 나열하는 것도 아니다. 강해 설교는 다음 몇 가지 요소를 충족하고 있는 것을 발견하게 된다.

첫째, 강해 설교는 본문이 설교를 지배한다 .
둘째, 강해 설교는 본문이 말하는 하나의 중심 개념을 전
　　　달한다.
셋째, 강해 설교에서 중심사상은 반드시 주어진 본문으
　　　로부터 나와야 한다 .
넷째, 강해 설교는 발견한 성경적인 개념을 설교자 자신

에게 먼저 적용시킨다.

다섯째, 강해 설교는 발견한 성경의 중요한 개념을 마침
내 듣는 사람들에게 적용시킨다.

따라서 강해 설교는 성경 중심적 설교, 즉 **"성경 본문의 기록자가
마음에 가지고 있었고, 또한 성경 전체의 맥락에 비추어볼 때 그 본문
안에 있는 본질적인 실제 의미를 밝혀 내서 그것을 오늘날 청중의 필요
에 적용시키는 식"**으로 본문을 다루는 설교이다. 앞으로 우리는 유
형에 따른 분류에서 본문이 지배하는 강해 설교 또는 성경적 설
교를 지향하도록 한다.

설교 분류/목적

다음은 목적에 따른 설교 분류이다. 목적에 따라서는 다음 네
가지 정도로 분류할 수 있다. 참고할 것은 그래디 데이비스는 3가
지로, 다니엘 바우만은 네 가지로 구분하고 있다는 점이다.[8]

첫째, 선포적 설교(복음적 설교)이다. 이 형태의 설교는 기본적으로
그리스도를 모르는 사람들에게 예수님을 구세주로 영접하도록
하는 데 일차적인 관심을 두는 설교이다. 이런 입장에서 이 설교
는 전도설교라고도 부른다. 대표적인 근거는 사도행전 2장에 나
타난 베드로의 설교를 들 수 있다.

---

8   정장복, 『한국교회의 설교학 개론』, 139.

둘째, 치유적 설교이다. 영국의 신약학자인 도드(C. H. Doodd)는 『사도들의 설교와 그 발전』이라는 책에서 "케리그마는 설교자들의 행동이 아니라 메시지였으며, 가르침은 대부분이 윤리적인 가르침이었다"라고 말하면서, "초대교회에서 복음을 외친다는 것과 도덕적인 교훈이나 훈계를 준다는 것은 별다른 구별 없이 행하여졌다"라고 주장한 바 있다. 이러한 주장은 현대 설교학에 큰 영향을 미쳤는데, 구속사의 선포를 통하여 '예수님을 구세주로 믿는 사람'이 된 후에 그 후속 조치를 성공적으로 취하는 것은 설교자들에게 필수적인 단계라 할 수 있다. 그러므로 무엇을 어떻게 믿고, 어떻게 행동하느냐에 관한 행동 지침을 제공하는 설교가 바로 교훈적인 설교의 내용과 형태이다.

세 번째는 교훈적 설교이다. 그래디 데이비스는 이 설교의 소중한 목적은 "한 인간의 삶 속에서 병든 생활의 조건, 정신적인 문제, 정서적인 결핍, 그리고 종교적인 방황으로부터 변화를 가져오는 것"이라고 주장하였다. 이 변화가 바로 치유를 가져와야 할 설교의 목적이다.

네 번째는 예언자적 설교이다. 구약의 수많은 예언자들과 신약의 세례 요한이 하나님의 뜻과 그 진리가 혼탁해진 당시의 사회에 외쳤던 것이 바로 이 설교의 전형적인 형태이다. 설교자가 이끌고 있는 양들의 개인적인 타락과 불신앙의 모습을 비롯하여 그 시대의 부정부패와 비도덕적인 문제점들을 하나님의 말씀에 조명하고 그 길을 바르게 걷도록 외치는 것이 이 설교의 목적이다.

이렇게 목적에 따른 분류를 통해서 전하고자 하는 설교의 목적이 어느 영역에 해당하는지 분명하게 분류할 수 있어야 한다.

설교 분류/형태

다음은 설교 형태에 따른 분류이다. 이 분류에는 대지 설교, 분석설교, 이야기 설교, 현상학적 전개식 설교, 네 페이지 설교 등이 있다.

먼저 대지 설교에 대해서 살펴보자. 대지(大旨)란 사전에서 글이나 말의 대략적인 뜻을 가리키는 대의(大意)와 동일어로 사용되고 있으며, 영어로는 major points라고 하여 중요한 요점을 의미한다.[9] 다시 말해서, 이 설교는 제목(title)을 뜻하는 것이 아니라 무엇에 관하여 설교를 할 것인가를 논할 때 쓰는 주제(topic, theme, subject)를 말하는 설교이다.[10] 이런 주제 설교의 구성은 설교자가 임의대로 자신의 지식과 경험을 바탕으로 하여 설교의 주제 또는 본문에서 얻어진 착상, 곧 중요한 대지들을 선정하고, 그 주안점에 따라 설교자의 시각과 언어로 3-4개 정도 대지를 열거하고 거기에 설명을 붙여 나가는 형태이다. 그리고 각 대지에 적절한 예화를 열거하여 회중의 흥미와 공감대를 형성한다. 그 대표적인 형태가 바로 한국교회 강단에서 가장 많이 활

---

9   정장복, 『한국교회의 설교학 개론』, 167.
10   위의 책, 161.

용되고 있는 3개의 대지(=주제)에 3개의 예화를 넣는 3대지 설교 (Three-Point Preaching)이다.[11] 이런 구성을 가진 설교 형태를 주제 설교(Topical Sermon) 또는 3대지의 형식을 가졌다고 하여 **Three-Point Preaching**이라 부른다. 이런 3대지 설교의 정의에 대해서 장로회신학대학교 예배 설교학 교수인 김운용은 이렇게 말한다.

> 대지 설교는 가장 널리 사용되어 온 방법의 하나이다. 성경 본문이나 자신의 착상에서 정해진 주제를 중심으로 그것을 3-4개의 대지로 나누어서 그 주제를 설명하는 구조를 가지기 때문에 주제 설교와도 거의 동일한 형태로 이해되기도 했다. 이것은 논리적이고 논증적인 구조를 통해 주제를 설명하고, 그것을 효과적으로 예증하기 위해서 각 대지마다 예화를 곁들이기 때문에 "3개의 대지와 한 편의 예화(three points and a poem)"라는 말도 생겼다. 이것은 주제를 하위 구조인 대지를 통해 설명한다는 점에서 논리적이고 조직적인 틀을 갖기 때문에 개요 설교(outline preaching)라고도 칭한다.[12]

이 설교는 삶의 장에서 발견된 주제를 선택하고 거기에 맞는 본문을 찾거나 또는 성경에서 주제를 찾아 삶의 장으로 이어가는

---

10   위의 책 167-69.
12   정장복 외 8명, 『설교학 사전』 (서울: 예배와 설교 아카데미, 2004), 759.

형식으로 이루어진다. 주제와 본문 선정에 있어서 설교자가 아무
런 제한을 받지 않고 자유롭게 진행한다는 점에서, 그리고 주제
를 중심으로 설교의 전체 흐름이 결정된다는 점에서 독특한 특징
을 갖는다. 또한 이 설교는 수사학의 영향을 가장 많이 받았을 뿐
만 아니라 주제를 위하여 수집된 자료와 함께 논리적인 전개를
토대로 하므로 현대적인 감각과 공감대를 쉽게 얻을 수 있다. 그
러나 본문 선택과 주제가 설교자의 주관적 성향에 영향을 많이
받기 때문에 장로회신학대학교 예배·설교학 교수였고, 전 한일
장신대 총장이었던 정장복은 다음과 같은 원칙들이 지켜져야 한
다[13]고 말한다.

> 첫째, 주제의 근원이 비록 설교자의 개인적인 생각이
> 나 회중의 삶의 장이었다고 하더라도 그 주제를 제어
> (control)할 수 있는 본문(Text)과 연관을 가져야 한다.
> 둘째, 대지별로 주제가 전개될 때 주제와의 통일성을 기
> 해야 한다. 셋째, 설교자의 주관적 판단과 사상을 열거하
> 면서 그것이 하나님의 말씀과 동일하다는 오류를 범해서
> 는 안 된다.
> 넷째, 주제를 풀어가기 위한 방편으로서 본문을 사용하
> 거나 자신의 말을 합리화시키기 위하여 본문을 징검다리
> 로 사용하는 오류를 범하지 않도록 섬세한 노력을 기울

---

13   정장복, 『한국교회의 설교학 개론』, 160-61.

여야 한다.[14]

    대지 설교의 구성에 있어서 그 형태가 갖는 유의사항이 있다. 그것은 바로 봉독된 하나님의 말씀은 보이지 않고 설교자의 분석과 시각만이 나타난다는 점과 숱한 예화의 나열로 모든 설교가 채워질 수 있다는 것이다.[15] 그러므로 이런 문제 해결을 위하여 대지 설교가 어떠한 형태를 가져야 하는지에 대해 살펴보기로 한다. 이것에 대해 정장복은 다음과 같이 제안한다.

> 첫째, 설교자는 설교의 주안점(대지)이 봉독한 본문 가운데서 나오도록 해야 한다. 본문에서 대지가 충분히 형성되지 못하면 한 개 정도를 66권의 어느 부분에서도 가져올 수 있다.
> 둘째, 주안점이 성경 말씀에서 나왔을 때는 대지로 형성된 문장의 주어를 성삼위 하나님으로하도록 노력한다.[16]
> 셋째, 대지에서 제시된 말씀은 다시 한 번 해당된 본문을 강조하여 하나님의 말씀임을 선포의 차원에서 보여주어야 한다. 그리고 해석의 단계에서 철저한 설교자의 석의

---

14   위의 책, 161.
15   위의 책, 170.
16   문장의 주어: 고린도전서 13장의 사랑에 대한 말씀을 예로 든다면, "하나님은 바울을 통하여 사랑이란 오래 참는 것이라고 말씀하십니다" 또는 "하나님은 사랑이란 오래 참는 것이라고 바울의 고백을 통하여 오늘 우리에게 들려주십니다"라고 해야 한다.

를 통하여 의미가 확인되고 그 대지가 제시되어 바로 회중이 알아들을 수 있는 언어로 해석되어야 한다. 여기서 설교자는 회중이 하나님의 말씀이 이 지점에서 무슨 의미로 무엇을 말씀하시는지 확인하고 자신의 삶의 장과 연결할 수 있도록 준비를 시킨다.

넷째, 대지에서 들려진 말씀과 그 의미가 회중의 삶(here and now)에 적용되도록 한다. 여기서 양(회중)들의 시대적 상황과 개인의 삶의 여건을 깊숙이 이해한 설교자는 말씀을 효율적으로 적용하게 된다. 효율적인 적용은 설교자의 시각과 분석으로 될 수도 있으나 예화의 활용을 통해서도 더욱 실감 있는 효과를 기대할 수 있다.

다섯째, 예화는 어떤 경우에도 설교의 시간을 메우기 위한 방편으로 사용될 수 없고 한 편에 2분을 초과해서는 안 된다.

여섯째, 설교의 대지는 너무 추상적이고 복잡한 전개를 피해야 하되 언제나 공감대를 형성할 수 있도록 분명하면서도 간결해야 하며, 신선미를 주어야 한다.

일곱째, 설교자는 흔히 대지 설교가 설교의 준비나 회중이 알아듣는 데 가장 쉬운 형태라고 생각하여 이 한 가지 형태만을 고집하는데, 이것은 설교를 개발함에 있어 스스로의 발전을 지연시키는 행위임을 알아야 한다.

여덟째, 대지 설교는 주제 설교에서 가장 활발하게 사용될 수 있으며 본문 설교와 강해 설교에서도 이 형태를 사용할 수 있다. 그러나 좀 더 폭넓은 주해를 계속해야 하는 경우에는 굳이 본 설교 형태를 사용할 필요가 없다.

아홉째, 설교는 어느 한 부분에서 필연코 복된 소식(Good News)을 선포해야 한다. 대지 설교의 경우 마지막 대지가 기쁨과 희망과 감사가 우러나오는 좋은 소식이 되도록 설교자가 각별히 유의해야 한다. 즉, 준엄한 회개의 설교라 하더라도 마지막 대지는 희망과 기쁨을 주도록 구성해야 한다.[17]

---

17   위의 책, 170-71.

7장 설교 형태와 그 샘플

대지 설교 샘플 1

다음은 대지 설교의 샘플이다. 이 설교는 교회력에 따른 본문으로 2023년 6월 18일 주일에 선포한 설교이다.

급진적인 제자

■말씀: 마태복음 9:35-10:23
■주제: 예수님은 제자를 부르시고 파송하신다.
■이미지: 보냄
■교리: 제자론

■**본문 배경**

마태복음은 왕으로 오신 예수 그리스도에 관한 이야기를 기록한 복음서이다. 본서는 마태가 기록한 책으로 '예수 그리스도'에 관한 이야기를 기록하고 있다. 특별히 예수님의 탄생 이야기, 가르침에 관한 이야기, 그가 행했던 이적 이야기, 죽음과 부활 그리고 승천에 관한 이야기를 기록하고 있다. 마태가 이러한 이야기를 기록한 이유는 유대교에서 개종한 기독교인들에게 예수님은 구약에서 예언되었던 그 메시아라는 사실을 증언하기 위함이었다. 그래서 예수 그리스도를 믿음으로 더욱 견고한 신앙인으로 세워가기 위함이었다. 이 땅에 왕으로 오신 예수 그리스도가 다스리는 나라에 관한 이야기를 5-7장에서 산상수훈을 통해서 말씀하신다. 이어서 왕으로 오신 예수 그리스도께서 행하셨던 이적에 관해서 기록하고 있다(8-9장). 마태는 이러한 이적 이야기를 통해서 예수님은 구약에서부터 예언되었던 메시아임을 드러내고, 땅과 하늘의 권세를 가지신 분임과 동시에 우리를 향하신 아버지의 절대 사랑을 실천하신 분으로 묘사하고 있다. 이러한 흐름 속에서 지난 시간, 9장 1-34절까지의 말씀에 대해서 살펴보았다.

본문 35-38절의 말씀은 예수님께서 갈릴리에서 2차로 사역하셨던 내용을 요약하고 있다. 이 말씀은 마치 마태복음 4장 23-25절의 말씀과 같은 역할을 한다. 그 이유는 예수님의 두 번째 강화를 위한 도입부 역할을 하면서 예수님 초기 갈릴리 사역을 총정리하고 있기 때문이다. 오늘 본문을 통해서 예수님께서 전파하셨던 천국 복음과 많은 이적과 치유 그리고 하나님 나라의 윤리에 대해서 그 핵심을 파악할 수 있는데, 이러한 일을 효과적으로 수행할 수 있는 '일꾼', 즉 '추수할 일꾼'이 필요하다는 사실을 발견하게 된다.

이어지는 마태복음 10장의 말씀은 앞서 '추수할 일꾼'이 필요하시다는 예수님의 말씀이 구체적으로 실현되는 말씀이다. 예를 들어, 12제자를 택하시고 그들에게 권능을 주셔서 그 사역을 감당할 수 있도록 하셨다. 5-15절은 두 번째 강화인 '제자도'에 대한 말씀이다. 여기서 예수님은 제자들에게 전도해야 할 대상, 전파해야 할 복음의 메시지 그리고 전도 방법에 대해서 구체적으로 제시하고 있다. 이러한 제자의 삶은 오늘 우리가 본받아야 할 제자의 삶이라고 할 수 있다.

한편 16-23절은 희망적인 분위기보다 사뭇 긴장되고 어두운 분위기처럼 느껴진다. 그 이유는 앞으로 만나게 될 환경이 꽃길이 아니라 고난과 핍박이 가득한 세상이기 때문이다. 그럼에도 제자로 살아가는 자는 두려워하지 말아야 할 이유가 분명하다. 첫째는 하나님께서 모든 것을 감찰하시고 공평하게 평가하시기 때문이다(26절). 둘째는 하나님의 심판에 비하면 아무것도 아니라는 확신이 있어야 한다(28절). 셋째는 하나님께서 친히 함께하시고 보호하여 주실 것이라는 믿음이 있기 때문이다(19-31절). 따라서 오늘 본문을 통해서 하나님의 구속 사역을 이어받을 차세대 영적 리더를 세우고자 원하시는 하나님의 심정을 깨닫게 된다.

■ 신학적 메시지

오늘 말씀을 통해서 우리가 발견하게 되는 신학적 메시지는 '제

자론'이다. 제자라는 말은 가르침을 받은 사람, 훈련된 사람, 따라가는 사람이라는 의미가 있다. 참된 제자는 마치 수학 공식을 정성스럽게 풀어가듯 예수님에게 배우는 사람(마 11:29)이다. 배우는 제자는 시간과 노력을 쏟아야 하고, 배움을 위해 기꺼이 자신을 헌신하는 자세가 필요하다. 또한 훈련된 제자는 강인한 훈련이 전제되어야 한다. 고린도전서 9장 27절에 보면, "내가 내 몸을 쳐 복종하게 한다"라는 말씀처럼 제자로 살아가기로 결심한 사람은 말씀에 대해서, 기도에 대해서, 선교에 대해서, 교회 생활에 대해서, 봉사와 섬김에 대해서, 그리고 일상에서 그리스도인으로 살아가는 삶에 대해서 훈련을 받아야 한다. 더 나아가 따라가는 제자는 어떤 상황과 환경 속에서도 예수님께서 가신 그 길을 따라가는 삶을 살아가야 한다. 마치 다니엘처럼 사자의 굴로 인도한다고 할지라도, 혹 사드락과 메삭 그리고 아벳느고처럼 풀무불 속으로 인도한다고 할지라도 따르는 삶이다. 따름은 낭만이 아니다. 순례자의 길이다.

제자에게 주어진 임무는 복음 전파다. 사실 제자라는 명칭은 12제자라는 개념에서 확대되어 사도들을 통해 믿게 된 기독교인들을 의미하게 되었다. 그들은 사도들의 제자가 아니라 예수님의 제자라고 확신했다. 비록 우리가 사도는 아닐지라도 분명한 것은 예수님의 제자라는 사실이다. 그리스도인은 세상에서 그 임무를 완수할 수 있도록 은사를 받았고, 주님을 따름으로써 세상에서 선교적 사명을 감당해야한다.

설교문

I. 서론

오늘은 오순절 후 세 번째 주일입니다. 지난주 우리는 마태를 통해 예수님께서 많은 이적을 베푸심으로 구약에서 예언되었던 메시아임을 알게 되었습니다.

오늘은 계속해서 이어지는 말씀으로 그동안 있었던 갈릴리 사역에 대해서 총정리를 해 주고 있습니다. 이 말씀을 통해서 '추수할 일꾼'이 필요하다고 말씀하십니다. 우리가 상상해 본다면, 농부가 한 해 동안 열심히 땀을 흘리고 수고하고 정성을 들여서 곡식을 자라도록 했는데, 추수할 때가 되어 일할 사람이 없다면 얼마나 안타깝겠습니까! 아마 안타까운 심정으로 주위에 있는 아는 모든 사람을 동원해서 일할 수 있는 사람을 부르고자 노력할 것입니다. 우리가 잘 알고 있는 청교도 설교가 리차드 백스터는 이러한 심정을 알았는지 설교자의 마음에서 "나는 죽어가는 자로서 죽어가는 심정으로 죽어가는 자에게 설교한다"라고 말한 바 있습니다.

하지만 오늘 우리가 살아가고 있는 시대는 피리를 불어도 춤추지 않는 시대가 아닌가 싶습니다. 아무리 복음을 전파해도 귀를 기울이지 않습니다. 들으려고 하지도 않습니다. 마치 귀를 닫고 자신들이 듣고 싶은 말만 골라 들으려고 하는 듯해 보입니다. 그리고 따르려고 하지도 않습니다. 그렇지만 소비하는 삶으로 부추기는 삶에는 너나 할 것 없이 따릅니다. 누가 최고로 소비하고 최고의 물건을 소유할 수 있을 것인가 경주라도 하는 듯합니다. 어쩌면 이러한 문화와 풍토는 새로운 형식의 핍박이 아닐 수 없습니다. 이러한 시대에 우리 주님은 우리를 주님 제자의 삶으로 초청하고 있습니다. 그렇다면 어떻게 하면 주님 제자로 복음 전파 사역에 동참할 수 있을까요?

첫째, 불쌍히 여기는 마음을 가져야 한다고 말씀합니다.

선포) 오늘 우리에게 주시는 말씀이 있습니다. 36절의 말씀입니다.

"무리를 보시고 불쌍히 여기시니 이는 그들이 목자 없는 양과 같이 고생하며 기진함이라"

해석)

예수님은 도시와 마을로 두루 다니시면서 유대인들의 회당에서 가르치는 일을 하셨습니다. 그리고 천국 복음을 선포하셨습니다. 예수님께서 천국 복음을 전파하셨을 때, 모든 병든 사람과 모든 약한 것을 고치셨습니다. 예수님은 이렇게 교사의 사명과 죄인을 구속하는 사역을 감당하시되 이사야 53장 4절에서 예언되었듯이 "우리의 연약한 것을 친히 담당하시고 병을 짊어지셨다"라는 말씀을 성취하셨습니다. 이렇게 예수님께서 이 땅에 오신 목적을 이루신 것은 목자 없는 양과 같이 보였기 때문입니다. 예수님은 그런 무리를 보시면서 불쌍히 여기는 마음이 가득했습니다.

여기서 '불쌍히 여기다'라는 말은 '창자'라는 단어에서 유래되었습니다. 당시 사람들은 마음의 중심과 감정의 중심을 창자로 보았습니다. 예수님은 이러한 표현을 통해서 사무적이거나 직업적인 관점에서 백성을 보지 않고, 소명 의식에서 그들을 보았습니다. 그런 관점에서 볼 때, 약탈당하고 탈진하여 고통당하고 있는 백성은 구원받아야 할 상황에 놓이게 되었습니다. 예수님은 그런 그들을 바라보면서 불쌍한 마음을 가지셨습니다. 그 불쌍한 마음이 메시아로서 그 사역을 감당할 수 있었습니다. 그리고 그런 마음에서 비롯하여 그들을 구원할 일꾼을 찾으십니다.

적용)

오늘 말씀은 계속해서 구원 사역을 감당할 사람을 찾고 계신다는 사실을 발견하게 됩니다. 성부 하나님은 성자 예수님을 통해서, 성자 예수님은 성령에 감동된 제자들을 통해서 구원 사역을 감당하셨습니다. 그리고 제자들은 또 다른 사람을 제자로 삼아서 구원 사역을 감당했습니다. 구원 사역을 감당했던 제자들은 한결같이 영혼을 불쌍히 여기는 마음이 전제되었습니다. 불쌍히 여기는 마음은 하나님의 마음으로부터 출발합니다. 그 마음은 바로 긍휼히 여기는 마음입니다.

하나님은 우리를 긍휼히 여기셔서 우리 죄의 문제를 해결해 주시기 위해 성자 예수님을 보내 주셨습니다. 성자 예수님 또한 우리를 긍휼히 여기셔서 우리가 당하고 있는 온갖 고통과 고난으로부터 해방시켜 주셨습니다. 이렇게 긍휼히 여기는 마음이 하나님의 구원 사역을 이루게 하는 하나님의 성품입니다. 그리고 예수님은 우리를 그 사역의 자리로 초청하고 계십니다. 추수할 사람은 많은데 일꾼이 없어서 그 사역을 감당하지 못하는 안타까운 마음을 전하고 있습니다. 이 부르심 앞에 이사야의 결단이 떠오릅니다. 이사야 6장 8절에서 하나님께서 **"내가 누구를 보내며 누가 우리를 위하여 갈꼬"**라고 말씀하셨을 때, 조금도 지체없이 이사야는 **"내가 여기 있나이다 나를 보내소서"**라고 응답합니다. 오늘 예수님의 부르심 앞에 이사야의 결단으로 응답하는 은혜가 있기를 바랍니다.

둘째, 뱀같이 지혜로워야 한다고 말씀합니다.

선포) 오늘 우리에게 주시는 말씀이 있습니다. 16절 하반절의 말씀입니다.

"그러므로 너희는 뱀같이 지혜롭고 비둘기같이 순결하라"

해석)

예수님은 하나님 나라를 위해 추수할 일꾼에 대한 이야기를 하시면서 10장으로 넘어가서 12제자를 부르시는 장면이 나옵니다. 예수님은 12제자를 선택하시고 구원 사역을 감당할 수 있도록 권능을 부여하셨습니다. 파송하시면서 전도해야 할 대상, 즉 이스라엘의 잃어버린 양에게로 가도록 말씀하셨습니다(5-6절). 그리고 전해야 할 메시지, 즉 **"천국이 가까웠다"**라는 사실을 전하도록 하셨습니다. 그때 병든 자를 고치고, 죽은 자를 살리고, 나병환자를 깨끗하게 하며, 귀신을 쫓아내게 될 것이라고 말씀합니다. 단, 거저 받았으니 거저 줄 것을 말씀합니다. 그럼에도 불구하고 제자들이 복음을 전하는 사역의 현장은 온갖 핍박과 박해가 있을 것이고, 심지어 생명의 위협까지 있을 것이라고 말씀합니다. 이렇게 거친 세상에 양과 같은 복음 전도자를 보내는 것은 양을 이리 떼 가운데로 보내는 일이었습니다. 언제 어디서 어떻게 잡아 먹힐지 모르는 그런 세상이었습니다. 이런 세상 한가운데로 제자를 보내는 것은 세상의 원리가 아니었습니다.

비록 세상은 강한 자가 다스리는 곳이지만, 그들은 결코 하나님 나라를 소유하지 못한 사람들이었습니다. 복음을 소유한 온유한 자들은 믿음으로 땅을 기업으로 차지한 사람들이었기 때문에 어떤 핍박이나 고난도 그들을 삼키지 못했습니다. 그래서 제자로 살아가는 사람들은 세상에서 복음을 전할 때 뱀같이 지혜로워야 합니다. 뱀의 지혜는 신중한 분별력을 의미합니다. 무엇이 선이고, 무엇이 하나님 앞에서 악인지를 분별할 줄 아는 것을 의미합니다. 따라서 모든 지혜는 하나님을 경외하는 것에서부터 시작됩니다.

적용)

우리가 제자로 살아갈 때 더없이 필요한 덕목이 바로 '지혜'입니다. 솔로몬도 세상 풍파에 찌든 백성을 올바르게 다스리고 통치하기 위해서는 하나님의 지혜가 필요했던 것 같습니다. 우리가 제자로 살아가는 것은 우리의 지식이나 경험으로 살아가는 것이 아니라 하나님의 지혜로 살아가는 것입니다. 이 지혜는 말씀으로부터 나오고, 말씀에서 제자로 살아가는 삶의 원리, 신앙의 원리를 배울 수 있습니다.

그래서 제자는 배우는 사람입니다. 배우는 제자는 시간과 노력을 쏟아야 하고, 배움을 위해 기꺼이 자신을 헌신하는 자세가 필요합니다. 또한 제자는 강인한 훈련이 전제되어야 합니다. 고린도전서 9장 27절에 "내가 내 몸을 쳐 복종하게 한다"라는 말씀처럼 제자로 살아가기로 결심한 사람은 말씀에 대해서, 기도에 대해서, 선교에 대해서, 교회 생활에 대해서, 봉사와 섬김에 대해서 그리고 일상에서 그리스도인으로 살아가는 삶에 대해서 훈련을 받아야 합니다.

더 나아가 제자는 어떤 상황과 환경 속에서도 예수님께서 가신 그 길을 따라가야 합니다. 마치 다니엘처럼 사자의 굴로 인도한다고 할지라도, 혹 사드락과 메삭 그리고 아벳느고처럼 풀무불 속으로 인도한다고 할지라도 따르는 삶입니다. 따름은 낭만이 아닙니다. 순례자의 길입니다.

우리는 이러한 사실을 분명하게 인식하고 주님을 따르는 지혜로운 제자가 되어야 합니다. 지혜로운 제자의 삶으로 하나님께 영광을 돌리는 삶이 되어야 한다.

셋째, 끝까지 견디는 신앙을 가져야 한다고 말씀합니다.

선포) 오늘 우리에게 주시는 말씀이 있습니다. 22절의 말씀입니다.

"또 너희가 내 이름으로 말미암아 모든 사람에게 미움을 받을 것이나 끝까지 견디는 자는 구원을 얻으리라"

해석)

예수님은 제자들을 파송하시면서 그들이 복음 사역을 감당해야 할 곳은 이리가 우굴거리는 곳이라고 말씀하셨습니다. 제자들이 잡아 재판장에게 넘겨주는 상황이 벌어질 것이라고 예고합니다. 심지어 형제가 형제를, 아버지가 자식을 죽는 데에 내주고, 자식들이 부모를 대적하여 죽게 하는 일이 벌어질 것이라고 말씀합니다. 당시 초대교회는 예수님을 믿는 성도들을 향한 온갖 핍박이 자행되었습니다. 화형을 당한다거나 사자의 밥이 되게 하거나 십자가에서 죽임을 당하는 일까지 일어났습니다. 그래서 예수의 이름 때문에 핍박을 받는 일이 너무 많았습니다. 당시 성도들이 핍박을 받았던 이유는 단 한 가지 예수님을 믿는다는 이유에서였습니다. 말씀을 따르고 말씀을 전했다는 이유에서였습니다.

당시는 참으로 무서운 세상이었습니다. 그리스도인들을 죽이려는 시퍼런 칼들이 그리스도인 눈앞에 오고가고 있었습니다. 신앙을 지킨다는 것이 너무나 어려운 상황이었습니다. 그렇지만 오늘 우리 주님은 분명하게 말씀하십니다. "끝까지 견디는 자는 구원을 얻으리라."

적용)

그렇습니다. 신앙은 포기가 아닙니다. 중도하차는 없습니다. 견딘다는 말은 중도에 포기한다는 뜻이 아닙니다. 끝까지 참고 인내하는 것을 의미합니다. 비록 죽음의 자리까지 갔다 할지라도 인내하며 복음의 진리를 수호해야 합니다. 변절하지 않고 끝까지 십자가 구원의 믿음을 지킬 때 구원이 완성됩니다. 우리가 살아가는 지금은 초대교회처럼 강한 핍박은 없다 할지라도 교묘하게 우리를 유혹하고 변절하게 하는 요소들을 거부해야 합니다.

존 스토트의 생애 마지막 책이었던 『제자도』라는 책의 원제목은 *The Radical Disciple*입니다. 여기서 눈길이 가는 단어가 바로 'Radical'이라는 단어입니다. 레디컬이라는 단어는 사회적이고 정치적인 측면에서 변혁을 추구하는 적극적인 태도를 떠올릴 수 있습니다. 물론 그런 의미도 있지만, 예수님은 사회 변혁가로서 레디컬하게 행동하지 않았습니다. 정치 혁명가로서 레디컬하게 살지도 않았습니다. 하나님의 복음 안에서 복음적 삶을 사셨을 때, 그 자체가 악이 다스리는 세상을 뒤엎는 삶이었습니다. 복음 자체에는 사회적인 악까지 전복시키는 능력이 있습니다. 따라서 제자로 살아간다는 것은 급진적인 삶을 사는 것입니다. 예를 들어, 세상과 충돌하고, 세상에 저항하는 삶으로 나타날 수 있습니다. 이러한 삶을 살 수 있는 것은 종말론적으로 분명한 확신이 있기 때문입니다.

결론

사랑하는 성도 여러분!

오늘 말씀은 우리를 제자의 삶으로 초청하고 있습니다. 제자로 응답하며 살기 위해서는 무엇보다도 고통 가운데 있는 영혼들을 불쌍히 여기는 마음이 있어야 합니다. 그 고통을 제거하고 하나님의 복음으로 기쁨과 자유를 누리도록 적극적으로 나서는 삶이 되어야 합니다. 또한 뱀같이 지혜로워야 합니다. 우리가 살아가는 세상은 만만치 않습니다. 온갖 분야에서 매우 현명한 지식과 경험을 가지고 있습니다. 그래서 무엇보다도 그들의 지식과 경험을 뛰어넘는 하나님의 지혜가 있어야 합니다. 다름의 방식으로 하나님 나라를 증명할 수 있어야 합니다.

또한 끝까지 견디는 믿음이 있어야 합니다. 중도 포기는 결코 신앙과 어울리지 않는 단어입니다. 제자는 순간을 살아가지만, 영원한 시간을 살아가는 사람들입니다. 그래서 현재의 고난과 고통에 매몰되지 않습니다. 그 너머에 있는 하나님 나라를 소망하며 살아가는 삶이기에 현재의 고난을 넉넉하게 이겨낼 수 있습니다.

이것이 제자의 위대함입니다. 제자는 이러한 삶의 원리를 가지고 주어진 사명, 즉 복음 전파하는 일에 온 생애를 바치는 사람들입니다. 주님의 참된 제자로 살아가고자 결단하는 우리에게 리차드 백스터의 외침이 메아리칩니다.

나는 죽어가는 사람으로서 죽어가는 자들에게
죽어가는 심정으로 복음을 전하노라

기도

우리를 제자로 부르시는 하나님!

하나님은 우리를 끊임없이 제자로 부르시는 분입니다. 하나님은 모세를 부르셨고, 이사야를 부르셨습니다. 그들에게 한결같이 하나님의 구원 사역을 감당하도록 하셨습니다. 계속해서 우리를 부르시고 구원 사역의 장으로 우리를 초청하고 계십니다. 따라서 오늘 우리도 그 부르심 앞에 서 있습니다. 간절히 기도하옵기는 그 부르심에 결단하게 하옵소서. "누구를 보낼꼬" 물으실 때, "주님, 내가 여기 있습니다"라고 응답하는 제자의 삶이 되게 하옵소서. 무엇보다도 긍휼히 여기는 마음을 갖게 하시고, 지혜로움으로 선악을 분별하게 하옵소서. 포기하지 않고 끝까지 믿음의 경주를 달리는 제자가 되게 하옵소서. 그리하여 우리를 통하여 하나님 나라가 확장되는 은혜가 있게 하옵소서. 예수님 이름으로 기도합니다. 아멘.

대지 설교 샘플 2

급진적인 제자의 삶

■말　씀: 마태복음 10:24-39

■주　제: 제자의 삶은 세상 가치관과 다른 방식으로 살아가는 방식이다.

■교　리: 제자도

■이미지: 초월적 삶

■형　태: 성경적 대지 설교

■본문 배경

　오늘 말씀은 지난주 말씀에 이어 복음을 전하는 제자로 살아갈 때 핍박과 고난, 즉 위험한 상황에서도 제자는 두려워하지 말아야 한다고 권면하고 있다. 오늘 본문을 보면, '두려워하지 말라'는 부정 명령이 세 번, '두려워하라'는 명령이 한 번 나온다. 26-27절에 "두려움 없는 복음 전파", 28절에 "순교에 직면한 상황에서도 두려워하지 말라", 그리고 29-31절은 "창조 세계와 인간의 경험에 근거해서 두려워하지 말라"고 권면하고 있다. 반면 28절에 "몸과 영혼을 멸하실 수 있는 이를 두려워하라"고 말씀한다. 이 말씀을 근거로 볼 때, 제자로 파송 받아 복음을 전파하는 자가 반드시 알아야 할 것은 '두려워할 자'와 '두려워하지 않아야 할 자'에 대한 구분이다.

사실 예수님을 비난했던 사람들은 예수님을 "바알세불을 힘입어 귀신을 쫓아낸다"라고 했다(마 12:24). 예수님은 바리새인들의 말을 인용하여 '자신을 집주인으로, 제자를 그 집 사람'으로 비유하면서, 집주인을 '바알세불'로 비난했는데, '제자들에게야 오죽하겠는가'라고 말씀한다. 바리새인들은 천지 창조 사역에 동참하셨던 성자 예수님을 귀신의 우두머리로 전락시키면서 핍박했는데, 그 예수 그리스도의 복음을 전하게 될 제자들이 받게 될 고난과 핍박이 얼마나 클지는 당연한 일이었다. 그럼에도 불구하고 예수님은 제자들에게 "두려워하지 말라"고 말씀하신다.

첫 번째로 두려워하지 말아야 할 이유는 감추어진 것이 드러나지 않을 것이 없고 숨은 것이 알려지지 않을 것이 없기 때문이다(26절). 이 말씀의 의미는 "하나님께서 모든 것을 보고 계신다"라는 의미가 담겨 있다. 그래서 사람들에게 정당한 평가를 받지 못한다 할지라도 담대하게 복음을 전하는 삶을 산다면, 하나님께서 제자들의 무죄함을 입증하실 것이기 때문에 두려워하지 말라는 말씀이다.

두 번째는 박해자들은 비록 몸을 죽일지라도 영혼은 죽이지 못하기 때문이다. 반대로 하나님은 우리의 육뿐만 아니라 영혼까지 멸하시는 분이기 때문에 두려워해야 한다는 말씀이다(28절).

세 번째는 하나님께서 우리를 친히 보호하시기 때문이다(29-31절). 모든 역사는 하나님의 섭리 안에 있다. 그래서 세상 권세자들이 세상을 다스리는 것처럼 보이지만, 눈에 보이지 않는 전능하신 하나님이 모든 세상을 다스리고 계신다. 이 믿음으로 복음을 전하는 제자들의 그 수고와 땀을 우리 주님께서 지키시고 보호하여 주신다는 말씀이다.

■ 신학적 메시지

오늘 말씀을 통해서 우리가 발견하게 되는 신학적 메시지는 **"제자도"**이다. 특별히 오늘 말씀을 통해 발견하는 제자의 삶은 두려워할 것을 두려워하고 두려워하지 않아야 할 것을 두려워하지 않는 삶이다. 제자의 삶을 살아가는 사람들의 핵심 주제는 "예수 그리스도"이다. 오늘 말씀을 보면, 계속해서 반복되고 말씀의 중심에 흐르는 핵심 주제는 바로 "예수님"이다. 이 사실은 제자들과 특별한 인격적인 관계를 맺는 것이 핵심이다. 예수님과 특별한 인격적인 관계를 맺는 사람은 세상의 권세를 두려워하지 않고, 비록 가족과 분열이 있다 할지라도 자기 십자가를 지고 가는 사람이다. 그래서 38절의 말씀은 복음 전도자와 예수님과의 특별한 관계를 보여주는 말씀이다.

특별히 예수님께서 "검을 주러 왔다"라고 하신 말씀은 정치적인 혁명가가 아니라 가치관의 대립으로 인해 어쩔 수 없는 분열이 일어나게 된다는 말이다. 이렇게 가치관의 대립으로 인해 가족과의 분열이 있다 할지라도 복음 사역에 헌신하고 그 사명을 감당하는 이들을 우리 주님은 위로하시고 격려하여 주신다. 따라서 무슨 일을 만나든지 자기 십자가를 지고 주님의 뒤를 따르는 결심으로 복음 전파 사역을 감당하는 것이 제자로 부르심을 받은 자의 합당한 삶의 자세이다. 이것이 바로 우리 주님께서 우리에게 원하시는 "제자도"이다.

설교문

서론

오늘은 오순절 후 네 번째 주일입니다. 오늘 말씀은 지난주 말씀에 이어지는 말씀입니다. 이어지는 오늘 말씀에서 "급진적인 제자로 살아가는 삶"에 대해서 교훈하고 있습니다. 급진적으로 살아간다는 것은 정치적이고 사회적으로 혁명가로 살아가는 삶을 의미하지 않습니다. 철저하게 복음에 사로잡혀 복음적인 삶을 살아가는 것을 의미합니다. 복음적 삶은 하늘의 가치를 가지고 살아가는 사람이기 때문에 때론 세속적인 가치관과 충돌할 수 있습니다. 때론 세상적인 가치관에 대해서 저항하는 삶을 살 수 있습니다. 이러한 확신과 열정이 있었기에 청교도 설교가인 리차드 백스터는 "나는 죽어가는 사람으로서 죽어가는 사람을 향해 죽어가는 심정으로 설교한다"라고 말하였습니다.

어쩌면 오늘 우리가 살아가는 세대는 절대성이 무너지고 있는 세대이기 때문에 절대적인 확신을 가지고 살아가는 사람들의 모습을 부담스러워할 수 있습니다. 중요한 것은 세상과 불일치를 추구하는 것을 말하지 않습니다. 세상과 전혀 동떨어진 삶을 말하는 것도 아닙니다. 오히려 고난과 절망 속에 있는 사람들이나, 병들고 약함 가운데 있는 사람들을 고치고 치유하고 회복하는 삶입니다. 세상 속에서 세상과 더불어 세상을 섬기는 삶의 방식으로 살아가는 삶입니다. 그래서 제자로 살아가는 이들에게는 긍휼히 여기는 마음이 있어야 합니다. 뱀같이 지혜로움이 있어야 합니다. 그럼에도 불구하고 예수님은 오늘 또다시 제자들에게 뜨거운 권면을 하고 있습니다.

사랑하는 성도 여러분, 오늘 우리가 제자로 살아가기 위해서는 어떤 삶의 태도를 가져야 할까요?

첫째, 우리 주님은 두려워하지 않는 삶이 되어야 한다고 말씀합니다.

선포) 오늘 우리에게 주시는 말씀이 있습니다. 26절 상반절의 말씀입니다.

> "그런즉 그들을 두려워하지 말라"

해석)

오늘 말씀을 보면, "두려워하지 말라"는 말씀이 세 번에 걸쳐 언급되고 있습니다. 오늘 읽은 26절에 언급되고, 28절에서 "순교에 직면한 상황에서도 두려워하지 말라"고 권면하면서 두 번째로 언급하고 있습니다. 그리고 세 번째로 29-31절에 "창조 세계와 인간 경험에 근거해서 두려워하지 말라"고 말씀하고 있습니다. 여기서 두려워하지 말아야 할 대상은 박해를 가하는 사람들입니다. 이들은 예수님을 비난했던 사람들입니다. 그들은 예수님을 "바알세불을 힘입어 귀신을 쫓아낸다"라고 비난했던 사람들이었습니다(마 12:24). 예수님은 자신을 비난했던 바리새인들의 말을 인용하면서 "자신을 집주인으로, 제자를 그 집 사람"으로 비유하셨습니다. 바리새인들은 집주인을 '바알세불'이라고 비난했는데, 장차 그 사역을 이어갈 제자들에게는 오죽하겠습니까! 그들은 창조 사역에 동참하셨던 성자 하나님을 귀신의 우두머리로 전락시키면서까지 핍박했던 자들이었기 때문에 제자들이 받을 핍박은 당연한 일이었습니다.

그럼에도 불구하고 예수님은 "두려워하지 말라"고 말씀하고 있습니다. 두려워하지 말아야 할 이유는 감추어진 것이 드러나지 않을 것이 없고 숨은 것이 알려지지 않을 것이 없기 때문입니다(26절). 이 말씀의 의미는 '하나님께서 모든 것을 보고 계신다'라는 의미가 담겨 있습니다. 그래서 사람들에게 정당한 평가를 받지 못한다 할지라도 담대하게 복음을 전하는 삶을 산다면, 하나님께서 제자들의 무죄함을 입증하실 것이기 때문에 두려워하지 말라는 것입니다.

두 번째는 박해자들은 비록 몸을 죽일지라도 영혼은 죽이지 못하기 때문입니다. 반대로 하나님은 우리의 육뿐만 아니라 영혼까지 멸하시는 분이기 때문에 두려워해야 한다는 말씀입니다(28절).

세 번째는 하나님께서 우리를 친히 보호하시기 때문입니다(29-31절). 모든 역사는 하나님의 섭리 안에 있습니다. 그래서 세상 권세자들이 세상을 다스리는 것처럼 보이지만, 눈에 보이지 않는 전능하신 하나님이 모든 세상을 다스리고 계십니다. 이 믿음으로 복음을 전하는 제자들은 그 수고와 땀을 우리 주님께서 지키시고 보호하여 주신다는 말씀입니다. 그래서 제자로 살아가는 사람들은 두려워하지 말아야 합니다.

적용)

지금 우리가 살아가는 삶의 현장은 초대교회처럼 핍박이 극심하지는 않습니다. 그런데 교묘한 방식으로 예수 그리스도의 복음을 전하는 삶을 무력화시키고 있습니다. 때로는 문화적으로 무력화하는 경우가 있습니다. 복음을 전하는 삶은 마치 시대를 반하는 삶으로 취급을 받는 경우가 있습니다. 그래서 복음을 전하는 것이 마치 비상식적이고, 구시대적인 모습으로 취급받아 은근히 따돌림을 받는 경우도 있습니다. 그뿐만 아니라 문화는 유행이라는 이름으로 기독교적인 문화를 무력화시키기도 합니다. 그래서 기독교 문화와 가치를 추구하는 삶은 마치 반문화적인 삶을 사는 것처럼 취급을 받기도 합니다. 이러한 분위기는 소속되지 못할까 두려운 마음으로 작용하기도 합니다.

그런데 우리는 그럴 필요가 없습니다. 오히려 다름의 방식으로 살아가는 것을 자랑스럽게 여겨야 합니다. 다름의 방식으로 살아가는 삶의 방식이 바로 시대를 이끌어 가는 삶의 방식이라는 점을 확실하게 증언할 수 있어야 합니다. 우리는 우리를 초라하게 만들고 마치 패배자처럼 여기도록 부추기는 자본주의적 가치관과 성공주의 가치관에 매몰될 필요는 없습니다. 오히려 경쟁력 있는 삶으로 그 이상의 가치를 추구하는 삶이 되어야 합니다. 세속적인 가치관과 문화를 두려워할 필요가 없습니다. 오히려 거스르며 저항하며 새로운 길과 문화를 만들어 가는 삶이 되어야 합니다. 이것이 바로 제자로 살아가는 삶입니다.

둘째, 평화를 만들어 가는 삶이 되어야 한다고 말씀합니다.

선포) 오늘 우리에게 주시는 말씀이 있습니다. 34절의 말씀입니다.

> "내가 세상에 화평을 주러 온 줄로 생각하지 말라 화평이
> 아니요 검을 주러 왔노라"

해석)

34절의 말씀은 예수님께서 이 땅에 오신 목적을 분명하게 보여주는 말씀입니다. 오늘 말씀에 근거해 볼 때, 예수님께서 오신 목적은 화평을 주러 온 것이 아니라 검을 주러 오셨습니다. 다른 성경의 말씀에 보면, 이사야는 메시아를 가리켜 "평강의 왕"(사 9:6)이라고 예언했고, 마태복음 9장 5절을 보면, 예수님은 스스로 화평의 왕으로 묘사하고 있습니다. 그런데 오늘 말씀은 그런 말씀과 사뭇 대립되는 말씀처럼 보입니다. 그 이유는 예수님께서 오신 목적이 화평이 아니라 불화와 반목을 주러 오신 분으로 묘사되고 있기 때문입니다.

여기서 우리가 주목해 보아야 할 것은 오늘 말씀에서 언급되고 있는 '화평'이 예수님께서 다른 본문에서 말씀하신 '화평'과는 다른 개념을 가지고 있다는 것입니다. 다시 말해서, 본문에서 말하고 있는 화평은 정치적이고 경제적인 차원에서의 화평을 말하고 있습니다. 그렇지만 예수님께서 본래적으로 말씀하신 화평은 영원한 것, 즉 하나님과 인간 사이에 가로막힌 담이 허물어지고 영원한 하나님 나라에 속한 화평을 말합니다. 따라서 우리가 이해해야 할 것은 예수님께서 가져다주는 화평은 단지 정치적이거나 경제적인 차원에서 가져다주는 화평이 아니라는 것입니다.

이어서 나오는 '검을 주러 왔다'라는 말씀은 '분쟁을 주러 왔다'라는 의미로 받아들일 수 있습니다. 하지만 예수님이 말씀하신 검은 '세상 가치관과 충돌하는 가치관'을 말합니다. 진리를 위해서 타협이나 양보가 아니라 물러섬 없는 항해를 말합니다. 다시 말해서, 예수님께서 이 땅에 이루실 하나님 나라는 땅의 것으로 이루어지는 것이 아닙니다. 땅의 것과 충돌하며 얻어지는 영원한 가치입니다. 검을 주러 왔다는 것은 비진리와의 타협에서 오는 화평이 아니라, 비록 비진리와 충돌이 있더라도 그 충돌을 넘어오는 영원한 가치를 통해 주어지는 화평입니다.

이런 의미에서 제자는 검을 든 사람들입니다. 제자의 삶은 검을 들고 세상과 충동하는 삶입니다. 그래서 결국에는 영원한 화평을 만들어 가는 삶이 되어야 합니다. 이것이 바로 제자로 부름 받은 이들의 삶이다.

적용)

우리는 문화를 벗어나서 살아갈 수 없는 존재입니다. 그 이유는 사람이 살아가면서 자연스럽게 문화와 관습을 만들고, 그 문화와 관습이 사람의 생각과 행동을 규정하기 때문입니다. 그리고 그 문화와 관습이 오래되면 오래될수록 전통이 더욱 견고하게 지탱되기 때문에 그 문화와 관습을 벗어나는 것이 쉬운 일이 아닙니다. 만약 벗어난다면 비난이 있습니다. 때론 핍박이 있을 수 있습니다. 우리는 누구나 그 나름대로의 문화와 관습에 사로잡혀 있습니다. 그뿐만 아니라 자기 나름대로의 확신이라는 이름으로 자신을 규정하고 있는 가치관이 있기도 합니다. 그래서 사람들은 자기가 가진 신념에 따라 행동합니다. 특별히 가족이라는 맥락 안에서는 더욱 그렇습니다. 가족을 떠난다는 것은 불효막심한 일이라서 가정과 불화는 당연한 일입니다. 가정을 떠난다는 것은 전통사회 문화 가치관에서는 도저히 용납될 수 없는 일입니다. 마치 그것이 화평이라는 가부장적 생각에서 말입니다.

그런데 오늘 말씀은 우리에게 검을 들려줍니다. 그 검은 낡은 가치관을 무너뜨리는 복음입니다. 마치 전통이라는 이름으로 비진리를 따르도록 강압하는 화평을 깨뜨리고 영원한 하나님 나라에서 주는 화평을 추구하는 삶이 되라고 말씀합니다. 이런 의미에서 우리는 끊임없이 비진리 가운데 있었던 가족의 문화를 탈피해야 합니다. '효'라는 이름으로 우리를 가두고 있는 비진리의 화평을 뛰어넘어 영원한 화평을 추구하는 삶이 되어야 합니다.

셋째, 끝까지 사명을 감당하는 삶이 되어야 한다고 말씀합니다.

선포) 오늘 우리에게 주시는 말씀이 있습니다. 39절의 말씀입니다.

> "자기 목숨을 얻는 자는 잃을 것이요 나를 위하여 자기
> 목숨을 잃는 자는 얻으리라"

해석)

오늘 말씀은 제자로 사는 자는 사명을 끝까지 감당하며 살아야한다는 점을 강조하고 있습니다. 우리 주님은 부모나 형제를 주님보다 더 사랑하는 것은 제자의 삶에 합당하지 않다고 말씀합니다. 오히려 자기 십자가를 지고 주님을 따르는 자가 합당하다고 말씀합니다. 당시 십자가는 로마가 사형을 집행하는 도구였습니다. 자기 십자가를 진다는 것은 마치 자신이 매달릴 십자가를 지고 형장으로 끌려가는 모습을 연상하게 합니다. 예수 그리스도를 따르는 제자의 삶은 자신이 감당해야 할 사명을 십자가에 빗대어 말씀하시면서 그만큼 각오와 결단이 필요하다는 것을 암시하고 있습니다.

그래서 십자가를 지고 주님을 따른다는 것은 자신의 유익을 추구하는 삶이 아닙니다. 비진리가 주는 안락함을 추구하는 삶도 아닙니다. 어쩌면 고통과 고난 그리고 끊임없이 자신을 꺾는 자

기 부인의 삶일지 모릅니다. 때로는 고통스럽기까지 할 수 있습니다. 그렇지만 그러한 삶을 통해 자신의 유익을 구하는 것이 아니라, 생명을 얻는 삶이 되어야 한다고 말씀합니다. 39절에 "자기 목숨을 잃는 자"는 주님의 제자가 되는 것을 거부하는 삶을 말하는 것이고, "나를 위하여 자기 목숨을 잃는 자는 얻으리라"는 말씀은 예수 그리스도를 위해 자신의 목숨을 버릴 각오를 한 사람입니다. 이들은 자신의 생명에 집착하지 않고 영원한 생명을 얻는 일에 집중하는 사람들입니다. 따라서 그리스도를 위해 자기 목숨을 기꺼이 버릴 줄 아는 사람입니다.

적용)

생즉필사(生即必死), 사즉필생(死即必生)이라는 말이 있습니다. 이 말은 이순신 장군이 명량대첩에 참전하기 전에 했던 말로 기억하고 있습니다. 이 말은 "살고자 하면 반드시 죽고, 죽고자 하면 반드시 살 것이다"라는 말입니다. 이순신 장군은 극한적이고 열악한 상황에 내몰렸음에도 불구하고 이 불굴의 정신으로 대승을 거두게 됩니다. 우리는 오늘 함께 나눈 말씀에서 이 정신을 발견하게 됩니다. 제자로 산다는 것은 곧 이 정신으로 살아야 함을 말합니다. 이것이 바로 부활을 경험한 제자들의 삶의 모습입니다.

제자는 자신의 삶의 유익을 추구하지 않고, 타인의 생명을 위해 헌신하는 삶이기에 죽을 각오를 하고 살아가는 것이 마땅합니다. 과거 에스더는 자기 민족의 운명을 걸고 "죽으면 죽으리라"는 각오로 나아갔습니다(에 4:15-16). 그뿐 아니라 주기철 목사님은 일사각오(一死覺悟)를 가지고 순교의 길을 마다하지 않았습니다. 이 말씀에서 히브리서 9장 27절의 말씀인 "한 번 죽는 것은 사람에게 정해진 것이요 그 후에는 심판이 있으리니"라는 말씀을 연상하게 됩니다. 한 번 죽는 것은 고통과 아픔 그리고 단절을 의미하는 것이 아니라, 자신감, 신앙의 배짱 그리고 담대함이 포함되어 있습니다. 힘들고 낙망한 죽음이 아니라 표현할 수 없는 기쁨과 감사가 담겨 있습니다. 이렇게 철저하게 신앙의 삶, 복음의 삶, 제자의 삶을 살았던 사람들은 하나같이 죽음을 각오한 생명 살리기에 참여한 사람들입니다.

결론

사랑하는 성도 여러분!

오늘 말씀은 우리를 제자의 삶으로 초대하고 있습니다. 그런데 그 삶에는 온갖 고난과 핍박이 예고되어 있습니다. 그렇지만 두려워하지 말라고 말씀합니다. 두려워하지 않을 것은 육체를 죽이는 자들은 영혼까지 죽이지 못하기 때문입니다. 더 중요한 것은 천지를 지으신 하나님께서 우리를 머리털까지도 세시기까지 세밀하게 지켜보신다는 것입니다. 비록 우리가 부당한 대우를 당한다고 할지라도 우리 주님은 우리를 그 모든 것으로부터 보응하여 주시고, 우리를 영원한 생명으로 인도하신다는 사실입니다. 그래서 우리는 세상과 충돌하면서 하나님 나라를 이루어 가는 삶이 되어야 합니다. 우리에게 주어진 검은 파괴가 아니라 하나님 나라를 다시 세우는 화평의 사도로 삼기 위함입니다.

그러므로 우리는 주님께서 세워주신 제자로서 화평을 만들어 가는 삶이 되어야 합니다. 더욱 중요한 것은 우리에게 주어진 사명을 끝까지 감당해야 한다는 것입니다. 우리가 사명을 감당할 때 '사즉필생, 생즉필생'의 각오, 일사각오의 정신으로 무장해야 합니다. 그래서 우리를 통해 하나님 나라가 이루어지고 복음이 세계 방방곡곡에 울려 퍼지는 은혜가 있어야 합니다. 이 부르심과 초청 앞에 일사각오의 정신으로 응답하시길 바랍니다.

기도

우리를 제자로 부르시고 권능을 주신 하나님!

하나님은 항상 우리가 생명 살리는 자리에 서기를 원하시는 분입니다. 그래서 사람을 택하셔서 생명을 살리는 그 자리에 놓으셨습니다. 우리 또한 그 자리에 놓으셨습니다. 이 사실을 우리가 인정하게 하시고 참된 제자로 살아가는 삶이 되게 하여 주옵소서. 제자로 살아가되 두려워하지 않게 하시고, 화평을 만들어 가는 삶이 되게 하옵소서. 끝까지 주어진 사명을 감당하게 하옵소서. 내가 짊어지고 가야 할 십자가를 지고 따르는 삶이 되게 하옵소서. 예수님 이름으로 기도합니다. 아멘.

분석 설교에 대한 이해

 분석 설교란 무엇인가에 대한 질문에 대해 김운용은 다음과 같이 말한다.[1]

> 분석 설교는 윌리암 에반스(William Evans)가 그의 책 *How to Prepare Sermons*에서 제시한 방법론으로 한국에서는 정장복 교수가 이것을 발전시키면서 체계화시켰다. 이것은 기존의 대지 설교나 강해 설교가 가지는 약점을 보완하면서 이 두 가지 특징을 접목시킨 방법론으로 성경의 진리를 보다 순수하게 운반할 수 있도록 구성하였다.
> 분석 설교는 어떻게 하면 본문을 보다 충실하게 해석하고 선포하여 청중의 삶 속에 적용할 수 있을 것인지에 대해서 깊은 관심을 가진다. 분석 설교는 본문에서 찾을 수 있는 중심 명제를 중심으로 본문을 분석하고 논리적으로 전개하는 형태를 가지며, 본문의 말씀이 적절하게 해석되고, 오늘 청중의 삶에 적용하는 데 주안점을 둔다.

 다시 말해서, 분석 설교는 철저하게 본문을 해석하고 분석하여 그 속에서 본문의 중심 주제를 찾아내고 그것을 삶에 구체적으

---

1   정장복 외 8명, 『설교학 사전』, 759-60.

로 적용할 수 있도록 논리적으로 설명해 나가는 설교 형태를 말한다. 그러므로 분석 설교는 본문을 한 절 한 절 풀어가는 주해식 설교를 제외하고는 어떤 설교의 유형에서도 사용 가능한 형태이며, 합리적 이성을 중시하는 현대의 지성인들에게 많은 환영을 받았다.[2]

분석 설교는 서론과 본문의 석의적인 접근을 통한 주제를 부상시키고 정의하는 단계(What)를 가지며, 주제의 필요성(Why)이 언급되고, 주제의 실천 방안(How)이 제시되며, 실천했을 때 주어지는 결과(What then)를 언급하고, 결론을 맺게 되는 형식으로 구성된다.[3]

여기서는 분석 설교의 구체적인 설교 형식과 단계들에 대해서 그 틀을 한국적 상황 하에 체계화시킨 정장복 교수의 글을 중심으로 소개하고자 한다. 정장복이 제시하는 분석 설교는 한국교회에서 보다 더 성경의 진리를 순수하게 운반할 수 있도록 재구성하였으며, 회중에게 어떻게 하면 보다 더 잘 하나님의 말씀이 선포되고 해석되어 삶으로 적용할 것인지를 보여준다.

첫째, 설교의 주제는 반드시 본문에서 나와야 한다.

둘째, 설교의 서론, 본문 접근, 본문의 재경청, 주제의 부상은 필수적으로 갖추어야 한다. 이 부분은 대지 설교와

---

2   정장복, 『한국교회의 설교학 개론』, 174.

3   정장복 외 8명, 『설교학 사전』, 773.

마찬가지로 성실히 준비되어 회중에게 제시되어야 다음 단계가 효과를 본다.

셋째, 주제의 정의(What)를 내려야 한다. 세 번의 부정적 접근 후 문학, 역사, 철학 또는 신학 등에서 내리고 있는 정의를 도입하여 보여준다. 최종적으로 본문에 나타난 주제를 정의한다.

넷째, 동기 유발(Why)을 시도한다. 여기서는 설명이나 설득을 필요로 하지 않고, 주제가 필요로 하는 부정적인 사례를 통하여 절박한 동기를 유발시켜 회중이 이 주제의 실천이 필요하다고 스스로 생각하도록 하는 데 초점을 두어야 한다. 회중이 여기서 느끼는 것은 주제의 실천을 통하여 그 문제를 해결하지 못했거나 알지 못했음으로 본 설교가 제시하는 주제에 깊은 관심을 가지게 한다.

다섯째, 주제의 실천 방안(How)을 제시한다. 이 실천 방안은 본문에서 주제에 대하여 무엇이라고 가르치고 설명하는지 그 주안점을 밝히며 가급적이면 본문에서 유출되도록 하며, 본문이 충분하게 제시하지 못하는 경우 66권의 어디서든지 한 개 정도의 방법론을 제시할 수 있다. 여기서는 대지 설교와 마찬가지로 주제의 실천 방안을 알려 주는 문장의 주어가 반드시 성삼위 하나님이 되어야 하며, 설교자의 시각은 배제되어야 한다.

여섯째, 주제의 실천 결과(What Then)를 제시한다. 앞

서 제시된 방법을 실천하여 성공한 사례를 제시한다. 이
부분이 복된 소식(Good New)의 부분이다.

일곱째, 정확한 결론이 있어야 한다. 결론은 전체 설교를
끝맺는 단계이다.

한눈에 보는 분석 설교의 틀

■**서론**(8가지 형태 중 어느 하나를 선택한다.)

> ① 성경적 접근 ② 인간적인 경험담 ③ 문제의 제기 ④ 뉴스의 활용
>
> ⑤ 인용구의 사용   ⑥ 읽은 책의 인용 ⑦ 계절의 변화
>
> ⑧ 유머의 사용

■**주제의 정의(What)**-3회 부정 후 긍정(사전, 철학, 인문학, 신학자, 다른 성경, 그리고 오늘 본문에서의 정의)

■**주제의 필요성(Why)**-부정적인 사례를 들어 동기 유발을 가져옴.

■**본론: 실천 방안(How)**-주제에 대한 교훈

그렇다면 어떻게 하면 주제를 실천할 수 있을까요?

첫째, 주님은 ~하라고 말씀하신다(oo절).

선포) 여기 우리에게 주시는 말씀이 있습니다. oo절의 말씀입니다.

해석) 본문을 해석한다.

적용) 회중의 삶, 예화를 사용하여 적용할 수 있다.

소결론) 첫 번째 대지를 요약한다.

둘째, 주님은 ~하라고 말씀하신다(oo절).

선포)

해석)

적용)

소결론)

셋째, 주님은 ~하라고 말씀하신다(oo절).

선포)

해석)

적용)

소결론)

■ **주제의 실천 결과(What-then)-예화 활용**

■ **결론**

① 설교 요점의 반복 ② 경이적이고 충격적인 표현 ③ 격려의 형식

④ 시의 사용 ⑤ 은총의 선언 형태 ⑥ 명령적이고 교훈적인 형식

⑦ 본문을 비롯한 성구를 읽음

분석 설교 샘플 1
복음의 핵심

■말 씀:누가복음 24:13-35

■주 제: 복음의 핵심은 가슴을 뜨겁게 합니다.

■ 이미지: 긴 담론

■교리: 부활의 객관성

■본문 배경

오늘 본문은 누가복음의 마지막 장에 기록된 말씀이다. 누가는 예수님의 부활과 엠마오 도상의 두 제자와 예수님의 동행 그리고 성령 강림 약속과 승천에 관한 내용을 기록하고 있다. 이는 누가가 사도행전과 연결시키고 있는 중요한 부분이다.

24장을 좀 더 살펴보면, 1-12절은 예수님의 무덤을 방문한 여인들이 천사로부터 예수님 부활의 소식을 듣게 된 내용과 여인들이 이 사실을 사도들에게 전하는 내용을 기록하고 있다. 또한 13-35절은 예수님의 죽으으로 인해 크게 실망하고 고향으로 가는 엠마오의 길에서 두 제자에게 나타나셔서 부활의 소식을 알려주는 내용을 담고 있다. 그리고 36-43절은 부활하신 주님께서 열 사도에게 나타나셔서 객관적인 확신을 주는 내용을 기록하고 있고, 44-49절은 온 세상에 복음을 증거하라는 명령과 성령 강림의 약속의 말씀을 기록하고있다 그리고 50-53절은 주님의 승천을 기록하고 있다.

이러한 맥락에서 오늘 말씀을 살펴보면, 13-24절은 엠마오로 가던 두 제자와의 대화 내용을 기록하고 있다. 여기 대화의 내용을 볼 때, 그들은 예수님의 죽음에 대해서 애통해했지만, 단지 한 선지자의 죽음정도로만 이해했던 것으로 보인다. 그런데 25-32절을 보면, 부활하신 예수님에 대한 깨달음에 대해서 기록하고 있다. 예수님은 불신과 무지로 사로잡혀 있던 제자에게 선지자의 예언과 자신이 이전에 했던 교훈을 통하여 부활하심을 확인시켜 준다. 구약에 기록된 메시아에 대한 예언을 상세히 풀어 설명해 주시면서 그의 죽음과 부활은 필연적인 것이었다고 교훈하신다. 이 말씀을 들었던 두 제자는 이제야 예수님을 바로 보는 영적인 눈이 열려졌다. 마지막 33-35절은 부활하신 주님을 만난 두 제자가 확신에 차서 예루살렘으로 돌아가 이 사실을 증언한 내용을 담고 있다.

■ 신학적 메시지

오늘 말씀을 통하여 깨닫게 된 신학적 메시지는 **"부활의 객관성"** 이다. 누가는 엠마오로 가는 두 제자의 이야기와 베드로가 부활하신 주님을 만났다는 이야기를 한 곳에 모아 기록하면서 예수님께서 부활하셨다는 사실을 보다 객관화시키고 있다. 부활의 경험은 매우 개인적인 경험인 반면, 매우 객관적인 사실이다. 왜냐하면 복음의 경험은 대신할 수 없는 경험, 즉 신 앞에 단독자로 서야 되는 경험이기 때문이다. 그래서 부활의 경험은 지극히 개인적인 체험이다. 마치 바울이 부활하신 주님을 경험할 때 매우 개인적인 차원에서 경험하고 비늘이 벗겨져 부활하신 주님을 믿게 된 것과 마찬가지이다. 이 사건의 체험은 지극히 개인적인 체험이었다.

그런데 이 부활의 체험은 개인적인 경험에서만 그치는 것이 아니라, 모두가 경험하게 되는 객관성을 가지고 있다. 분명히 두 제자가 경험한 부활을 베드로도 경험했고, 앞서 여인들이 먼저 경험을 했다. 이들의 경험은 모두 다른 경험이 아니라 똑같은 경험이었다. 그러기에 복음의 경험은 객관적인 사실이다. 오늘 우리가 예배 공동체로 모이는 이유 또한 우리 모두 부활을 경험했기 때문이다. 따라서 부활의 사실은 객관성을 담보하고 있다.

설교문

서론

부활절 세 번째 주일입니다. 부활절은 부활 주일하루로만 끝나는 것이 아니라 50일 동안 이어지는 기쁨의 절기입니다. 기쁨의 50일은 부활 주일부터 시작해서 성령강림 주일까지 50일간 이어지는 기쁨의 절기입니다. 그래서 우리는 기쁨의 50일을 지나면서 복음에 대해 분명한 이해와 복음을 증언하는 삶이 되어야 합니다.

오늘 말씀은 예수님 사건에 관한 이야기하고 토론하는 내용을 기록하고 있습니다. 어떤 사건이 사람들에게 회자되고 토론의 주제가 된다는 것은 중요한 화두가 되었다는 이야기입니다. 오늘 우리가 화두로 삼고 있는 것 중의 하나는 AI 인공지능 기술 발달로 등장하게 된 챗GPT입니다. Chat GPT란 Open AI가 개발한 GPT-3.5 기반 대형 언어 모델(large language model, LLM) 챗봇을 뜻합니다. ChatGPT는 대화 형태로 상호작용을 하며 놀라울 정도로 인간과 대화하는 것과 같은 반응을 제공하는 능력을 가지고 있습니다. 최근 챗GPT 4가 등장하면서 놀라울 정도로 완성도가 높은 결과물을 만들어 주고 있습니다. 예를 들어 짧은 시간에 노래를 만들어 준다거나, 시를 써주는 역할까지 하고 있습니다. 긍정적인 면도 많이 있지만, 부정적인 면도 많이 언급되고 있습니다. 그중 하나는 저작권 문제입니다. 이렇게 많은 사람에게 회자되고 있을 뿐만 아니라, 그 주제에 관한 다양한 주제로 토론되고 있다는 것은 그만큼 뜨거운 이슈가 되고 있다는 이야기입니다.

이러한 맥락에서 볼 때, 오늘 두 사람이 이야기하고 토론하고 있다는 것은 그만큼 예수님에 대한 사건이 특별한 사건이었고, 당시 사람들에게는 놀라운 일이 아닐 수 없다는 것입니다. 이 사건을 한마디로 요약해 본다면, 복음의 핵심에 관한 이야기입니다. 복음의 핵심은 과거나 현재에도 여전히 중요한 핵심 주제입니다. 그렇다면, 그 토론의 중심에 있었던 복음의 핵심은 무엇을 의미하는 걸까요?

■ **주제의 정의(What)**

복음 핵심이란 무엇일까요?

복음의 핵심은 종교적인 전통일까요? **그것은 아닙니다.**

우리 교회가 오랫동안 지켜온 문화일까요? **그것도 아닙니다.**

기도를 많이 해서 하나님처럼 선악을 아는 것일까요? **그것은 더더욱 아닙니다.**

어원적인 측면에서 보면, 복음은 **'복된 소식'**입니다. 복된 소식이란 듣는 사람에게 기쁨이 되고, 희망이 되는 소식이라는 뜻입니다. 복음은 하나님께서 예수님을 통해서 우리에게 주신 가장 기쁜 소식이라는 말입니다. 그 내용 면에서 보면, 진리의 기쁜 소식(갈 2:5, 골 1:5)이고, 소망의 기쁜 소식(골 1:23), 평화의 기쁜 소식(엡 6:15) 그리고 하나님께서 맺으신 약속의 기쁜 소식(엡 3:6)입니다. 복음은 예수 안에서 나타난 하나님 은총의 소식입니다.

또한 바울의 관점에서 보면, 복음은 화해의 말씀입니다. 이 말씀은 하나님이 그의 본성과 인간 사이에 화해를 이룬 사건이 예수님의 이야기라고 보았기 때문입니다(고후 5:18). 그런데 오늘 말씀에서는 복음의 핵심이란 모세와 예언자들로부터 전해왔던 그리스도에 관한 이야기와 떡을 떼고 나눈 성찬이라고 말씀합니다. 메시아로서의 예수 그리스도와 성찬예식은 기독교 신앙에 있어서 중요한 핵심입니다. 따라서 예수님이 그리스도라는 사실을 그대로 기념하는 성찬예식을 중요하게 여겨야 한다.

우리가 복음의 핵심을 알아야 할 이유가 무엇 때문일까요? 전통이 오래된 교회가 있습니다. 역사 만큼이나 그 교회는 전통과 문화가 대단합니다. 그런데 그 전통을 고수하는 사람들은 기득권이 되어서 엄청난 영향력을 끼칩니다. 교회가 역사 안에만 갇혀 새로운 세대를 담아내지 못하고 있었습니다. 그래서 교회는 새로운 도전을 하고자 원했고, 새로운 교회로 거듭나고자 변화를 추구하고자 했지만, 기득권과 같은 전통과 문화가 벽이 되고 말았습니다. 그들은 여전히 그동안 해 왔던 전통을 중시했고, 그 전통과 문화가 고집과 아집이 되고 말았습니다. 새로운 변화에 민감하지 못하고 그들의 눈은 가려져 있었습니다. 그들은 전통과 문화에는 민감했는지 모르지만, 복음의 핵심에는 어리석은 사람들이었습니다. 그로 인해 교회는 여전히 침체되고, 분열과 갈등이 도사리고 있었습니다. 이렇게 전통과 문화에 사로잡혀 있는 교회에 진정한 복음이 절실히 요구되고 있습니다. 그렇다면, 어떻게 하면 복음의 핵심을 알고 복음을 증언하는 삶이 될 수 있을까요?

■실천 방법

첫째, 복음을 토론의 주제로 삼을 수 있어야 한다고 말씀합니다.

선포) 여기 우리에게 주시는 말씀이 있습니다. 15절의 말씀입니다.

"그들이 이야기하며 토론하고 있는데, 예수께서 가까이

가서, 그들과 함께 걸으셨다."(새번역)

해석)

오늘 말씀은 "마침 그날에"라는 시간 부사로 시작하고 있는데, 이날은 예수님께서 부활하신 후 여자들이 빈 무덤에서 천사를 보고, 베드로가 가서 확인했던 날, 즉 1절의 "안식 후 첫날"을 의미합니다. 이날 제자들 중에 두 사람(그중에 한 사람은 글로바) 엠마오라고 하는 마을로 가고 있었습니다. 그들은 길을 가면서 예수님께서 잡히시고 죽으셨던 일, 그리고 여인들로부터 들었던 예수님의 부활에 대한 이야기, 즉 예루살렘에서 핫-이슈가 되었던 일에 대해서 나누었습니다. 학자들에 따르면, 예루살렘에서 엠마오까지의 거리는 약 11.2km 정도로 보고 있습니다. 이 거리를 시속 4km로 걷는다면, 1km 거리에 걸리는 시간은 대략 16분 정도입니다. 그러니까 11.2km를 쉬지 않고 걸었다면, 약 3시간 정도 걸리는 거리입니다. 그 거리를 가면서 그들이 나눈 주된 대화 내용은 예루살렘에서 일어난 예수님의 관한 모든 이야기였습니다.

그런데 그들은 주된 대화의 주제 예수님에 관한 이야기였지만, 복음에는 눈이 가려져 있었습니다. 새번역으로 15절을 보면, "그들이 이야기하며 토론하고 있는데, 예수께서 가까이 가서, 그들과 함께 걸으셨다"라고 기록하고 있습니다. 하지만 그들은 그가 예수님인지를 전혀 알지 못했습니다. 심지어 예수님께서 "무슨 이야기를 그렇게 나누고 있는가?"라고 물었는데도 알아보지 못했습니다. 놀라운 점은 언제 어디서 함께 걸으셨는지조차 명확하게 알 수 없지만, '신령한 몸'으로 부활하신 예수님께서 나타나셔서 그들과 함께 걸으셨다는 점입니다. 그리고 그들과 대화를 나누셨다는 사실입니다. 그럼에도 불구하고 그들의 눈은 가리워진 상태였습니다. 신약학자 마샬은 "이들이 눈이 가리워지게 되었다는 것은 뒤에 있을 극적인 반전을 위한 하나님의 의도하신 '가림'이었다"고 말합니다. 어찌됐든 그들은 부활 사건을 토론 외로 놓지 않고, 뜨거운 토론의 주제로 삼고 있었습니다. 그리고 그들 대화 가운데 부활하신 주님께서 함께 하셨습니다. 이것이 바로 부활에 대한 믿음의 눈이 열리게 된 동기였습니다.

적용)

우리도 살아가면서 수많은 주제를 가지고 이야기하고, 토론합니다. 이야기나 토론의 주제로 삼는 것은 관심있는 분야이기 때문입니다. 만약 주식에 관심있는 사람이라면, 주식이 주된 이야기가 되고 토론의 주제가 될 것입니다. 또 만약 정치에 관심있는 사람이라면, 정치적인 현안이 핵심 주제가 되고, 토론의 주제가 될 것입니다. 이처럼 우리는 우리가 관심있고, 흥미를 느끼는 주제를 선정해서 대화를 나눕니다. 주부들은 머니머니해도 주된 관심은 드라마입니다. 눈이 감기다가도 드라마 이야기가 나오면 눈이 번쩍 뜨입니다.

그렇지만, 우리는 주된 이야기의 주제가 복음에 관한 이야기여야 합니다. 신앙에 관한 이야기여야 합니다. 그 중 부활에 관한 이야기가 주된 토론의 주제가 되어야 합니다. 사실 부활 이야기가 토론의 주제가 되지 못한다는 것은 그만큼 복음의 능력이 나타나지 않거나, 그 핵심을 파악하지 못하고 있다는 증거입니다. 오늘 우리는 오늘 두 제자처럼, 예수에 관한 이야기,즉 복음에 관한 이야기를 이야기의 핵심 주제로 삼고 복음에 관한 토론을 많이 할 수 있어야 합니다. 오늘 말씀에서는 삼위일체 하나님 중 성자 하나님이 함께 하셨지만 오늘 우리들의 대화에는 성령 하나님이 함께 하십니다. 그래서 우리의 대화 가운데 그리고 토론 가운데 임재하셔서 우리가 어떻게 나아가야 할지 지혜를 주십니다. 그리고 복음의 핵심을 깨달을 수 있도록 빛으로 조명하여 주십니다.

따라서 우리는 우리가 이야기하고 토론하는 그 가운데 성령의 하나님이 함께 하신다는 사실을 깨닫고 항상 복음에 관한 이야기가 핵심 주제가 될 수 있도록 해야 합니다.

소결론)

그렇습니다. 오늘 말씀은 복음의 핵심을 알기 위해서는 복음에 관한 이야기를 핵심 토론의 주제로 삼아야 한다고 말씀합니다. 복음을 핵심 주제로 삼고 이야기하고 토론하는 가운데 성령의 조명하심에 따라 밝혀 주시는 복음의 핵심을 깨닫기를 원하고 계십니다.

둘째, 복음에 대해서 들어야 한다고 말씀합니다.

선포) 여기 우리에게 주시는 말씀이 있습니다. 32절의 말씀입니다.

> "성경을 풀이하여 주실 때에 우리의 마음이 뜨거워지지 않았습니까?"

해석)

두 제자는 예수님과 동행하며 대화를 나누었지만 여전히 그를 알아보지 못했습니다. 그래서 예수님은 "어리석은 사람들입니다. 예언자들이 말한 모든 것을 믿는 마음이 그렇게도 무디니 말입니다."라고 말씀하셨습니다. 그리고 예수님은 모세와 모든 예언자에서부터 시작하여 성경 전체에서 자기에 관하여 써 놓은 일을 그들에게 설명하여 주셨습니다(27절, 새번역). 대화를 나누던 중 마을이 가까워지자 날이 저물어 집에서 쉬어 가시도록 권유했습니다. 그리고 식사를 함께 하시려고 했습니다. 그때 예수님은 "빵을 들어 축복하시고, 떼어서"그들에게 주셨습니다. 성경은 이때 비로소 "그들의 눈이 열려서 예수를 알아보았다"라고 기록하고 있습니다.

여기서 눈이 밝아졌다는 표현은 자신들이 스스로 눈을 떴다는 의미가 아니라 누군가에 의해서 떠졌다는 의미입니다. 이는 곧 자신의 지혜나 능력에 의한 것이 아니고 전적인 하나님의 은혜에 의한 것이었습니다. 전적인 하나님의 능력과 은혜였습니다. 하나님의 은혜와 능력을 경험한 사람들은 한결같이 이렇게 고백합니다.

> "길에서 그분이 우리에게 말씀하시고, 성경을 풀이하여 주실 때에, 우리의 마음이 뜨거워지지 않았습니까?"(32절, 새번역)

여기서 그들은 현재 수동태 분사를 사용하여 마음이 뜨거워지게 된 것은 하나님께서 주신 은혜의 결과였다는 사실을 나타내고 있습니다. 그뿐만 아니라 뜨거운 감정이 지속적으로 일어났음을 보여주고 있습니다. 여기서 중요한 포인트는 복음에 관해서 들을 때 깨닫게 하시는 분이 바로 성령 하나님이라는 사실입니다. 그래서 마음이 뜨거워진 경험은 하나님의 능력을 체험한 초월적인 은혜이며 신비적인 경험입니다.

적용)

얼마 전, 일터 사역에 대한 신학화 작업을 하면서 4명의 학자들이 모여서 연구하고, 스터디를 하였습니다. 그중 주옥같은 표현이 나올 때마다, 어느 한 박사님은 연신 고백합니다. '와~! 이 표현에서 전율이 일어납니다.' 박사님은 이미 알고 있는 내용이었지만, 다시 글로 표시되고 말로 나눌 때 가슴이 뜨거워 전율을 느끼는 경험을 하였습니다. 이처럼 우리는 들을 때 어느 순간 깨달음이 있게 됩니다. 그래서 로마서 10장 17절에서 "믿음은 들음에서 난다"라고 말씀하고 있습니다. 여기서 듣는 것은 그냥 의미없이 듣는 것이 아니라, 집중하고 그 뜻이 무슨 의미인지 알고자 하는 적극적인 자세를 말합니다. 마치 사도행전 17장에 뵈레아 사람들이 데살로니가 사람보다 더 너그러워서 간절한 마음으로 말씀을 받고 이것이 그러한가 하여 날마다 성경을 상고하였던 것처럼, '우리도 정말 예수님의 부활이 정말인가!' 의문을 가지고 듣기를 갈망해야 합니다. 사도행전의 뵈레아 사람들은 바울이 전한 복음이 구약의 예언자로부터 전해온 그 복음인지, 그리고 사도들이 전했던 그 복음인지에 대해서 따져 묻듯이 복음에 대해서 객관적으로 타당한지를 따지며 성경을 보았습니다. 그랬을 때 복음의 핵심을 깨닫게 되었고 많은 사람이 믿게 되었습니다. 성경에는 헬라의 귀부인과 남자가 적지 않았다고 기록하고 있습니다. 말씀을 들을 때, 어느 순간 깨달아지는 은혜가 있습니다. 말씀을 듣고 가슴이 뜨거워지는 은혜가 있습니다. 이 놀랍고 경이로운 이 순간을 결코 놓쳐서는 안 됩니다. 이 순간이야말로 복음의 신비를 경험하는 시간입니다.

소결론)

　사랑하는 성도 여러분, 오늘 말씀은 복음의 핵심을 알기 위해서는 끊임없이 복음에 대해서 들어야 한다고 말씀합니다. 부활의 사건이 정말 믿을 수 있는 사건인가? 기대하며 들어야 한다고 말씀합니다. 간절한 마음으로 들을 때 어느 순간 깨달아지는 은혜를 주신다고 말씀합니다. 이런 깨달음의 은혜가 있기를 바랍니다.

셋째, 복음의 의미를 전하는 삶이 되어야 한다고 말씀합니다.

선포) 여기 우리에게 주시는 말씀이 있습니다. 33절의 말씀입니다.

> "그들이 곧바로 일어나서, 예루살렘에 돌아와서 보니, 열한 제자와 또 그들과 함께 있던 사람들이 모여 있었고"

해석)

33절을 보면, "그들이 곧바로 일어나서"라고 기록하고 있습니다. 이 말의 의미는 마음이 뜨거워지고 주님을 알게 되어 부활이 실제적 사건으로 믿게 된 '바로 그때'를 의미합니다. 그들은 마음이 뜨거워지고 부활의 신비를 믿게 되자 지체하지 않았습니다. 바로 일어나서 예루살렘으로 돌아갔습니다. 이미 밤이 어두워졌을 텐데 아랑곳하지 않고 밤길을 달려 예루살렘으로 향했습니다. 그 이유는 한시라도 빨리 이 사실을 알리기 위한 즉각적인 행동이었습니다. 이렇게 부활의 경험은 주저하지 않습니다. 머뭇거리지도 않습니. 바로 행동하게 합니다.

두 사람이 예루살렘으로 돌아왔을 때 열한 제자와 또 그들과 함께 있었던 사람들이 모여 있었습니다. 두 제자가 부활하신 예수님을 만났다고 전하기 위해 예루살렘으로 왔는데, 이미 예루살렘에 있던 시몬 베드로도 주님을 만났다고 하면서 모두 흥분된 마음으로 이야기를 나누고 있었습니다(고전 15:5 참고). 사실 베드로가 부활하신 예수님을 만났다고 기록한 성경은 고린도전서 밖에 없는데, 아마도 베드로는 무덤으로 달려가 빈 무덤을 확인한 (12절) 직후 어느 때에 부활하신 예수님을 만난 것으로 추정됩니다. 어찌됐든 부활하신 주님을 만난 베드로는 다른 사람들을 모으고 그들에게 주님의 부활은 확실한 것이라고 전달해 주고 있었습니다. 그 무렵, 엠마오에서 돌아온 두 사람의 증언을 통해 더욱 확실하게 되었습니다. 이렇게 두 개의 사건에 관한 이야기가 한 곳에 모아져 예수 그리스도의 부활은 확신한 사실로 드러나게 되었습니다. 이렇듯 경험과 경험이 만나게 되어 더욱 분명하고 객관적인 사실이 되었다는 것입니다.

적용)

전도서 4장에 보면, "두 사람이 함께 누우면 따뜻하거니와 한 사람이면 어찌 따뜻하랴 한 사람이면 패하겠거니와 두 사람이면 맞설 수 있나니 세 겹 줄은 쉽게 끊어지지 아니하느리라"라는 말씀이 있습니다. 이는 혼자보다 둘이, 한 줄보다 세 줄이 더 강하다는 것을 말씀하고 있습니다. 부활에 대한 증언도 마찬가지입니다. 한 사람의 증언은 신빙성이 떨어질 수 있습니다.

그런데 두 사람, 세 사람이면 그 내용은 객관적인 사실이 될 수 있습니다. 교회 공동체는 모두 복음을 경험한 사람이 모이는 곳입니다. 그리고 그 사실을 함께 증언하는 공동체가 되어야 합니다. 하나님께서 우리를 교회공동체로 세우신 이유는 바로 이런 이유에서입니다. 그리고 함께 부활의 증언자가 되도록 하기 위함입니다. 그리하여 예수님의 이야기가 가득하고, 복음의 이야기로 가득한 교회공동체가 되기를 원하고 계십니다.

■ 실천 결과

복음의 핵심을 깨닫고 증인이 된 사람의 이야기는 어디에 있을까요?

오랫동안 함께 신앙생활을 해 왔던 한 집사님이 계셨습니다. 사실 그분은 예수님을 믿기 전에는 너무나 신앙의 가정에서 자라지도 않고 너무나 이성적인 사람이어서 복음의 '복'자도 받아들이지 않았던 사람이었습니다. 그런데 어느 날, 모든 삶이 풀리지 않고, 사방이 꽉 막힌 듯한 상황에 있었습니다. 그때 누군가가 '교회나 나가봐라'는 말을 전해 들었습니다. 그 말을 듣고 집 근처 교회를 찾아왔다가 저를 만나게 되었습니다. '무슨 일로 오셨냐'고 묻자마자 '성경을 알고 싶어서 왔다'라고 하셨습니다. 조금은 당황했지만, '성경을 알고 싶으시냐?' 라고 물었더니, 알고 싶다는 것이었습니다. 그래서 일정을 잡고 성경공부를 하기 시작했습니다. 그렇게 시작한 것이 3개월이 지나고, 6개월이 지났습니다. 그리고 3개월이 더 지나 9개월이 되었습니다. 9개월쯤 되었을 때, 예수님을 영접하는 기도를 했지만, 믿음이 생기지는 않았습니다.

그러던 어느 날 금요 저녁 철야 예배에 초청했습니다. 한 두주 예배를 드리고 난 후 상담을 했습니다. 저는 조심스럽게 물었습니다. '금요 예배 어떠셨어요?' 그랬더니 놀라운 반응이 옵니다.

'목사님, 그런데 왜 찬양하는데 가슴이 뭉클해지고, 눈물이 났을까요?'

저는 그 순간을 놓치지 않고, 그것이 바로 하나님의 은혜입니다. 그 시간 이후 그 집사님을 예수님을 바로 알고 영접하게 되었습니다. 부활의 신비가 믿어진다고 하였습니다. 그 후 그 집사님은 부활의 증인으로 사는 삶을 사셨습니다.

결론

사랑하는 성도 여러분,

오늘 우리는 매우 관심 있고, 뜨거운 반응을 보이는 주제가 주된 토론의 주제로 삼고 살아갑니다. 그것이 경제적인 이슈이든, 정치적인 이슈이든 간에 흥미있는 주제에 관한 이야기를 하고 토론을 하기도 합니다.

그런데 오늘 말씀에서 기록하고 있는 핵심 토론 주제는 '부활'이었습니다. 예루살렘 사람들을 깜짝 놀라게 한 그 사건, 바로 예수님의 죽음과 부활에 관한 내용이었습니다. 비록 두 제자는 토론의 주제로는 삼고 있었지만, 그 부활의 신비에는 참여하지 못했습니다. 겨우 그들은 예수님께서 베풀어 주신 식탁을 대하고서야 주님이심을 알게 되었습니다. 그리고 그들의 가슴을 뜨거워졌고, 이 사실을 알리기 위해 예루살렘으로 달려갔습니다.

사랑하는 성도 여러분, 오늘 우리는 우리를 살리게 하고 살아가야 할 이유를 알게 하는 복음의 핵심에 대해서 더욱 진지하게 이야기하고 토론할 수 있는 분위기가 되어야 합니다. 이 사건이 우리의 뜨거운 이슈가 되어야 합니다. 그러기 위해서는 무엇보다도 복음을 토론의 주제로 선정할 수 있어야 합니다. 또한 복음에 대해서 듣는 것을 게을리해서는 안 됩니다. 부활이라는 주제를 토론의 장외로 떼어놓아서는 안 됩니다. 우리는 끊임없이 이야기의 중심에 부활의 핵심을 놓아야 합니다. 그랬을 때 알지 못했던 사람들이 깨달아지는 은혜가 있게 됩니다. 그래서 그 깨달음은 또 다른 사람에게 이야기의 핵심이 되고, 토론의 주제가 됩니다. 이렇게 복음은 계속해서 증언되어야 합니다. 간절히 바라기는 복음의 핵심을 깨닫고, 복음의 전달자로 살아가는 행복한 성도의 삶이 되시길 바랍니다.

분석설교 샘플2
하늘 문

■말　씀: 요한복음 10:1-10

■주　제: 예수님은 구원의 문입니다.

■이미지: 배척, 통관

■교　리: 목회론

■**본문 배경**

요한복음 10장은 목자와 양의 비유를 통해 선한 목자가 어떤 존재인지에 대해서 상세하게 설명하고 있다. 10장의 말씀은 1장 19절에서부터 12장 50절까지 이어지는 일련의 기사 속에 포함되어 있다. 이 기사는 예수 그리스도는 절대 신이었지만, 우리의 죄를 대속하시기 위해 사람의 모습으로 오셨다는 사실을 증거하고, 예수 안에 절대 구원의 확실성을 위해서 공생애 기간 많은 표적과 자기 계시를 제시하고 있다. 그중 7장 1절부터 10장 21절은 초막절 예루살렘에서 예수님을 배척하고 있는 배경을 하고 있다. 이무렵 예수님의 공생애 사역이 상당히 진행되었지만, 예수님의 구속 사역을 민족주의적으로 이해하거나 인본주의적인 입장에서 오해하고 있는 유대인들이 있었다, 또 한편으로는 예수님을 정치적 해방자로 추앙하는 민중들도 있었다. 그뿐 아니라 정치·종교 기득권자들은 예수를 정적(政敵)으로 여기고 배척하는 분위기가 고조되고 있었다.

이러한 배경 속에서 오늘 말씀은 예수님은 유대인들에게 배척을 당하고 죽임을 당하실 것을 아시고 자신의 죽음이 양들을 위한 선한 목자로서의 죽음이라는 사실을 천명하신다. 예수님께서 죽으신 죽음은 죽을 죄가 있다거나 연약한 존재이기 때문이 아니라 태초부터 하나님께서 계획하신 구원의 역사를 이루시기 위해 하나님의 뜻과 섭리에 자발적인 순종에 의한 죽으심이었다. 양들을 위한 선한 목자로서의 죽음을 설명하기 위해서 목자와 양의 비유(1-6), 거짓 목자와 선한 목자(7-18)에 대해서 교훈하고 있다. 선한 목자는 양들을 위하여 목숨을 버리는 존재라는 사실을 강조한다(11절).

■ 신학적 메시지

오늘 말씀을 통해서 발견하게 되는 신학적 메시지는 **"참된 목회론"**이다. '목회'(牧會)라는 말은 목사가 교회를 맡아 설교하거나 신앙생활을 지도하는 등 공식적으로 행하는 활동을 말한다. 청교도 설교가로 잘 알고 있는 스펄전은 『목회론』에서 첫 번째로 다루는 내용이 목회자와 소명에 관한 내용이다. 여기서 그는 가장 먼저 '목회자가 거듭난 사람인지부터 점검하라'라고 말한다. 그도 그럴 것이 당시 영국 교회 내에서 거듭나지 못한 목회자들이 적지 않았던 것으로 추정 해 볼 수 있다. 만약 거듭남을 경험하지 못했다면, 소경이 소경을 이끌고 구덩이로 빠지는 일이 발생하게 될 것이다. 칼빈 또한 목사의 직분을 담당하면서 목회를 하기 위해서는 두 가지 소명, 즉 내적 소명(Inner Calling, 위로부터 하나님께서 비밀스럽게 부르신 사람이라는 확신)와 외적 소명(Outer Calling, 교회에 의해 공적으로 부름을 받은 사람)이 있어야 한다고 말한다. 스펄전은 이에 동의하면서 '위로부터 임하는 소명'을 받아야 한다고 주장하면서 다음과 같은 4가지 과정을 주장한다. 어떻게 목회에 대한 소명이 있는가를 알 수 있는가? 첫째, 목회에 대한 강력한 소원이 있는가? 둘째, 가르치는 은사가 있는가? 셋째, 사역의 열매가 있는가? 넷째, 교회의 공적 판단이 있는가? 이러한 기준에서 하나라도 결격 사유가 있는 사람은 목회자가 되어서는 안 된다고 하였다. 스펄전은 목회의 소명에 대해서 매우 엄격하게 그 기준을 제시하고 있다.

다음으로 스펄전이 가장 많은 분량으로 소개하고 있는 것이 '지성'과 '덕성' 그리고 '영성'을 계발하라는 내용이다. 또한 그는 목회자는 언어 능력을 계발에 힘쓰도록 권면하면서 독서하는 목사가 되어야 한다고 강조한다. 그 외에 기도하는 사람이 되어야 하고, 성령의 인도하심을 받도록 해야 한다고 말한다. 칼빈은 목회의 고귀성에 대해서 "목회는 성도들을 새롭게 하여 그리스도의 몸을 세우며 결국은 그리스도와의 연합으로 이끌어주는 사역이기에 '태양의 빛과 열과 음식과 같이 필요한 사역'이라고 말한다.

따라서 참된 목회는 분명한 소명 의식에 따라 말씀으로 성도들을 바르게 세우는 사역을 감당하는 것이다.

설교문

I. 서론

오늘은 부활절 네 번째 주일입니다. 요한복음의 말씀을 중심으로 '하늘 문'이라는 제목으로 함께 은혜를 나누고자 합니다.

우리가 흔히 알고 있듯이 '문'은 '나가고 들어오는 입구' 역할을 합니다. 그래서 문을 한자로 말하면, '출구'라고 말할 수도 있습니다. 또 다른 면에서 문은 경계를 나타내기도 합니다. 문은 안과 밖을 구분하는 역할을 합니다. 그래서 밖에서 안으로 들어올 때는 경계선인 문을 통과해야 합니다. 공항에서 외국으로 나갈 때, 또 들어올 때, 세관을 통과해야 안전하게 경계선을 넘을 수 있습니다.

누군가 스승으로부터 배움을 받고자 할 때, 그의 문하생으로 들어갈 때, 입문했다고 말하기도 합니다. 그의 문하생으로 입문한 것은 그분의 가르침을 철저히 따르고 배우겠다는 의지와 결단입니다. 미스터 트롯과 같은 경연 대회에 참가하는 것도 출세라는 세계로 나아가는 일종의 '등용문'이기도 합니다. 이처럼, 문이라는 의미는 다양하게 사용되고 있음을 알 수 있습니다.

이러한 이야기는 세상뿐만 아니라 오늘 성경 말씀에도 등장하고 있습니다. 오늘 등장하는 예수님은 사람들에게 '나는 양의 문이다'라고 선언하고 있습니다. 예수님의 이 선언은 선명하게 들려오고 있습니다. 그렇다면, 예수님께서 말씀하고 있는 "양의 문"의 의미가 무엇인지 함께 살펴보도록 하겠습니다.

■주제에 대한 정의(What)

여러분 양의 문이란 그냥 그냥 드나들 수 있는 그런 문을 의미하는 것일까요? **그것은 아닙니다.**

양의 문이란 인간적인 풍요를 주는 그러한 의미일까요? **그것도 아닙니다.**

그렇다면, 양의 문이란 정치적인 자유를 주는 그런 문일까요? **그것은 더더욱 아닙니다.**

이탈리아 등 유럽 국가에 가서 보면, '개선문'이 있습니다. 이 개선문은 '전쟁에서 승리하고 돌아오는 황제나 장군을 기리기 위해 세운 문'을 말합니다. 그런데 신학에서는 조금 다른 의미로 전해지고 있습니다. 예수님은 산상수훈에서 말씀을 듣기 위해 귀를 기울이고 있는 이들에게 좁은 문으로 들어야 한다고 말씀하셨습니다. 여기서 좁은 문은 하나님 나라를 향한 올바른 문으로 들어가야 한다는 의미입니다. 여기서 그리스도인의 삶을 시작하는 관문은 좁은 문, 즉 하나님의 뜻에 전적으로 순종하는 것을 의미합니다.

또한 존 번연은 『천로역정』에서 순례자는 좁은 문을 통과함으로써 비로소 하늘 나라를 향한 여정을 시작했다고 묘사합니다. 이는 그전에는 하늘 나라를 향한 여정에 서 있지 않았고, 비로소 좁은 문을 통과함으로써 하늘 나라를 향한 여정에 돌입하게 되었다는 것입니다. 그 외에도 방주의 문, 영생에 이르는 문으로 다양하게 사용하고 있습니다.

그런데 오늘 말씀에서는 양들을 지키고 보호하는 문이라고 말씀합니다.

■주제의 필요성(How)

사실 목자는 양들을 보호하고 지키는 역할을 하기 때문에 양의 문이라는 비유가 맞는 말입니다. 그런데 오늘 날 참 목사가 부재하다는 사실입니다. 목자는 양들에게 영향을 주고, 나아가야 할 방향을 코칭해 주는 멘토와 같은 역할을 합니다. 그리고 더 나아가 구원의 문에 이르도록 이끌어주는 사람입니다.

얼마전 한 청년과 대화를 나누었습니다. 그 청년은 목회자 집안의 자녀였습니다. 그런데 대화를 하면서 몇 가지 안스러운 내용을 발견하였습니다. 신앙의 가정에서 자랐지만, 신앙이 없다는 것이었습니다. 어려서부터 어머니께서 강제로 예배에 많이 참석하게 했고, 헌금도 많이 했기 때문에 이제는 예배를 쉬어도 된다는 이야기였습니다. 물론 헌금도 많이 했기 때문에 헌금도 좀 쉬어야 한다고 말합니다. 그리고 원하는 대학엘 들어가지 못하고 있는 상황이어서 자존감이 더 떨어져 있었습니다. 그는 하늘 나라를 향한 여정에 입문하지 못하고, 방황하는 삶을 살고 있었습니다. 그에게는 양의 문을 통과해야 할 필요성이 있었습니다.

■실천 방법

그렇다면 어떻게 하면 양의 문을 통과할 수 있을까요?

첫째, 예수님이 참 목자라는 사실을 알아야 한다고 말씀합니다.

선포) 여기 우리에게 주시는 말씀이 있습니다. 1절과 2절의 씀입니다.

> "내가 진실로 진실로 너희에게 이르노니 문을 통하여 양의 우리에 들어가지 아니하고 다른 데로 넘어가는 자는 절도며 강도요 문으로 들어가는 이는 양의 목자라"

해석)

목자라는 칭호는 문자 그대로 본다면, 양을 돌보는 역할을 하는 사람을 말합니다. 그런데 성경에 보면, 목자라는 칭호는 매우 의미있는 용어로 사용되었다는 사실을 발견하게 됩니다. 예를 들어, 다윗이 양무리와 함께 있는 곳에서 선택되었고(삼하 7:8), 여호와께서 다윗을 향하여 "네가 내 백성 이스라엘의 목자가 되며 이스라엘의 주권자가 되리라"라고 말씀하셨습니다(삼하 5:2). 고대 근동에서도 보면, 한 나라의 왕을 부를 때 '목자'라는 칭호를 사용하였습니다. 그리고 왕을 지상의 대리자로 보기도 하였습니다. 이러한 생각으로 인해 신적인 이미지를 목자의 이미지로 보았던 것이 보통이었습니다. 이처럼, 목자는 백성의 지도자를 의미했습니다.

이러한 맥락에서 예수님은 참된 목자라고 표현되고 있습니다. 예수님은 자신을 진정한 양의 문이라고 선언하시면서 목자와 양의 관계를 설명하고 있습니다. 당시 양의 우리는 지붕이 없는 상태로 울퉁불퉁한 돌을 쌓거나 진흙으로 된 거친 벽돌을 둘러가며 친 어설픈 형태의 것이었습니다. 그리고 밤을 지낼 때 양의 우리의 문에 문짝을 달지 않고 목자가 그 문 입구에 누워서 밤을 지내는 경우가 많았습니다. 따라서 목자를 통하지 않고는 누구든 양의 우리를 넘나들 수 없었습니다. 이러한 이유로 목자는 스스로 자신을 '양의 문'이라고 비유로 가리키기도 하였습니다.

양과 목자의 친밀한 관계로 시작되는 이 말씀은 사실 유대 종교 지도자들을 절도요 강도로 규정하고 있는 말씀입니다. 그 이유는 앞선 9:39-41절에 소경된 유대 종교 지도자들과 관련하여 말씀하고 있기 때문이다. 그래서 이 비유의 말씀은 유대 종교 지도자들을 절도와 강도로 규정하면서 예수님 자신을 양을 위하여 목숨을 버리는 참된 목자로 대비시키고 있습니다. 그러면서 예수님은 이제 십자가의 죽음을 암시하셨습니다.

예수님은 다른 방식으로 들어오는 가르침은 결코 구원을 주지 못한다는 사실을 역설하시면서 오직 나의 문을 통과할 때 하나님 나라에 들어갈 수 있음을 보여주고 있습니다.

적용)

우리가 살아가는 삶의 현장은 수많은 길을 제시하고 있습니다. 그 길은 하나같이 풍성한 삶으로 인도한다고 허위광고를 합니다. 그리고 수많은 사람을 끌어들입니다. 때론 유행이라는 이름으로 우리를 소비의 세계로 이끌고, 아이돌이라는 이름으로 허탄한 신화에 빠지게 합니다. 그리고 행복이라는 이름으로 쾌락과 유흥으로 이끌기도 합니다. 그렇지만 이 모든 것은 우리를 유혹하는 하나의 거짓 목자입니다. 영원한 생명을 결코 주지 못합니다.

그래서 우리는 분명히 좁은 문으로 들어가야 합니다. 좁은 문은 예수 그리스도라는 문입니다. 예수 그리스도를 통해 하나님 나라를 향한 순례의 길에 들어서야 합니다. 많은 사람이 예수 없는 허탄한 문에 들어가면서 예수라는 문은 필요없다고 말할지 모르지만, 예수 그리스도 없는 문은 모두 거짓입니다. 구원을 주지 못합니다. 오직 예수 그리스도라는 문만이 우리에게 참 구원을 선물로 주십니다.

소결론)

그렇습니다. 여러분. 우리 모두는 하나님의 거룩한 백성으로 영원한 하나님 나라에 속한 사람들입니다. 그래서 이 우리에서 이탈하지 않고 주님의 인도를 받기 위해서는 오직 예수님만이 참 목자라는 사실을 알아야 합니다.

둘째, 생명을 풍성하게 주시는 분임을 믿어야 한다고 말씀합니다.
선포) 여기 우리에게 주시는 말씀이 있습니다. 10절의 말씀입니다.

> "도둑이 오는 것은 도둑질하고 죽이고 멸망시키려는 것뿐이요 내가 온 것은 양으로 생명을 얻게 하고 더 풍성히

얻게 하려는 것이라"

해석)

10절의 말씀은 분명하게 대비해서 말씀하고 있습니다. 도둑이 오는 것은 죽이고 멸망시키기 것뿐입니다. 당시 도둑이었던 유대 종교 지도자들은 영적으로 소경이었습니다. 그래서 그들은 또 다른 소경을 이끌고 구덩이에 빠지는 꼴이 되었습니다. 그럼에도 그들은 자신들의 처지와 상황을 바르게 인식하지 못했습니다. 그들은 여전히 자신들의 배만 배부르게 하고 자신들의 기득권을 결코 포기하지 않으려 했습니다. 그로 인해 그들은 백성들을 더 척박한 곳으로 이끌었습니다. 이런 의미에서 그들은 도둑질하고 죽이며 멸망시키는 자의 앞잡이였습니다. 베드로전서 5장 8절에서 "마귀가 두루 다니는 목적은 삼킬 자를 찾기 위함"이라고 경고한 바 있는데, 당시 유대 종교지도자들의 모습이었습니다. 그들은 경건주의자라는 가면을 쓰고서 영혼들을 멸망의 길로 몰아넣고 있었습니다. 그들은 자신들의 말을 들을 수밖에 없는 제도적인 장치를 마련해 놓고 자신들의 문으로 들어오도록 강권했습니다. 그렇지만 그들은 생명을 주지 못했습니다.

이와 대조적으로 예수님이 이 땅에 오신 이유는 생명을 얻도록 하기 위함이라고 선언하고 있습니다. 더 나아가 풍성하게 얻도록 하기 위함이라고 말씀하고 있습니다. 이러한 의미에서 강도와 도둑과 참 목자는 비교할 수 없을 만큼 차이가 있습니다. 그래서 우리는 예수 그리스도를 통해 영생을 얻게 되고 자족하여 충분한 만족이 있는 삶이 될 수 있다는 사실을 확신해야 한다. 이것은 세상이 줄 수 없는 고귀하고 값진 하나님의 선물이다.

적용)

오래 전 한 청년의 고백이 생각납니다. 이 청년은 중고등부까지는 신앙생활을 잘했고, 교회 문화 속에서 자랐습니다. 그런데 고등학교를 졸업하면서 수많은 유혹과 방황으로 인해 교회를 잠시 떠나게 되었습니다. 그리고 세상의 문을 통과해서 세상에서 주는 여러 가지 유혹을 벗 삼아 살았습니다. 꽤 그럴싸하게 세상 사람이 되었습니다. 그러다가 중·고등부에서 함께 교뢰를 다녔던 친구를 만났습니다. 그리고 그 친구는 방황하는 친구에게 조심스럽게 말합니다. '친구야, 이제 교회로 돌아와야 하지 않겠니?'라고 말하자, 그 친구는 '아직 세상에 즐거운 것이 많다. 아직 교회 나가것 보다 세상이 좋다'라는 것이었습니다. 그런 대화를 주고받고 난 후 몇 년이 지났습니다. 우연찮게 방황하던 친구가 교회 청년부 예배에 나왔습니다. 그리고 두 세주가 지나고 난 후 대화를 나누어 보았습니다. 그런데 그 방황하던 친구의 입으로부터 놀라운 고백이 흘러 나왔습니다.

'근데 교회에 나오니까 마음이 평안하냐? 세상에서 그렇게 술을 마시고, 놀아도 마음 편안한 적이 한 번도 없었

는데, 교회에 나오니까 참 평안하다'

그 친구는 그 뒤로 방황의 길을 접고 예수 그리스도의 문을 통과해서 구원의 백성으로 살아가게 되었습니다.

소결론)

맞습니다. 예수 그리스도 안에는 세상이 주지 못하는 참 평안이 있습니다. 참 위로와 회복이 있습니다. 이것이 바로 우리 주님께서 주시는 생명입니다. 더 풍성한 생명입니다.

셋째, 고난에 굴복하지 않아야 한다고 말씀합니다.

선포) 여기 우리에게 주시는 말씀이 있습니다. 평행본문인 베드로전서 2장 19-20입니다.

> "부당하게 고난을 받아도 하나님을 생각함으로 슬픔을 참으면 이는 아름다우나 죄가 있어 매를 맞고 참으면 무슨 칭찬이 있으리요 그러나 선을 행함으로 고난을 받고 참으면 이는 하나님 앞에 아름다우니라 "

해석)

베드로 사도는 고난당하는 성도들을 향하여 고난을 대하는 태도에 대해서 권면하고 있습니다. 베드로 사도는 혹시 부당하게 고난을 받는다 할지라도 하나님을 생각하면서 그 슬픔을 참게 된다면, 그 자체가 아름다움이 된다고 말씀하고 있습니다. 그런데 죄가 있어 당하는 고난을 참는 것은 칭찬거리가 되지 못한다고 말씀합니다. 선을 행하다가 고난을 받고 참는 일은 하나님 앞에서 아름다운 일이라고 말씀합니다. 그 근거가 바로 예수님의 고난에 있습니다. 예수님은 죄가 없는 분이셨지만, 우리를 구원하시기 위해 죽기까지 고난을 당하셨습니다. 나물에 달려 조롱과 모욕을 당하셨습니다. 그리고 부활하셨습니다. 모든 죽음의 권세를 이기시고 부활하여 새로운 생명의 길을 열어 주셨습니다. 그래서 성도의 고난은 예수 그리스도의 부활에 참여하는 동기가 됩니다. 마치 창조의 과정에서 저녁이 되고 아침이 되듯 그리스도의 고난, 성도의 고난은 곧 부활에 참여하는 문이 됩니다.

적용)

고난은 누구나 원하지 않습니다. 그 누구도 환영하지 않습니다. 하지만 우리는 원하든 원하지 않든 고난이라는 사건을 경험하게 됩니다. 때론 인격적인 모욕과 수모를 당할 때도 있습니다. 그럴 때마다 우리는 예수님의 죽어줌의 방식에 대해서 묵상해야 합니다. 그리고 그 죽어줌의 방식이 내가 고난을 대하는 태도가 되어야 합니다. 죽어줌의 방식은 창조의 저녁입니다. 기나긴 저녁이 지나고서야 아침이 오듯이 고난이라는 터널을 지나야지만, 부활이라는 생명을 누릴 수 있습니다. 그리고 그 문을 통과하게 되면, 우리가 도저히 알 수 없는 풍성한 생명을 누리게 됩니다. 그래서 베드로 사도는 "그전에는 길을 잃었지만, 이제는 영혼의 목자와 감독되신 이에게 돌아왔다"라고 말씀합니다. 이제 우리는 그리스도 안에 거해야 합니다. 예수 그리스도라는 문을 통과해서 우리 주님께서 주시는 생명과 그 풍성한 은혜를 누릴 수 있어야 합니다.

■ 실천 결과

몇 년 전 SBS에서 '고 이태석 신부가 떠난 지 10년, 남겨진 뒷이야기'라는 방송을 했습니다. 그런데 놀라운 것은 고 이태석 신부의 이야기를 담은 다큐멘터리 영화 〈울지마 톤즈〉에서는 가난한 동네에 찾아온 작은 예수로 묘사했습니다. 그리고 고 이태석 신부의 영향을 받았던 아이들은 그를 작은 예수님이었다고 고백했습니다. 그리고 그가 떠난 10년 후, 고 이태석 신부의 제자들의 이야기가 영화로 돌아왔습니다. 그들은 하나같이 '우리가 의사 이태석입니다'라고 외칩니다. 그들은 신부님 때문에 의사가 되었다고 손을 듭니다. 그 영화는 '부활'이라는 제목으로 제작되었습니다. 영화의 제목을 부활로 잡은 이유는 예수님의 사랑을 실천한 신부님의 영향을 받은 아이들이 어떻게 그 삶을 살아가고 있는지를 보여주기 때문이었습니다. 이 부활에 관한 이야기는 삶 속에 담긴 굉장히 밝고 행복한 의미로 다가오기 때문에 제목을 부활로 선정했습니다. 예수님의 부활은 어느 특정한 시간에만 일어났던 일회적인 사건이 아니라 우리의 삶의 현장에서 참 목자의 삶을 살아가면서 경험하게 되는 은혜입니다. 그는 진정한 문이 되었습니다. 예수 그리스도에게로 나아가는 좁은 문이 되었습니다. 우리 모두가 좁은 문이 되어 수많은 영혼을 예수님에게로 인도하는 작은 문이 되기를 원하십니다.

결론

사랑하는 성도 여러분, 오늘 우리는 부활절 네번째 주일을 보내고 있습니다. 부활의 기쁨은 부활주일 한 번에 끝나는 것이 아니라 50일 동안 계속해서 이어지고 있습니다. 특별히 오늘 말씀을 통해 우리 주님은 진정한 양의 문일 뿐만 아니라, 참 목자가 되신다는 사실을 알게 되었습니다. 이 문을 통과하게 되면, 부활의 기쁨을 경험하게 된다는 사실을 알게 되었습니다.

그리고 우리 모두를 좁은 문의 삶으로 인도하고 계신다는 사실을 알게 되었습니다. 우리가 좁은 문이 되고, 참 목자의 삶을 살기 위해서는 무엇보다도 우리 주님이 참 목자라는 사실을 깨달아야 합니다.

또한, 우리 주님은 우리에게 생명을 주시는 목자, 풍성은 은혜를 주시는 분이라는 사실을 믿어야 합니다. 더 나아가 우리가 받는 고난을 인내함으로 견뎌내 결국에는 저녁이 아침이 되듯 죽음 같은 고난이 부활의 기쁨으로 변화는 은혜를 경험할 수 있습니다. 고난은 부활로 나아가는 좁은 문이라는 사실을 인식해야 합니다. 간절히 바라기는 예수 그리스도의 참 목자의 삶을 본받아

우리의 삶의 현장에서 부활의 이야기를 써 내려가는 은혜가 있기를 바랍니다.

기도문

풍성한 생명을 주시는 하나님!

하나님은 자연의 그 풍성함처럼, 우리에게 풍성함을 주시는 분이십니다. 과거 척박한 광야에서 만나와 메추라기로 풍성하게 먹이셨습니다. 그리고 구름기둥과 불기둥으로 인도하여 주신 참 목자이셨습니다. 그 은혜가 예수 그리스도를 통해 완성되게 하셨고 참 목자로 우리를 하나님의 우리 안에 거하게 하셨습니다. 그래서 지금 우리는 하나님의 문 안에, 우리 안게 거하게 되었습니다.

따라서 간절히 간구합니다. 오직 주님만이 참 목자이심을 알게 하옵소서. 오직 주님만이 풍성한 생명을 주시는 분이심을 확신하게 하옵소서. 우리가 고난을 받을 때, 예수 그리스도를 본받아 고난을 넉넉하게 이겨내어 하나님 앞에 아름다움이 되게 하옵소서. 그리하여 우리의 삶 속에서 저녁이 아침이 되는 부활의 이야기를 써 내려갈 수 있게 하옵소서. 예수님 이름으로 기도합니다.

이야기 설교[4]에 대한 이해

이야기를 전하는 방식에는 두 가지 형태가 있다. 하나는 성경의 이야기를 다시 반복하는(retelling) 형식의 이야기 설교(Storytelling Preaching)와 둘째는 설교를 하나의 구성(plot)으로 만들어 가는 설화체(Narrative Preaching)가 있다.

전자의 입장은 리차드 젠센(Richard Jensen), 에드문드 스타이믈(Edmund Steimle), 찰스 라이스(Charles Rice) 등을 중심으로 'storytelling'을 이야기 설교라고 생각했다. 이들은 설교 안에 하나의 이야기, 혹은 설교 안에 많은 이야기가 담겨 있어야 한다고 주장한다. 성경에 나타난 예를 들어 보면, 어떤 청년 관원이 예수님께 나아와 누가 우리의 이웃인가를 물었을 때, 주님께서는 선한 사마리아인의 이야기를 통해서 그에게 설교했다. 그리고 다윗에게 전한 나단 선지자의 설교나 하나님이 행하신 역사를 다시 이야기하면서(retelling) 복음의 메시지를 전한 스데반의 설교 역시 이 '이야기 설교'에 해당한다고 보았다. 그래서 이들은 '설화(narrative)'보다 '이야기(story)'를 더 선호한다.[5]

반면 후자는 설교를 줄거리(plot)로 엮어 전개시키는 형태로 이

---

4   이야기 설교의 형식은 1970년대 이래로 '새로운 설교학 운동(*The new Homiletics*)'에서 가장 관심을 끌고 있는 형식 가운데 하나이다. 이 설교 형식을 서사 설교(설교화체 설교와 이야기 설교를 총칭하는 말)라고 말한다. 서사 설교란 "인간의 삶 자체를 하나의 이야기로 엮어 가듯이 성경의 진리를 자연스럽게 이어가는 이야기로 표현하는 설교"이다.

5   주승중, 『성경적 설교의 원리와 실제』 (서울: 예배와 설교 아카데미, 2006), 238.

해한다. 유진 로우리(Eugene Lowry)를 중심으로 한 이들은 설화체 설교는 모순 또는 불일치로부터 시작하여 그것이 심화되고, 극적인 전환을 통해 문제의 해결로 이어지는 극적 구성을 주장한다. 로우리는 설화체 설교란 "시간 안에 일어나는 사건으로 불안정(또는 갈등)으로부터 시작되어, 불안정과 갈등이 더욱 복잡해지고 심각해지는 과정을 통해, 놀라운 역전이 있게 되고, 마지막으로 대단원으로 종결되는 것"이라고 말한다.

루시 로스(Lucy Rose)는 이 두 방법론을 구분하기를 "이야기 설교(storytelling)"가 이야기를 들려주는 것을 통해 이루어지는 설교라면, "설화체 설교"는 연속적으로 일어나는 요소를 통해 구성(plot)을 가진 형태라고 구분한다. 이것을 좀더 구체적으로 설명하면, 이야기 설교는 사건이나 인물에 대한 이야기를 사건 혹은 장면(stage) 중심으로 전개해 가는 방식이라면, 설화체 설교는 보다 치밀한 구성(plot), 즉 문제점 도출로부터 시작해서 심화의 단계를 거쳐 문제 해결의 단계로 나아가는 방식을 통해 설교를 진행하는 특징이 있다. 그래서 토마스 롱(Thomas G. Long)은 설화체 설교를 '문제 해결식 설교 방법'이라고 불렀다. 여기서 소개하고자 하는 것은 유진 로우리의 방법인 설화체 설교이다.

첫째, 모순되는 문제를 제기함으로 형평을 깨뜨리는 단계

둘째, 모순되는 점과 불일치를 분석하여 그 모호함을 심화시키는 단계

셋째, 문제 해결을 위해 실마리를 제시하는 단계

넷째, 복음을 경험하는 단계

다섯째, 결과를 기대하는 단계이다.

설화체 설교 샘플 1

더이상 무엇을바라겠습니까?

■본 문: 마태복음 20:1-16

■제 목: 더이상 무엇을 바라겠는가?

　　(Who could ask for anything more?)

■설교자: 유진 로우리(Eugene L. Lowry)

1단계: 평형을 깨뜨리는 단계

포도원 주인이 오늘 그의 포도원에서 일할 일꾼을 불러오기 위해 시장터에 나간 것은 아침 7시 15분 전쯤이었습니다. 주인은 그들에게 그날 하루의 품삯으로 한 데나리온을 주기로 약속했습니다. 그것은 적절한 액수였습니다. 그래서 그들은 포도원으로 일하러 갔습니다. 9시 15분 전쯤 주인은 다시 동네의 시장터와 같이 사람들이 많이 모이는 곳으로 나갔습니다. 그곳에서 일할 거리를 찾고 있는 사람들을 발견하고 그 주인은 말했습니다. "내가 상당하게 지불할 것이다"라고 말하자 그들은 그 주인의 포도원으로 일하러 갔습니다. 역시 12시 15분 전쯤에 주인은 시장터에 다시 나왔습니다. "왜 이 사람은 처음에 필요한 만큼의 사람들을 고용하지 않았을까? 아마도 태풍이라도 불어온다는 뉴스를 들었나 보지!" 어떤 사람들은 의아해할 수도 있었을 것입니다. 오후

3시가 다 되어가는 시간에도 이 포도원 주인은 다시 나왔고, 불과 일할 시간이 한 시간 정도밖에 남지 않은 오후 5시가 다 되어가는 시간에도 나왔습니다.

드디어 일이 끝나는 오후 6시가 되었습니다. 임금을 지불할 시간입니다. 주인은 포도원의 살림을 총괄하고 있는 총무과장에게 귓속말로 속삭였습니다. "제일 늦게 와서 일을 시작한 사람부터 임금을 지불하세요." 임금을 받은 그들은 놀랐습니다. 겨우 한 시간밖에 일하지 않았는데 한 데나리온을 받은 것이었습니다. 그 모습을 본 아침 7시에 온 사람들은 너무나 기뻐서 흥분이 되었습니다. '우리의 반절도 일하지 않았는데 한 데나리온이라니. 저 주인은 아마도 시간당 한 데나리온을 지불하는 모양이지? 그렇다면 오늘 하루 일하고서 한 달 수입의 절반은 벌게 되겠구나!' 정말 믿기지 않는 일이었지만 적어도 오후 3시에 와서 일한 사람들에게 임금이 지불될 때까지 그들은 그것을 철석같이 믿었습니다. 그런데 3시에 와서 일한 사람에게도 한 데나리온이 주어지는 것이 아닙니까? '저 사람이 무엇인가 실수한 거겠지? 아마도 저 인자한 주인은 총무과장에게 다시 귀에 대고 그가 실수한 것이라고 일러줄 거야.'

그러나 그러지를 않았습니다. 총무과장은 12시에 와서 일한 사람에게도 동일하게 한 데나리온을 주는 것이 아닙니까? 아침 7시에 와서 일한 사람들의 얼굴에서 미소는 완전히 사라졌습니다. '그럼, 얼마나 오랫동안 일했는가는 상관없이 주인은 모든 사람에게 똑같이 임금을 지불한다는 말인가?' 믿을 수 없는 일이었습니다. 아니, 상상조차 할 수 없는 일이었습니다.

아침 7시에 와서 온종일 일한 사람도 한 데나리온만을 받았습니다. 본문은 말합니다. 그들이 "투덜거렸다." 그러나 그것은 성경에 그대로 실을 수 없어서 점잖은 표현을 썼을 것입니다.

> "아니, 나중 온 사람하고 동일하게 임금을 주는 것이 말이나 되는 거야? 가장 늦게 온 사람은 땀 흘릴 시간도 없이 고작 한 시간 일했는데, 한낮의 뙤약볕에서 온종일 일한 우리와 똑같이 취급할 수 있다는 말인가?"

그들의 말은 거칠어졌습니다. "잠깐만." 주인은 대답했습니다. "왜 더 줄 것이라고 기대했습니까? 오늘 아침 당신들과 약속한 것을 잊었습니까? 하루 품삯으로 한 데나리온을 주기로 약속한 것에 동의하지 않았습니까?" "물론 동의했지요. 그러나 지금은 좀 다르지 않습니까? 한 시간 일한 사람에게 한 데나리온을 주셨으면 당연히 우리는 좀더 받아야 하는 것 아닙니까? 당연히 우리는 더 받을 것을 기대했습니다." 주인은 말했습니다. "무엇이 잘못된 게 있습니까? 내가 관대한 것에 대해서 왜 당신들이 불평하는 것입니까? 나는 그들에게도 똑같이 지불하겠다고 마음먹었소. 그것은 당신들이 상관할 바가 아니요. 내 돈을 내 마음대로 쓰는데 당신들이 왜 소란이요. 당신들 돈을 받았으면 돌아가시오."

2단계: 불일치를 분석하는 단계

아침 일찍부터 일한 사람들의 말도 일리가 있다고 생각하지 않습니까? 만약 우리 자신이 아침 7시부터 온종일 일한 사람이라고 생각한다면 그때 마음은 어땠을까요? 일한 시간이 다른데 어떻게 똑같이 월급을 받는다는 것입니까? 그것은 공정하지 못한 일입니다.

만약 당신이 공무원으로 일하고 있다면, 아무리 내 돈이라도 내가 원하는 대로 지불할 수는 없을 것입니다. 만약 당신이 시 교육위원회에 속한 위원으로서 새로운 교사를 채용하려고 할 때, 지원자 중 선정된 두 사람이 대학을 우수한 성적으로 졸업했고 거의 동일한 경력을 가지고 있다고 합시다. 한 사람은 남자고, 한 사람은 여자입니다. 만약 당신이 현재의 구직 시장(job market)의 상황을 고려해서 여자라는 한 가지 이유만으로 남자보다 월급을 덜 지급한다고 합시다. 당신은 일을 바로 처리하지 못한 것이고, 당신은 해고감이 될 것이고, 당연히 그리되어야 할 것입니다. 만약 당신이 정원의 일을 맡기기 위해서 몇 사람의 임시직의 일꾼을 구한다고 합시다. 한 사람은 백인이고, 한 사람은 흑인입니다. 그 사람이 흑인이라는 이유만으로 그 사람에게 돈을 적게 지불한다면 그것은 잘못된 것입니다.

이 이야기도 약간의 차이가 날 뿐이지, 동일한 이슈를 다루고 있습니다. 전국노조연합회에서 이런 이야기를 들었다면 참 할 이야기가 많은 내용 같지 않습니까? 사실 저는 여기에서 충격을 받는 것이 있습니다. 도대체 예수님은 이 땅에 계실 때, 왜 이렇게 불공정한 주인의 편을 드시는 것일까요? 사실 늦게 온 사람부터 임금을 지불한다는 것도 잔인한 것이고 말문이 막히는 일입니다. 그는 아침 7시부터 와서 일한 사람으로 하여금 그 불의가 행해지고 있는 것을 처음부터 끝까지 지켜보도록 했습니다. 주인은 그에게 먼저 품삯을 지불하고 그들을 보낸 다음에 9시에 온 사람, 12시에 온 사람 순으로 지불했어야 했습니다. 그렇게 했다면 아무도 그것을 알지 못했을 것입니다. 그렇다면 내일 아침 7시에 시장터에 가서 사람을 찾는다면 무슨 일이 일어날 것이라고 상상할 수 있겠습니까? 아마도 그 시간에는 아무도 없을 것이고, 주인이 오후 5시 15분 전에 사람을 찾으러 나오는 시간에 맞추어 몰려들 것입니다. 모든 일꾼이 오직 한 시간만 일하고 같은 임금을 받으려고 할 것입니다.

3단계: 문제 해결을 위한 실마리를 제시하는 단계

이 이야기에는 특별한 무언가가 담겨 있음에 틀림이 없습니다. 그렇지 않다면 도무지 이 이야기를 이해하기가 매우 어렵습니다. 이 이야기를 이해하는 첫 번째 실마리는 나중에 온 사람에게 먼저 지불되는 장면 가운데 나타납니다. 그러나 마태복음 한 장에 깊이 관심을 갖지 않고서는 이 이야기의 요점을 놓치고 맙니다.

바로 19장에 나타나는 장면을 기억하십니까? 예수님은 한 젊은 부자 관원과 이야기를 나누고 계십니다. 그는 한 가지를 제외하고는 바르게 삶을 살아가던 젊은이였습니다. 예수님은 말씀하십니다. "가서 모든 것을 팔아라. 그리고 그것을 가난한 모든 사람들에게 나누어 주어라. 그리고 와서 나를 좇으라."

예수님과 그 젊은 관원이 나누는 이야기를 들으면서 그들의 귀를 의심해야 했습니다. 그들은 바로 전에 교회 성장 세미나에 다녀왔습니다. 예수님께서 훌륭한 교인이 될 수 있는 촉망 받고 부자인 관원을 돌려보낼 것이라고는 상상도 할 수 없었습니다. 예수님은 그들이 충격 받는 것을 보시고 말씀하셨습니다. "내가 너희에게 이른다. 부자가 하늘나라에 들어가기가 얼마나 어려운지, 낙타가 바늘귀로 들어가는 것보다 더 어렵다."

여기서 이 이미지를 비신화화하려고 하지 마십시오. "마치 바늘귀는 예루살렘 성의 문을 말하는 것이다"라고 말입니다. 예수님이 의미하신 것은 말씀하신 그대로입니다. 아주 살찐 낙타가, 그것도 커다란 혹까지 등에 짊어진 커다란 낙타가 조그만 바늘귀로 들어가는 그것이, 부자가 하늘에 들어가는 것보다 훨씬 쉬울 것이라는 말입니다.

"그래요. 그것은 전혀 불가능한 일이겠네요." 제자들은 그렇게 말했습니다. 그렇습니다. 그들은 정곡을 찌르고 있었습니다. 그러나 예수님은 그들에게 복된 소식을 전해 주십니다. "그래, 사람들에게는 그것이 불가능한 일이지. 그러나 하나님에게는 모든 일이 가능하단다." 그러나 제자들은 그 요점을 전적으로 놓치고 있었습니다. 시몬 베드로는 나아와서 실언을 하고 맙니다. "예수님, 우리는 주님을 따르기 위해 모든 것을 버렸습니다." 그럼 과연 우리는 무엇을 얻겠습니까?"

주님의 대답은 무엇이었습니까? "속았다"(Cheated). 베드로가 그것을 얻을 것이라고 생각했다면 너는 속았다는 말입니다. 하나님 나라는 비즈니스 거래가 아니며, 계약(contract)을 체결하는 것도 아니라는 말씀입니다. 그것은 "언약(Covenant)"에 해당하는 것입니다. 만약 여러분이 "결론적으로 내가 얻을 것이 무엇입니까?"라고 묻는다면, 대답은 간단합니다. "그렇게 생각한다면 너도 속았다." 이런 설명에 이어서 곧바로 따라오는 것이 오늘의 본문인 포도원 품꾼들의 이야기입니다. 따라서 이 이야기를 통해서 우리 모두도 어떻게 스스로 속임을 당했는가를 알게 될 것입니다. 물론 나는 나보다 일을 더한 사람들과 나 자신을 비교해 본 적이 없습니다. 늘 나보다 적게 일한 사람과 비교합니다. 이 "결론적으로"의 멘탈리티는 언제나 교회를 혼란스럽게 해 왔습니다. 내가 어렸을 적, 캔자스 주 위치타 시의 어느 작은 감리교회에 다닐 때, 어른들이 나누던 이야기를 지금도 기억하고 있습니다. 그 중에 한 가지는 늘 이런 내용이었습니다.

"우리의 물질과 시간을 들여 일평생 교회를 섬겼고, 말씀을 따라 바르게 살려고 노력하고 좁은 길을 걸으려고 노력해 온 우리가 천국에 갔을 때, 평생을 자기 마음대로 살다가 임종 자리에서 겨우 예수님을 믿고 죽은 사람과 함께 같은 천국에 들어가게 된다면 그것은 너무나 불공평합니다. 정말 같은 천국이라고 말씀하셨습니까? 그렇다면 그것은 정말 공평한 일이 아닙니다."

가끔 이런 태도는 비극적인 형태로 나타나기도 합니다. 어느 주일날 오후, 당신이 다양한 경험을 가진 교회 지도자들이 함께 모여 훈련받는 자리에 있었다고 합시다. 참석자들은 몇 개의 소그룹으로 나뉘어 빙 둘러앉아 모임을 가졌다고 합시다. 인도자가 말하기를 "먼저 우리 자신을 소개하는 시간을 가집시다. 간단히 우리가 어떤 사람인지 서로 나누도록 합시다." 둘러앉아서 자기의 순서를 기다리고 있는데, 한 나이 드신 분이 자신을 소개합니다. "제 이름은 아무개이고, 한때 연관공이었습니다." "한때?" 도대체 그는 무엇을 의미하는 것인가? 삶은 계약인데, 그의 계약은 이제는 다 끝났다는 말인가? 그는 한때는 돈을 벌어서 집에 가지고 갔던 사람이었지만, 아무것도 아닌 지금은 그저 "한때"만을 바라보며 사는 사람이라는 말입니까?

한 여자 분의 순서가 되었습니다. 그 여인은 수줍어하면서 그렇게 말했습니다. "저는 단지 주부에 불과합니다." "단지?" 그것이 무엇을 의미합니까? 그는 전혀 돈을 벌어 오지 못한다는 의미입니까? 이제는 요리를 하고, 부엌을 정리하고, 그리고 나머지 일을 위해 하루 18시간 이상을 보내는 그저 가정주부에 불과하다는 말입니까? 여기에서 계약은 희미해지고, 아무것도 아닌 것처럼 말합니다.

4단계: 복음을 경험하는 단계

이제 여러분이 3살, 6살, 9살 먹은 세 자녀를 둔 부모라고 상상해 보십시다. 여러분은 3살 먹은 아이보다 9살 먹은 아이를 세 배나 더 사랑하십니까? 9살 먹은 큰아이의 나이가 막내 나이보다 세 배나 더 먹었고, 가장 오랜 시간 부모를 많이 도와주었다는 이유 때문에 말입니다. 만약 당신이 9살 먹은 아이라면, 당신은 3살 때 했던 것보다 부모님을 세 배나 더 사랑하십니까? "아니, 그것은 말도 안 되는 소리입니다. 우리는 한 가족인걸요?" 그렇습니다. 이것은 한 가족이 된 사람들의 이야기입니다. 시몬은 이것을 사업의 거래로 생각했지만, 예수님은 지금 가족의 계약에 대해서 말씀하고 계십니다.

5단계: 결론을 기대하는 단계

포도원 주인이 지금 이 시간 어디 있는 줄 아십니까? 그분은 지금도 포도원에 청함을 받지 못한 사람들을 찾기 위해서, 아직 그 부르심에 응답할 기회를 갖지 못한 사람들을 찾기 위해 시장터로 나가고 계십니다.

그 청함이 아침 7시에 주어졌든, 아니면 9시에 주어졌든, 정오에 주어졌든, 혹은 오후 3시나 5시에 주어졌든, 혹은 일할 시간이 다 지나버린 새벽 2시에 주어졌든 상관하지 않으시고 부르시고 계십니다.

포도원에 초청받았다는 것은 하나님의 가족으로서 본향에 청함 받은 것입니다.

더이상 무엇을 바라겠습니까?

길을 묻는 자 VS 길을 답하는 자

■말 씀: 요한복음 14: 1-14
■주 제: 예수님은 우리 구원의 진리입니다.
■이미지: 질문에 대한 답으로 정체성을 제시
■교 리: 진리론

■본문 배경

요한복음 14장은 13장부터 17장까지 이어지는 내용 중에 위치하고 있다. 이 일련의 사건은 예수님께서 잡히시기 전날 밤인 목요일 밤에 최후의 만찬을 전후하여 기록된 말씀이다. 여기서 예수님은 제자들에게 고별설교와 기도하심으로 주신 여러 말씀을 기록하고 있다. 예수님께서 공생애를 가지신 이유는 십자가 수난을 통하여 천국 백성으로 구원받고 회복되는 길을 열어 주시고자 함이다. 또한 예수님께서 부활 승천하신 후 재림하실 때까지 이 땅에서 천국 복음을 선포할 복음의 중심지인 교회를 세우도록 제자를 훈련하시려는 의도였다.

그런데 문제는 그 사건을 감당해야 할 최후의 순간이 내일로 다가왔다는 것이다. 이제 예수님은 십자가의 고난을 받고 죽음을 감당하셔야 했는데, 그 모습을 바라보는 제자들이 두려움과 혼란에 처하게 될 것을 미리 아셨다. 그래서 예수님은 제자들을 위로하고, 그들이 더욱 강한 믿음으로 세워지도록 집중적으로 교육하고자 하셨다. 이러한 의도 속에서 13장은 최후의 만찬 석상에서 주님께서 제자들의 발을 씻겨 주시고, 유다의 배반과 베드로의 부인에 대해서 예언하시는 모습을 담고 있다. 14장에서부터 16장은 예수님께서 십자가의 수난과 죽음 그리고 부활 승천 이후 세상에 남게 될 제자들을 향한 위로와 약속, 핍박에 대한 교훈이다. 마지막으로 17장은 희생 죽음을 앞두시고 자신과 제자들 그리고 세상을 위하여 기도하신 대제사장적 중보기도의 내용을 기록하고 있다.

이러한 맥락 속에서 14장은 불안해하고 근심하고 있는 제자들에게 근심하지 말 것과 천국 처소를 약속하신 말씀을 기록하고 있다. 그리고 도마(5절), 빌립(8절), 유다(22절)가 제기한 질문에 대답하는 형식으로 전개되고 있다. 1절부터 15절은 예수님께서 승천하시는 목적이 각 성도들이 장차 가게 될 천국 처소를 예비하기 위함이라고 밝히고 있다. 그리고 예수님 자신이 천국에 이르는 유일한 길과 진리와 생명이 되신다고 선언하고 있다(1-7절). 더불어 예수님은 스스로가 하나님이라는 사실(신성)을 증거하고, 자기를 믿는 자의 기도에 응답하실 것이라고 약속을 하신다. 그리고 사랑의 새 계명을 준수하도록 권면하고 있다(8-15절). 예수님의 죽으심은 죄인 된 우리의 죄의 문제를 해결해 주시고, 영원한 심판을 면할 수 있는 길을 열어 주시기 위함이었다.

7장_설교 형태와 그 샘플

그뿐만 아니라 영원한 생명으로 살아갈 수 있는 천국 백성이 되게 하시기 위함이었다. 이것이 바로 예수님께서 하늘 보좌를 두시고 이 땅에 참인간이 되셔서 고난 받으신 이유이다. 그래서 우리는 그리스도의 죽음과 부활을 통해 새로운 소망을 가진 백성일 뿐만 아니라, 세상에 속하지 않는 존재로 살아가야 한다.

■신학적 메시지

오늘 말씀을 통해서 우리가 깨달을 수 있는 신학적 메시지는 '진리론'이다. 진리라는 말은 '참된 이치', '참된 도리'라고 정의한다. 철학에서는 '명제가 사실에 정확하게 들어맞는 것'이라고 말한다. 그래서 논리의 법칙에 전혀 모순되지 않는 바른 판단이라고 말한다. 동양철학에서는 '도가도 비상도(道可道 非常道)'라고 하는데, '도를 도라고 말하는 순간 도가 아니다'를 의미한다. 도는 궁극적인 존재, 모든 것의 근원 또는 본질이라고 말한다.

흥미로운 점은 '진리'라는 히랍어 '알레데이아(Aletheia)'라는 단어이다. 이 단어는 영어 Sincere에 해당하는 단어인데, '진실하다'라는 뜻이다. 이 단어는 Sine(without)와 cere(wax)라는 단어의 합성어이다. 이 단어의 근원은 이렇다. 로마 시대 때, 대리석에 흠이 생기면 그 흠을 초로 메꾸었다고 한다. 그후 광을 내면 대리석처럼 보였다. 그런데 뜨거운 햇볕과 비바람을 맞으면 그 부분이 점차 변색하게 된다. 즉, '초가 들지 않았다(sine cera)'는 것은 눈가림이 없는 진짜 대리석을 뜻한다. 겉과 속이 똑같은 순수한 대리석이다. 비바람을 맞아도 변하지 않는 참 대리석이다. 이렇게 어원적으로 볼 때, 진리는 그 어떤 불순물이 섞이지 않은 순수한 상태를 의미한다고 볼 수 있다. 송기득은 이러한 어원적인 의미를 '가리워지지 않음', 곧 '비은폐성'이라고 말한다. 이 말은 '드러나 있음', 곧 계시성을 의미한다. 그래서 기독교에서 '진리가 무엇인가?'라고 묻는다면, '하나님의 계시'라고 말할 수 있다. 이 계시는 성육신하신 예수 그리스도다. 예수님은 "내가 곧 길이요 진리요 생명이니 나로 말미암지 않고는 아버지께로 올 자가 없느니라"(요 14:6)고 말씀하셨다.

좀 더 살펴보면, 유대인들은 진리를 '에메츠'라고 했다. 이 말은 '믿을 만한 가치가 있다'라는 뜻이 있다. 그들은 모든 존재의 근원이 되시는 하나님을 묘사할 때 사용했다. 예를 들면, 시편 31편 5절에 "진리의 하나님 여호와여 나를 속량하셨나이다"라는 말씀에서 찾아볼 수 있다. 여기서 하나님만 참 신이요, 하나님의 말씀만이 진리요, 그 밖에는 다 거짓이라는 말이다.

그런데 신약에 와서 유대 사람들은 진리를 '알레데이아'라고 이해하면서 '비현실적인 것에 대한 현실성이라는 대칭적인 개념'으로 이해했다. 예를 들어, 로마서 2장 2절에 보면, "하나님의 심판이 진리대로 되는 줄 우리가 아노라"라는 말씀에서 진리이신 하나님 심판의 실재성과 현실성을 가진다는 뜻으로 사용되었다. 요한복음에서는 보다 더 구체적이고 실제적으로 표현되었다. 요한복음에서 사용된 '진리'는 이론 체계도 아니고 추상적인 개념도 아니라 "하나님의 말씀이 진리"(요 17:7)라고 묘사한다. 이때 진리는 인간을 멸망시키기도 하고, 소생시키기도 하는 하나님의 말씀이다. 이 말씀이 인간을 향해 말씀될 때, 우리의 죄와 허위는 고발되며 심판을 받는다. "진리가 너희를 자유롭게 하리라"(요 8:32)는 말씀에서 '진리'는 십자가에 달리신 그리스도를 의미한다. 이 진리는 그리스도를 십자가에 못박은 장본인이 누구인가 추궁하는 진리이다. 논리적 설명을 요구하는 진리가 아니라, 인격적 결단을 촉구하는 진리이다.

또한 "진리의 성령이 오실 때에 그가 나를 증언하실 것이요"(요 15:26)라는 말씀에서 '진리'는 그리스도를 십자가에 못박은 장본인은 빌라도의 법정이 아니라 바로 '나'라고 고백하면서 알게 되는 진리이다. 남을 나에게 정복시키려 하고 내가 바로 하나님의 자리에 있던 자인 것을 고백하면서 십자가에 달린 그리스도를 향해 눈을 뜨게 되는 진리이다. 허위의 종이요, 죄의 노예가 되어 온 '나' 자신을 거기서 발견하고 눈물 젖은 눈으로 그리스도를 쳐다볼 때 비로소 그리스도가 "길이요 진리요 생명이신" 것을 깨닫게 되는 진리이다.

설교문

오늘 요한복음에 나오는 도마와 빌립은 참 의문이 많은 사람이었습니다. 이들은 예수님께서 십자가의 고난을 피할 수 없는 상황에서 두려워하고 있었습니다. 어쩌면 그들은 지금까지 살아오면서 가장 큰 두려움을 느끼고 있었는지 모릅니다. 그런 그들에게는 풀리지 않은 의문이 많이 있었습니다. 뭔가 이해가 될 듯하면서도 이해되지 않은 부분이 많았습니다. 무엇보다도 오늘 예수님의 말씀은 더욱 이해할 수 없었습니다. 특별히 앞서 13장에서는 예수님께서 제자들의 발을 씻겨 주시면서 유다가 자신을 팔것이라고 말씀하셨고, 심지어 베드로가 예수님을 부인할 것이라고 말씀하셨습니다.

그래서 제자들은 뭔가 알 수 없는 어둠의 그림자가 드리우고 있다는 느낌을 받았습니다. 알 수 없는 두려움이 엄습해 왔습니다. 이런 상황 속에서 예수님께서 제자들에게 근심하지 말 것을 권면하는 말씀이 나옵니다. 이렇게 시작된 말씀은 제자들의 마음을 더 혼란스럽게 했습니다. 예수님의 말씀에 더욱 머릿속은 혼란스러웠습니다. 반면 도마와 빌립이 제기한 질문은 예수님의 그 정체성을 분명하게 드러내 주었습니다.

어떻게 보면, 오늘 본문 말씀은 우리의 모습과 비슷한 것 같습니다. 우리가 기대하고 소망했던 일이 어그러지고 전혀 다른 방향으로 흘러갈 때, 우리는 혼란스럽고 심지어 두려운 마음이 듭니다. 그리고 많은 질문을 하게 됩니다. 놀라운 것은 예수님께서 죽음을 앞두고 계셨지만, 한치의 오차도 없이 제자들이 하는 질문을 통해서 당신이 이 땅에 오신 일에 대해서 차근차근 밝히고 있습니다. 우리는 이 일을 통해서 인생의 참 진리가 무엇인지를 알게 됩니다. 이제 우리도 예수님에게 질문을 하는 것처럼 제자들의 질문과 예수님의 그 이야기를 들어 보도록 합시다.

〈장면 1〉

포문은 예수님께서 먼저 여셨습니다. 13장 33절을 보면, 예수님은 제자들을 떠나게 될 것이라고 말씀하셨습니다. 그래서 제자들은 더욱 불안했고 두려웠습니다. 두려워하는 제자들에게 예수님은 위로의 말씀을 하셨습니다. 그 위로의 말씀은 "마음에 근심하지 말라"는 말씀이었습니다. 사실 '근심하지 말라'는 말씀은 지난 주간 동안 예수님께서 친히 겪으신 마음의 상태를 표현하는 단어와 같이 사용된 단어입니다. 이로 볼 때, 예수님은 당신이 경험한 그 괴로움을 생각하시면서 제자들을 위로하셨다는 점을 확인하게 됩니다. 사실 우리가 근심한다는 것은 믿음에서 떠나 세상적인 것들로 가득찼기 때문에 걱정하고 근심하게 됩니다. 이것은 결국 믿음에서 퇴보하거나 떠날 위험이 있습니다. 그러한 상황을 아셨던 주님은 "마음에 근심하지 말라"는 말씀으로 위로하고 계십니다. 그래서 예수님은 이어서 바로 "계속해서 하나님을 믿고 또 나를 믿으라"는 말씀을 하시면서 예수 그리스도를 믿는 믿음으로 세상이 주는 근심을 이겨낼 것을 권면하고 있습니다.

그리고 예수님은 장차 제자들의 곁을 떠나게 될 것인데, 그 이유는 제자들과 성도들이 거할 처소를 마련하기 위한 것이라고 말씀합니다. 처소가 마련되면 다시 와서 그곳에 함께 있게 하시겠다고 말씀합니다. 이 말씀은 예수님께서 다시 오실 그 재림을 약속한 것입니다. 사실 예수님은 이렇게 우리가 가야 할 길을 만들어 놓으셨습니다. 이 말씀은 예수님께서 스스로 "내가 곧 길이요 진리요 생명이니"라고 선언했던 말씀을 보증하는 말씀입니다. 예수님은 그 길을 제자들이 알 것이라고 말씀합니다. 이 문장을 문법적으로 보면, 완료형을 사용하고 있어서 과거에 시작된 일이 현재까지 결과가 미치고 있는 상황을 묘사하고 있습니다. 이렇게 본다면, 제자들은 이미 그 길을 알고 있었다는 말이 됩니다.

사실 제자들은 모두 이해하고 있지는 못했습니다. 그런데 왜 모두 알고 있다는 표현을 했을까요? 그 이유는 여러 차례 예수님께서 가시는 길에 대해서 예고했지만, 전혀 깨닫지 못한 이들의 상황을 통렬한 마음으로 빗대어 역설적으로 하신 말씀이라고 이해할 수 있습니다. 중요한 것은 이 위로의 말씀은 예수님께서 아버지께로 떠나신 후 제자들이 선교적 사명으로 세상을 향하여 일어나야 할 용기를 주신 말씀이기도 했습니다. 어찌됐든 예수님은 끈질기게 당신이 가시는 그 길이 어떤 길인지에 대해서 알려주고 있습니다. 그리고 제자들에게 호기심을 유발시키고 있습니다.

어쩌면 예수님의 이 모습은 선생이 제자를 가르치는 모습과 유사합니다. 최근 설교의 실제 수업을 하면서 다양한 형태로 설교를 작성하여 설교를 직접 전달하는 수업을 진행하고 있습니다. 문제는 학생들이 설교 형태를 제대로 이해하지 못하고 설교를 작성한다는 것입니다. 그 학생들에게 형태를 다시 한 번 강조하고,

그 형태로 작성할 수 있는 길을 제시합니다. 그럼에도 불구하고 형태를 바르게 이해하지 못하고 자기만의 형식으로 가는 경우가 있습니다. 그럴 때도 끈질기게 바른 설교의 형태 안으로 이끌어 갑니다. 물론 힘들어하고, 곤혹스러워하는 모습도 있습니다. 그래서 학생 중에는 질문을 합니다. 마치 진리를 찾아가듯 설교 형태를 통해 설교를 작성해 가는 길을 찾아가고 있습니다. 이처럼 예수님은 우리에게 당신이 가는 길에 대해서 필사적으로 알려주고 있는 듯합니다.

〈장면 2〉

예수님의 이야기가 끝나기 무섭게 도마가 입을 엽니다. "주여, 주께서 어디로 가시는지 우리가 알지 못하거늘 그 길을 어찌 알겠사옵나이까?" 이 말 속에는 여전히 영적으로 깨어 분별하는 능력이 상실되어 있다는 사실을 알게 됩니다. 앞서 13장 36절부터 38절에 시몬 베드로가 예수님께 "어디로 가시나이까?"라고 물었을 때, 예수님께서 "내가 가는 곳에 네가 지금은 따라올 수 없으나 후에는 따라오리라"고 대답하셨습니다. 그 대답을 들은 베드로는 "주여, 내가 지금은 어찌하여 따라갈 수 없나이까? 주를 위하여 내 목숨을 버리겠나이다"라고 소리를 높여 반문했습니다. 이 대화에서 베드로의 대답은 예수님께서 말씀하신 그 핵심에서 빗나갔음을 알 수 있습니다.

이어서 두 번째로 도마의 오해가 나옵니다. 아마도 4절에서 예수님은 "내가 어디로 가는지 그 길을 너희가 아느니라"고 하신 말씀은 이중적인 의미가 있었지만, 그는 즉각 길과 방향을 말씀하신 줄로 생각했습니다. 예수님은 자신이 배신당하여 죽을 것이고 부활하여 하나님에게로 가실 것에 대해서 말씀하셨지만, 도마는 전혀 이해하지 못했습니다. 예수님께서 말씀하신 의도는 도마가 예수님을 알고 있기 때문에 그 길을 알고 있어야 한다는 것입니다. 그럼에도 예수님은 도마의 영적 무지를 활용하여 놀라운 선언을 합니다. 예수님은 도마의 질문을 통해서 당신이 누구신지를 분명하게 선언합니다. "내가 곧 길이요 진리요 생명이다"라는 말씀은 주님께서 가시는 길, 즉 하나님께 이르는 길이 바로 '나다'라는 사실을 천명한 말씀입니다.

더욱 흥미로운 점은 예수님께tj 스스로를 '길', '진리', '생명'이라고 선언하고 있다는 점입니다. 여기서 '길'은 '호도스', 즉 구원에 이르는 길, 아버지께로 가는 길을 의미합니다. 예수님만이 하늘 처소에 이르는 유일한 길이 된다는 말씀입니다. 따라서 이 길은 진리로 인도하는 길이요, 생명으로 인도하는 길이 됩니다. 예수님은 이 선언을 하신 후 곧바로 이어서 "나로 말미암지 않고는 아버지께로 올 자가 없다"라고 말씀합니다. 분명한 것은 예수님을 아는 것이 곧 아버지를 아는 것이요, 아버지를 아는 것이 곧 예수님을 아는 것이 된다는 사실입니다. 이것이 도를 아는 지혜요, 생명에 참여하는 열쇠입니다. 우리에게 필요한 것은 바로 이 지혜의 열쇠를 아는 것입니다.

7장_설교 형태와 그 샘플

〈장면 3〉

　도마와의 대화가 끝나자마자 빌립이 질문합니다. "주여, 아버지를 우리에게 보여주옵소서. 그리하면 족하겠나이다." 예수님은 성자로서의 하나님 되심을 알려주셨음에도 불구하고 빌립은 하나님을 보여 달라고 요청합니다. 여기서 "우리에게"라는 복수를 사용하는 것을 볼 때, 빌립뿐만 아니라 다른 제자들도 예수님의 말씀을 제대로 깨닫지 못하고 있었음을 짐작할 수 있습니다. 더군다나 빌립의 "보여주시옵소서"라는 말투는 단순히 보여주기를 바라는 마음을 넘어 '증명해 달라'는 의미까지 포함하고 있었습니다. 빌립의 질문에는 강렬한 욕망이 담겨 있었습니다.

　빌립을 포함하여 제자들은 예수님을 직접 눈으로 보고 있었지만, 예수님의 신적 본질에 대해서는 여전히 많은 의문이 있었습니다. 예수님은 이런 제자들의 반응에 적잖은 당황을 하셨는지 이렇게 말씀합니다. "내가 이렇게 오래 너희와 함께 있으되 네가 나를 알지 못하느냐"라고 반문하듯이 말씀하십니다. 예수님은 함께 있으면서 단지 시간만 함께 보내는 것이 아니라, 예수님 자신에 대해서 증명하셨습니다. 이 기간 동안 예수님의 말씀을 들었다면 예수님이 성자 하나님이라는 사실을 깨달았어야 했습니다.

　그런데 여전히 그들은 그 진리를 깨닫지 못했습니다. 이러한 무지의 상태는 훗날 성령님이 임하시기까지 지속되었습니다. 우리가 진리를 깨닫는 것은 교회를 얼마나 오래 다녔는가에 있지 않습니다. 봉사를 얼마나 했느냐도 아닙니다. 성령의 빛이 비추어질 때 가능합니다.

어찌됐든 예수님은 빌립과의 대화에서 또 다른 예수님의 존재 방식에 대해서 말씀하고 있습니다. 예수님은 "나를 본 자는 아버지를 보았거늘 어찌하여 아버지를 보이라 하느냐"라고 말씀하시면서 자신이 성자 하나님이라는 사실을 보다 사실적으로 표현하고 있습니다. 이러한 예수님의 말씀이 바로 삼위일체적 존재 방식으로의 설명입니다. 이 말씀에 대한 증언은 "내가 아버지 안에 거하고 아버지는 내 안에 계신 것을 네가 믿지 아니하느냐"라는 말씀에서 단서를 찾을 수 있습니다. 여기서 우리는 삼위일체 신앙, 즉 성부와 성자 하나님은 동일한 신성을 가지고 계시지만, 각각 독립된 신적 위격을 가지신 분이라는 사실을 알게 됩니다. "내가 아버지 안에 아버지는 내 안에 계신 것"이 바로 삼위일체로 존재하는 방식입니다. 이는 성부와 성자 하나님은 독립된 인격으로 존재하지만, 신적인 동일 본체를 가지신 분이라는 사실입니다. 그래서 성자 예수님을 본 자는 성부 하나님을 본 자가 된다는 말씀입니다. 이것이 바로 예수님과 하나님이 존재하는 방식입니다.

예수님은 자신이 하시는 말씀은 스스로 하는 것이 아니라, 아버지께서 내 안에 계셔서 그의 일을 하시는 것이라고 말씀합니다. 따라서 예수님은 "내가 아버지 안에 거하고 아버지께서 내 안에 계심을 믿으라 그렇지 못하겠거든 행하는 그 일로 말미암아 나를 믿으라"(요 14:11)라고 강력하게 말씀합니다. 그동안 예수님께서 하신 일들은 신적인 능력이 아니고는 할 수 없는 일이었습니다.

물이 변하여 포도주가 되게 하신 사건(요 2:1-11), 오병이어의 기적(요 6:1-13), 나면서 소경이 된 사람을 고치신 일(요 9:1-7), 베데스다 못가에서 만난 38년 된 병자를 치료하신 일(요 5:1-9) 그리고 죽은 지 나흘이나 지난 나사로를 살리신 일(요 11:39-44) 등은 신적인 능력을 가지지 않고서는 도저히 할 수 없는 일이었습니다. 하지만 예수님은 신적인 능력을 가지셨기에 이러한 일들을 하셨습니다. 그래서 예수님은 도저히 믿지 못하겠으면, 그동안 내가 했던 일들을 보고 나를 믿으라고 말씀하십니다.

또한 예수님은 나를 믿는 자는 내가 하는 일을 하게 되고, 그보다 더 큰 일을 할 수 있다고 격려하십니다. 예수님은 이 말씀을 하시면서 '성부 하나님께 가실 것'에 대해서 말씀하십니다. 이 말씀 안에는 주님께서 재림하여 다시 오실 때까지 이 땅에서 하나님의 일을 이루어 가야 할 제자들과 교회에 주신 선교적 사명을 잘 감당할 것이라는 희망의 약속이 담겨 있습니다.

그뿐 아니라 예수님은 이렇게 신적인 능력이 있음과 동시에 중보자가 되신다는 사실도 밝히고 있습니다. "너희가 내 이름으로 무엇을 구하든지 내가 행하리라"고 확신의 말씀을 하셨습니다. 이러한 일들은 훗날 사도행전 3장에서 성전 미문에 앉아 있던 앉은뱅이를 제자들이 예수님의 이름으로 일으켜 세우는 능력으로 나타났습니다. 실제로 주님의 이름으로 구할 때 능력이 나타났고, 성령님의 임재로 격심한 박해 속에서도 믿음을 잃지 않았습니다. 예수님은 근심과 걱정 가운데 있는 제자들에게 참 진리의 길이 무엇인지를 말씀하셨습니다. 이제 이 위로의 말씀, 약속의 말씀을 들은 제자들은 큰일을 할 수 있는 근거를 선물로 받게 되었습니다.

〈장면 4〉

우리는 오늘 말씀을 통해서 우리의 무지한 모습을 발견하게 됩니다. 우리는 어쩌면 예수님의 수많은 능력을 듣고 보았음에도 불구하고 여전히 영적인 눈이 어두운 상태에 있는지 모르겠습니다. "진리가 무엇인가?", "도를 아십니까?"라고 물을 때, 자신있게 대답하지 못하고 '주저주저'하고 있는지 모르겠습니다. 요즘 많은 젊은 사람 중에는 예수님에 대해서 모르는 사람이 거의 없을 것입니다. 문제는 4대 성인 중의 한 사람 정도로만 알고 있는 경우가 많다는 사실입니다. 그래서 예수님을 4대 성인 중의 한 사람, 한 시대의 사상을 이끌었던 위대한 사상가로만 알고 있습니다. 마치 예수님께서 수많은 말씀을 하셨고 능력을 행하시는 모습을 보여주셨지만, 도마와 빌립을 비롯하여 깨닫지 못했던 제자들처럼 우리가 그 수준에 머물러 있다면, 우리는 진정한 믿음의 사람이라고 할 수 없습니다.

오늘 이 말씀은 "진리가 무엇인가?"라고 질문하는 사람들에게 꼭 다시 들려주시는 말씀입니다. 과거 이스라엘 백성은 진리를 '믿을 만한 가치가 있는 존재'라고 생각하면서 모든 존재의 근원이 되시는 하나님을 묘사할 때 사용했습니다. 시편 31편 5절에

"진리의 하나님 여호와여 나를 속량하셨나이다"라고 표현하고 있습니다. 여기서 하나님은 참 신이요, 하나님의 말씀만이 진리요, 그밖에 다른 것은 모두 거짓이라는 의미가 포함되어 있습니다. 요한복음에서도 보면, 진리는 추상적인 개념이 아니라, 바로 하나님의 말씀이 바로 진리(요 17:7)라고 말씀합니다. 이 진리는 오늘 말씀에서는 보다 구체적으로 예수 그리스도라고 말씀합니다. 그래서 도마가 물었을 때, "내가 곧 길이요 진리요 생명"이라고 선언하셨습니다.

 이런 진리에 대한 논쟁과 질문은 과학화되고, 합리성이 대세를 이루고 있는 이 시대에 이정표와 같은 말씀입니다. 진리에 대해 묻고, 또 진리에 대해 알기를 원하는 이들에게 명쾌하게 들려주는 말씀입니다. "이 세상에서 진리가 무엇인가?"라고 질문이 있는 사람은 이 말씀에 다시 한 번 귀를 기울여 보기를 바랍니다.

 "내가 곧 길이요 진리요 생명이니 나로 말미암지 않고는
 아버지께로 올 자가 없느니라"

기도

 진리의 하나님!

 하나님은 변함없이 모든 존재의 근원이 되실 뿐만 아니라 모든 존재를 바른 곳으로 이끄시는 진리의 하나님이십니다. 과거 하나님은 이스라엘 백성을 하나님 말씀이 통치하는 세상으로 인도하

셨습니다. 깨닫지 못하는 제자들을 말씀이 다스리는 세상으로 부르셔서 그 진리를 전하도록 하셨습니다. 그 부르심과 그 일은 오늘도 계속해서 이루어지고 있습니다. 오늘 우리를 그 자리에 서게 하셨습니다. 따라서 간절히 간구하옵는 것은 진리를 먼저 깨닫게 하옵소서. 성령의 하나님께서 조명하여 주셔서 진리를 깨닫고 부활의 기쁨에 참여하는 삶이 되게 하옵소서. 비록 우리의 삶의 현장은 우리를 두렵게 하고 신앙의 고백을 하지 못하도록 부추기고 있지만, 굴복하지 않고 담대하게 우리에게 맡겨준 사명을 감당하는 선교적 삶이 되게 하옵소서. 예수님 이름으로 기도합니다. 아멘.

현상학적 전개식 설교에 대한 이해

태동 배경

현상학적 전개식 설교가 등장하게 된 배경은 1970년 초에 『새로운 설교학』(The New Homiletics)의 등장 이후이다. 1980년대에 들어와서 설교학 이론은 설교학 전반을 다루기보다는 각각의 특색 있는 설교 방법론 혹은 설교 형태를 주장하기 시작했다. 그 대표적인 것이 앞서 설명한 서사 설교의 한 형태인 '설화체 설교'를 주장한 유진 로우리(Eugene Lowry)의 『설교학적 구성』(A Homiletical Plot)과 귀납법적 설교 방법론을 주장한 프레드 크래독(Fred Craddock)의 『설교』(Preaching), 설교를 선포라고 보기보다는 '증언(witness)'이라고 주장한 토마스 롱(Thomas G. Long)의 『증언으로서의 설교』(The Witness of Preaching), 그리고 윌리엄 톰슨(William D. Thompson)과 고든 베넷(Gorden C. Bennett)의 공저인 『대화 설교』(Dialogue Preaching) 등이다.

그런데 1980년대 이후에 또 하나의 설교학적 형태를 주장한 설교학자가 바로 데이빗 버트릭(David Buttrick)이다. 그는 1987년에 『설교학: 움직임과 구조』(Homiletic: Moves and Structures)라는 설교학 교재를 발간한다. 이 책은 '활동 사진 형태의 설교' 또는 '전개식 설교'라고 알려 져 있다.[6]

---

6   주승중, 『성경적 설교의 원리와 실제』 (서울: 예배와 설교 아카데미, 2006), 319.

버트릭은 "설교는 언어가 한 개념에서 다른 개념으로 움직이는 것인데, 각 개념은 한 덩어리의 말로 표현된다"라고 말했다.[7] 그 이유는 언어는 연속적일 수밖에 없기 때문이다. 예를 들어, 우리가 경험하는 일들은 하나의 전체로는 이야기 혹은 사건이 될 수 있지만, 그 경험을 말할 때는 일련의 시간과 흐름 속에서 차례로 연결해서 이야기를 엮어 간다. 그래서 언어는 연속적일 수밖에 없고, 설교 또한 연속적일 수밖에 없다는 말이다. 이 이야기가 어떤 하나의 논리로 연결되는 것을 '움직임(Move)'이라고 말한다.

이러한 면에서 볼 때, 움직임은 경험과 관련된 연속적인 이야기이기 때문에 설교의 움직임은 진리의 말씀을 경험하도록 하는 중요한 방법이 된다. 이러한 전개의 방식에는 이야기를 중요한 매체로 활용한다. 그 이유는 이야기는 수다와 달리 일정한 구조로 행해지기 때문이다. 이 방법을 주장한 버트릭은 "설교는 사람들의 의식(consciousness) 속에 하나님의 세계를 다시 형성케 하며, 그들의 정체성을 새롭게 해 주어 그들의 의식 속에 믿음의 세계를 세워 줄 수 있는, 사람을 새롭게 변화시키는 힘(transforming power)이다"라고 말한다. 설교의 변화시키는 힘은 세상에 새롭게 이름을 부여하고 해방시킴으로써 사람들의 의식 속에 하나님의 말씀을 심는 작업이다.[8]

---

7   David Butrick, *Homiletic: Moves and Structures* (Philadelphia: Fortness Press, 1987), 23.

8   김운용, 『새롭게 설교 하기』 (서울: 예배와 설교 아카데미, 2005), 343.

다소 어려운 개념이기는 하지만, 카메라 렌즈에 비유하여 설명한다. 그는 세상에 있는 모든 것은 인간 의식의 렌즈를 통해 보고 관찰한다고 보았다. 이때 사진사는 모든 것을 담아내는 것이 아니라 강조하고자 하는 부분만을 찍는다. 그리고 다른 구도를 잡는다. 이 비유를 통해 설교자에게 필요한 지침을 마련한다. 즉, 설교자는 일련의 흥미 있는 광경을 찍기 위해 작업 준비를 하고 청중으로 하여금 그 광경의 사진을 찍도록 권하는 사진사 조수와 같은 역할을 한다. 설교자가 성경을 해석할 때, 청중은 거기에서 계시의 상징에 의해 생성된 이해의 장을 발견하게 된다. 여기서 설교의 과제는 청중이 마음의 필름에 잡을 수 있는 방법으로 그 발견한 것을 제시하는 것이다. 그래서 그는 "설교는 청중을 의식하면서 어떤 틀을 갖춘 이해력에 대해서 깊이 묵상한다"라고 주장한다.[9]

움직임을 만드는 방법

먼저 설교자는 이 개념과 다른 개념 그리고 그 다음의 개념을 설교에서 이야기한다. 설교자가 이 개념에 이어 또 다른 개념을 계속해서 제시할 때, 청중은 자신의 의식의 카메라에 그런 개념을 찍어 두게 된다. 설교자가 '첫 번째 개념은 이것입니다'라고 할 때, 청중은 '찰칵' 하고 그들의 의식의 카메라 셔터를 누른다. 계속해서 설교자는 '두 번째 사실은 이것입니다'라고 말하면, 청중

---

9   David Butrick, *Homiletic: Moves and Structures*, 294.

은 또다시 '찰칵' 하고 셔터를 누른다. 이렇게 설교가 끝나고 나면, 회중은 하나의 영상 슬라이드처럼 설교를 기억하게 될 것이다. 그래서 버트릭은 "설교는 한 개념에서 다른 개념으로 움직이는 것인데, 각 개념은 한 덩어리의 말로 표현된다"라고 말한다. 이 개별적인 개념이 곧 '움직임'이다. 이러한 이유로 '활동 사진 형태의 설교'라고 하기도 한다.[10]

버트릭은 "설교는 아무리 복잡하게 배열되어 있어도 연속적인 말, 즉 어떤 논리에 의해서 결합된 일련의 언어 단위가 있으며, 대화 중 일련의 문장이 모여서 의미를 형성하는 것과 똑같은 설교에서도 '움직임(Move)'이 의식 중에 형성되어서 이해를 낳는다"라고 말한다. 그런데 그의 고민은 "어떻게 하면 서로 다른 관심사를 충족시켜서 청중의 공동 의식 속에서 단일한 이해를 형성하는 '움직임'을 가질 수 있을까?"였다. 그는 이러한 움직임을 설계하는 것은 설교자에게 꼭 필요한 기술이라고 말한다.

시작부에서 설교자는 아주 분명한 '핵심 문장'을 통해 움직임이 무엇에 관한 것인지 움직임의 중심 개념을 말해야 한다. 예를 들어, "우리 모두 죄인입니다"와 같은 하나의 분명한 개념을 전달해야 한다면, 계속해서 회중이 집중하도록 하기 위해 다음 여러 문장이 뒷받침되어야 한다. 즉 "우리는 죄인입니다. 죄인이라는 말은 진부하게 들리겠지만 사실입니다. 우리는 모두 죄인입니다"라는 식으로 시작부에서는 이 움직임의 핵심 개념이 무엇인지를 먼

---

10   주승중, 『성경적 설교의 원리와 실제』, 322.

저 말해야 한다. 움직임의 첫 진술은 가장 중요한 부분이다.

두 번째로 중간 부분은 중심 개념이 전개되는 부분이다. 여기서 설교자는 자료를 어떻게 전개시킬지 결정해야 한다. 설교자는 여기서 무슨 자료를 사용하고, 그 자료를 어떻게 배열할지 결정해야 한다. 그래서 이 부분에서 '움직임'의 중심 개념을 상세하게 설명해야 한다. 설교자는 이 부분에서 비유, 실례, 간증 등의 방법으로 움직임의 개념을 설명하고, 또 때로는 변증법, 대조법 등을 동원하고, 가끔은 중심 개념의 반대 상황을 제시하면서 개념을 설명하기도 한다.

세 번째로 종결부이다. 처음 도입부가 '핵심 개념'에 대한 필수적인 진술이라면, 종결부는 확고부동한 개념을 제시한다. 버트릭은 종결부를 만들려면 항상 그 움직임이 시작한 처음 진술의 개념으로 돌아가야 한다고 말했다. 결국 간결하게 제시되는 마지막 문장에서 '움직임'의 중심 개념은 이 움직임이 완성되었음을 회중에게 알리면서 다시 언급한다. 그리고 청중의 카메라 셔터는 닫힌다.

황폐한 곳에 피어난 꽃

> ■말씀: 요한복음 4:5-42
>
> ■설교 형태: 현상학적 전개식 설교
>
> ■주제: 예수님은 무너진 땅에서 복음의 씨앗이 싹트게 합니다.

■본문 이해

앞서 우리는 니고데모와의 대화에서 물과 성령으로 거듭날 때 영생을 얻을 수 있고, 그 전제에는 믿음이 있어야 함을 알아보았다. 믿음의 대상인 예수님은 분명히 하나님이 보낸 독생자이며, 동시에 신성을 가진 성자 하나님이라는 사실도 함께 살펴보았다. 이어지는 요한복음 4장은 이제 유대 지역에서의 사역을 마치고, 공생애의 대부분을 보내게 될 갈릴리 지역으로 가시던 중에 사마리아라는 지역에서 만난 여성과의 대화를 기록하고 있다. 좀 더 상세하게 살펴보면, 1-26절은 사마리아 지역에 있는 수가성 우물가에서 사마리아 여인과의 대화를 통해서 예수님이 메시아라는 사실을 드러내고 있다. 27-38절은 사마리아 여인이 예수님을 증언하는 내용과 사마리아인들이 그 여인의 증언을 듣고 예수님께 나아오는 모습을 기록하고 있다. 또한 그 모습을 보신 예수님께서 제자들에게 유대인에게 천대받았던 사마리아인까지도 구원의 반열에 동참케 하는 영적 추수의 때를 교훈하고 있다. 마지막으로 39-42절은 예수님께서 이틀 동안 사마리아에서 계시면서 사역하신 사건을 기록하고 있다.

여기서 우리는 한 가지 질문하지 않을 수 없다. 왜 예수님은 구속사적인 사건을 사마리아 여인과의 대화를 통해서 드러내고 있는가? 사실 사마리아 땅은 버려진 땅, 소외 받은 땅이었다. 그 이유는 B.C. 722년 북이스라엘이 앗수르에게 멸망당한 후, 많은 이방 민족이 이주하여 들어와 살았다. 그래서 혈통이 혼합되고, 종교성이 혼탁해지게 되었다. 점차 시간이 지나면서 유대인들은 이곳 사람들을 멸시하였고, 심지어 지나가는 것조차 꺼려하였다. 그 이유는 사마리아 사람들은 중간기를 지나면서 여호와 종교를 가지고 있기는 했지만, 그 혈통이 순수하지 못하다는 이유로 배제당했다. 또한 유대인은 민족주의가 강했기 때문이다. 급기야 사마리아 사람들은 예루살렘 성전이 아닌 그리심산에 성전을 건축하고 그곳에서 예배를 드리게 되었다. 따라서 당시 사회에서 사마리아 지역은 냉대받는 지역이었고, 어쩌면 버려진 땅이었는지 모른다. 심지어 혈통적으로 멸시받던 땅이었다.

예수님은 당시의 사회적인 통념과 가치를 깨뜨리고 사마리아 땅으로 가셔서 복음을 전파하시고, 구원의 길을 열어 주셨다. 이것은 구원이 유대인에게만 적용된다는 전통을 깨뜨리고 혈통과 민족 그리고 국경을 뛰어넘어 온 열방으로 확대될 것을 예표하는 것이다.

■신학적 메시지

　오늘 말씀을 통해서 발견하게 되는 신학적 메시지는 "경계를 뛰어넘는 복음의 소식"이다. 당시 유대인의 전유물로 생각했던 하나님의 은혜가 예수 그리스도를 통해 이방인에게까지 경계를 허물고 전파되고 있다는 사실을 드러내고 있다. 사도행전 15장 이전은 예루살렘을 중심으로 복음이 전파되었다. 여전히 유대주의적 성향이 강했다. 그런데 15장에 나오는 종교회의를 통해 이방에게도 구원이 가능하다는 결론이 나오게 된다. 그로 인해 이방의 구원에 정당성을 확보하게 되었다.

　이러한 하나님의 은혜는 오늘 사마리아 여인과의 대화에서도 잘 나타나고 있다. 비록 그녀는 이방인이었고, 천대받는 사람이었지만, 오늘 예수 그리스도를 만남으로 구원의 은혜를 누리게 된다. 이처럼 복음의 은혜는 혈통과 민족을 뛰어넘어 모든 이에게 열려진 하나님의 선물이다.

설교문

서론

　오늘은 사순절 세 번째 주일입니다. 사순절 세 번째 주일을 맞아 요한복음 4장 5절에서 42절 말씀을 중심으로 "황폐한 곳에 피어난 꽃"이라는 제목으로 함께 은혜를 나누고자 합니다. 최근 우리에게 들려오는 소식 중에 너무나 안타까운 소식들이 많이 있습니다. 그중에 정말 안타까운 소식은 튀르키예와 시리아의 지진 소식입니다. 많은 보도자료가 전 세계인의 눈과 귀를 사로잡았습니다. 이 지진으로 인해 4만 명이 넘는 사망자가 생겨났습니다. 튀르키예 역사상 최악의 인명 피해라고 보도하고 있습니다. 건물은 붕괴되고, 도로는 마비가 되어 버렸습니다. 보도되는 영상이나 사진은 참혹하기 그지없습니다. 그중 한 장의 사진이 눈에 들어왔습니다. 튀르키예 카흐만마라슈에서 한 여성이 붕괴되어 폐허가 되어 버린 집터 위에 망연자실 앉아 있는 모습입니다. 그녀는 폐허가 되어 버린 집터 위에 앉아 두 손을 다소곳이 모으고 먼 산을 바라보고 있습니다. 그녀는 "이 붕괴되고 파괴된 땅에서 어떻게 살 수 있을까?"라고 체념한 듯 보입니다. 이러한 질문은 비단 튀르키예만이 아니라 오늘 우리가 살아가는 삶의 현장에서도 동일하게 울려 퍼집니다.

> "붕괴되어 버린 나의 삶의 한복판에서 어떻게 살 수 있을까?"

겉으로는 멀쩡하게 보이지만, "우리의 삶은 무너지고, 마음은 황량해지고, 삶은 황폐해진 상황에서 어떻게 살아갈 수 있을까?"라는 탄식이 울려 퍼지고 있는 듯합니다. 마음이 무너지고, 황폐해진 사람이 있다면, 오늘 예수님이 사마리아 여인과의 대화를 통해서 들려주시는 말씀에 귀를 기울여 보시길 바랍니다. 아마도 예수님을 만난 사마리아 여인의 모습이 오늘 우리의 모습일 것입니다.

Move 1. 폐허가 된 땅의 은유

〈서술〉

'폐허가 된 땅'이라는 말은 오늘 우리가 살아가고 있는 삶의 현장에서 좌절하고 실의에 빠진 사람들을 나타내는 하나의 은유로 보입니다. 그 이유는 오늘 우리는 부유하고 건강하게 살아가는 것처럼 보이지만, 마음은 외롭고 쓸쓸하고 외로운 자로 살아가고 있기 때문입니다. 해결되지 않은 삶의 문제로 방황하고 있기 때문입니다.

〈전개〉

과거 우리나라 또한 전쟁으로 인해 온 국토가 폐허가 되었던 적이 있습니다. 대한의 모든 산하는 동토와 같이 얼어붙어 다시는 봄이 오지 않을 것만 같았습니다. 파괴되고 폐허가 되어 버린 삶의 현장은 사람들의 마음까지 무너지게 했고, 좌절에 빠지게 했습니다.

하지만 꾸준한 노력과 경제 정책으로 경제 성장이 이루어졌습니다. 건물이 세워지고, 도시가 아름답게 만들어졌습니다. 경제 성장과 함께 신앙도 성장했습니다. 배고픈 시절, 얍복강 야곱의 기도는 오늘을 살아가게 하는 힘이자 원동력이었습니다. 간절하게 부르짖는 기도는 성도들이 살아가야 할 이유를 알게 했습니다. 수많은 사람이 주일을 목숨같이 지켰고, 신앙을 지켰습니다. 교회는 경이로운 성장을 이루었습니다. 무너진 사람을 세우고, 황폐해진 사회를 아름답게 세우는 일에 앞장섰습니다. 영혼을 돌보는 일에 적극적이었습니다.

그러나 지금 우리는 '화려함 속에 소외'라는 이중적인 문화에 사로잡혀 살아가고 있습니다. 눈에 보이는 현상은 모두가 아름다운 도시에서 아름다운 노래를 부르며 살아가는 것처럼 보입니다. 그렇지만 사회 이곳저곳에서 '여기서 어떻게 살 수 있을까?' 탄식의 소리가 울려 퍼집니다. 경제적인 어려움에 온 가족이 동반 자살을 했다는 소식도 들려옵니다. 과거 함께 못살았을 때는 음지로 숨지는 않았습니다. 쉽게 무너지지 않았습니다. 그런데 오늘 이 시대는 빈익빈, 부익부가 너무나 급격하게 차이가 나면서 외로움 속에서 신음하며 무너지고 있는 이들이 너무나 많이 있습니다. 마치 폐허가 되어 버린 땅처럼 마음이 무너지고 황폐해져 버렸습니다. 이들에게 진정한 복음의 소식이 들려져야 하는 때가 왔습니다.

〈이미지화〉

과거 대중가요의 한 획을 그었던 조용필은 그의 노래 〈꿈〉이라는 가사에서 "화려한 도시를 그리며 찾아왔네. 그곳은 춥고도 험한 곳. 여기저기 헤매다 초라한 문턱에서 뜨거운 눈물을 먹는다. 사람들은 저마다 고향을 찾아가네. 나는 지금 홀로 남아서 빌딩

속을 헤매다 초라한 골목에서 뜨거운 눈물을 먹는다"라고 노래하고 있습니다. 이처럼 우리는 꿈을 가지고 살아가지만, 외롭고 초라한 모습으로 무너진 자신의 삶을 돌아보며 뜨거운 눈물을 삼키고 있는지 모릅니다.

〈마무리〉

그렇습니다. 오늘 우리는 무너질 수밖에 없는 존재들입니다. 우리가 살아가고 있는 삶의 실존은 "어떻게 살아가야 하나?"라는 질문으로 가득한 상황입니다. 우리는 이러한 질문 앞에 실존적으로 응답해야 하는 상황입니다.

Move 2. 우리에게 들려오는 소리

〈서술〉

우리 주변에서 들려오는 소리에 귀를 기울여 보십시오. 모두가 '죽겠다'라는 한탄의 소리입니다. 물가는 오르고 금리는 고공행진을 하면서, 서민들은 늘어난 부채와 이자 부담으로 무너지고 있습니다. '어떻게 살 수 있을까?' '어떻게 해야 무너진 삶에서 해방될 수 있을까?' 소리 없이 아우성치는 소리가 귓가를 맴돕니다.

〈전개〉

어떤 목회자는 아무런 문제가 없다고 말할 수 있습니다. "예배 잘 드리고, 성경공부 잘하고 있으니 별문제 없어"라고 말할지 모릅니다. 그리고 "기도생활도 잘하고 있으니 결코 무너지지 않아!" 라고 말할지 모릅니다. 사실, 일반 성도 중에 예배를 잘 드리고, 성경공부에 시간을 할애해서 참여하고 있는 분들이 많이 있습니다. 봉사도 열심히 합니다. 기도생활에도 최선을 다합니다. 물론 이러한 신앙생활은 자신을 세우고자 하는 고귀한 일입니다. 이 일을 통해서 영혼이 세워진다는 말은 부인할 수 없습니다.

그럼에도 불구하고 한 영혼이 건강하게 바르게 세워지기 위해서는 심리적인 접근이 필요합니다. 그 이유는 단순한 종교적인 생활이 아니라, 우리의 심령을 변화시키고 더 깊은 자아(ego)에 또아리를 틀고 있는 심리적인 문제를 해결해야 하기 때문입니다. 단순히 성경공부를 하면서 나의 내면을 들여다보지 못하고, 그냥 '괜찮은 척'하고 있을 때가 아닙니다. 우아하게 차려입고 경건하게 예배드리면서 '나는 아무 문제 없어!'라고 낭만적인 자아도취에 빠져 있을 때가 아닙니다. 우리는 생각보다 다양하고 심각한 내면적인 문제, 해결되지 않은 갈등의 문제를 가지고 있습니다. 이러한 문제들은 충격을 흡수하는 쿠션 역할을 제대로 할 수 없게 만듭니다.

따라서 보다 더 깊은 심리적인 문제에 집중하고, 걸림돌을 제거하는 구체적인 사건을 만들어야 합니다.

⟨이미지화⟩

교구 사역을 하면서 참으로 아이러니한 것은 신앙도 좋고, 기도도 열심히 하고, 봉사도 열심히 하는데 정신적인 질환을 앓고 있는 분들이 많다는 것입니다. 안타까울 정도로 마음이 아프고 무너져 있는 분들이 많이 있었습니다. 더 심각한 것은 발버둥치고 있지만, 다람쥐 쳇바퀴 돌 듯 아픔이 반복되고 있다는 사실입니다.

〈마무리〉

우리도 말할 수 없는 아픔과 상처로 인해 무너져 있는 상태로 살아가고 있는지 모릅니다. 안 그런 척하고 고상한 척하지만, 여전히 과거의 그 아픔에 매몰되어 허우적거릴 때가 있습니다. 이러한 삶에서 우리는 어떻게 살아갈 수 있을까요?

Move 3. 성경에서 들려오는 소리

〈서술〉

요한은 오늘 우리에게 사마리아 여인의 이야기를 통해서 어떻게 살아가야 할지에 대한 단서를 제공해 주고 있습니다.

〈전개〉

여기에 우리에게 주시는 예수님의 말씀이 있습니다. "이 물을 마시는 자마다 다시 목마르려니와 내가 주는 물을 마시는 자는 영원히 목마르지 아니하리니 내가 주는 물은 그 속에서 영생하도록 솟아나는 샘물이 되리라"(13a-14절). 물을 길으러 왔다가 낮선 유대인 남자에게서 물을 달라는 부탁을 받고 계속된 대화는 생수에 대한 이야기로 이어집니다. 그리고 생수에 대한 이야기는 영생하도록 솟아나는 샘물이 될 것이라는 대화로 이어집니다.

우리는 육적으로는 절망과 폐허 속에 살아가지만, 여전히 우리는 하나님의 창조 안에 살아가고 있습니다. 주님께서 주시는 영생하는 샘물에서 물을 마시며 살아가고 있습니다. 그 안에는 회복이 있습니다. 재창조의 은혜가 있습니다. 다시 세워지는 은혜가 있습니다. 여기서 예수님은 참으로 바르게 세워지는 원리를 제시합니다. 마음속에 우상처럼 자리잡고 있는 것(남편 다섯 명)에서 벗어나 하나님을 예배하는 참된 예배 자리에 서도록 초청하십니다. 23절과 24절의 말씀입니다.

"아버지께 참되게 예배하는 자들은 영과 진리로 예배할 때가 오나니 곧 이때라 아버지께서는 자기에게 이렇게 예배하는 자들을 찾으시느니라 하나님은 영이시니 예배하는 자가 영과 진리로 예배할지니라"

예수님은 무엇 때문에 이런 말씀을 하시는 걸까요? 그 이유는 우리가 어떠한 상황 가운데 있다 할지라도 우리의 마음을 사로잡고 있는 걸림돌을 제거하고, 주님이 주시는 영생하는 샘물을 마시며 살도록 하기 위함입니다. 그 자리는 참된 예배를 드리는 자리입니다. 이렇게 예수님은 무너진 우리의 영혼을 세우는 원리를 참된 예배자의 자리에서 찾고 있습니다.

〈이미지화〉

　몇 년 동안 상담을 받은 권사님이 한 분 계십니다. 이 분은 오랫동안 한 사람에게 신앙적으로 가스라이팅을 당해 왔습니다. 가스라이팅을 당하면서 자신도 모르게 그 사람 말에 맹종하게 되고, 사리를 분별하지 못하는 상황에까지 이르렀습니다. 심지어 '딸을 마귀'라고 말하며, 딸에게 적대적으로 대하도록 했습니다. 그러다 보니 딸에게 악한 말을 합니다. 딸이 성장하면서 모녀 사이는 더 거칠게 싸움이 일어납니다. 도저히 그런 상황 속에서는 더이상 건강하게 살 수 없었습니다. 그녀는 "이런 상황에서 어떻게 살 수 있을까요?"라고 반문했습니다. 그러던 중 상담을 받게 되었습니다. 상담하면서 과거 상처를 돌아보게 되고, 자신을 옭아매고 있는 걸림돌이 무엇인지를 파악했습니다. 그리고 그 걸림돌을 제거했습니다. 자녀를 사랑하는 방법도 배우게 되었습니다. 영생하도록 솟아나는 샘물이 흘러넘치는 은혜를 경험하게 되었습니다. 영원히 목마르지 않는 생수를 마시게 되었습니다. 여전히 메마르고 무너진 삶을 살고 있는 우리에게 이렇게 말씀하십니다. "내가 주는 물은 그 속에서 영생하도록 솟아나는 샘물이 되리라".

〈마무리〉

　예수님은 21세기를 살아가고 있는 우리에게 말씀하십니다. "영생하는 샘물로 나아와라. 이곳에 살 만한 이유와 가치가 있다".
예수 그리스도를 통해서 주시는 구원의 은혜는 우리가 어떤 인생
을 살았다 할지라도 모두에게 해당이 됩니다. 그렇습니다. 예수
그리스도의 구원의 은혜는 경계가 없습니다. 구분이 없습니다.
누구든 주님께 나오기만 하면 고쳐주시고 회복시켜 주십니다. 우
리를 참된 예배자로 세워 주십니다.

Move 4. 하나님의 개입하심

〈서술〉

여기서 우리는 잠시 멈추고 한 가지 질문을 하게 됩니다. 왜 예
수님은 당시 사회적인 통념을 버리고 사마리아 여인에게로 갔을
까요? 왜 적대시했던 이방 여인에게 구원의 소식을 전했던 걸까
요?

〈전개〉

여기에는 하나님의 분명한 '개입하심'이 있습니다. 유대 사람들
은 사마리아 사람들을 혈통적으로, 종교적으로 혼합된 족속이라
고 멸시했습니다. 그 땅을 배제했고, 심지어 그 땅의 사람들까지
배제했습니다. 그 땅은 존재했지만, 버려진 땅처럼 느껴졌습니
다. 그곳에는 소망이라는 꽃은 전혀 피어날 것같지 않은 땅이었
습니다. 사람들마저 패배 의식 속에 살아갑니다. 사람들은 그곳
을 지나가는 것조차 꺼려했습니다. 그 땅은 이렇게 버림 받은 땅

이었고, 봄을 알리는 꽃은 전혀 피어날 것같지 않은 땅이었습니다.

그런데 사람들의 눈에는 그렇게 보였지만, 하나님의 눈에는 그렇게 보이지 않았습니다. 불쌍하고, 구원받아야 할 하나님의 백성이었습니다. 긍휼함을 받아야 할 백성이었습니다. 회복하고 구원의 노래를 다시 불러야 하는 땅이었습니다. 그래서 하나님은 원래부터 이 백성을 구원하시기 위해 개입하고 계셨습니다. 예수님은 의도적으로 그곳을 지나가야겠다고 선언하십니다. 3절과 4절의 말씀입니다.

> "유대를 떠나사 다시 갈릴리로 가실새 사마리아를 통과하여야 하겠는지라"

예수님은 강한 의지(have to)를 가지고 사마리아를 지나가야겠다고 말씀하십니다. 예수님의 이러한 의지는 하나님의 개입하심을 나타냅니다. 하나님은 이렇게 타 민족이건, 무너진 인생이건 새롭게 세우시기 위해 개입하고 계십니다. 그것은 우리에게도 마찬가지입니다. 분명한 것은 우리가 신앙이 좋을 때나 좋지 않다고 느낄 때나, 우리가 잘 세워졌다고 느낄 때나 무너졌다고 생각할 때, 모두 하나님은 우리의 삶에 관여하고 계신다는 사실입니다. 우리의 그 무너진 마음에 생명을 알리는 복음의 꽃을 피우길 원하십니다.

7장_설교 형태와 그 샘플

우리가 잘 알고 있는 다윗은 그야말로 무너진 삶이었습니다. 사울의 끈질긴 추격으로 인해 목숨의 위협을 당할 뿐만 아니라 아기스 왕 앞에서는 미친 척을 해야 했던 수모를 당하기도 하였습니다. 그렇지만 하나님은 항상 다윗과 함께하셨습니다. 그가 외로울 때나 왕이 되어 나라를 통치할 때도 함께하셨습니다. 사울의 추격으로 광야를 헤매이며 외로운 별을 바라볼 때나 궁궐에서 온 나라를 화려하게 통치할 때나 하나님은 항상 개입하셨습니다. 그래서 다윗은 시편 23편에서 자신의 모든 삶에 대해서 "내가 사망의 음침한 골짜기를 다닐지라도 해를 두려워하지 않을 것은 주께서 나와 항상 함께하심이라"고 노래하고 있습니다.

〈마무리〉

그렇습니다. 다윗의 고백이 나의 고백이 되어야 합니다. 하나님은 내가 어떠한 상황에 처해 있다 할지라도 우리의 인생에 개입하시는 분입니다. "이런 세상에서 어떻게 살 수 있어?"라고 불평해도 그런 삶에 찾아오셔서 "내가 주는 물은 영생하도록 솟아나는 샘물이 되리라"고 말씀합니다. 그리고 우리의 삶에 아름다운 향이 나는 복음의 꽃을 피우십니다.

Move 5. 복음의 전령사
〈서술〉

따라서 파괴되고 무너진 이 시대 속에서 하나님을 어떻게 예배하는 삶을 살 수 있을지에 대해 깊이 생각해 보아야 합니다. 우리를 부르심은 주님을 참되게 예배하고, 주님께서 주시는 영의 양식을 먹이기 위함입니다. 우리는 그 원리를 사람들에게 증언해야합니다.

〈전개〉

요한은 사마리아 여인의 입을 통해서 이렇게 외칩니다.

> "여자가 물동이를 버려 두고 동네로 들어가서 사람들에게 이르되 내가 행한 모든 일을 내게 말한 사람을 와서보라 이는 그리스도가 아니냐 하니"(28-29절).

여인을 통해 들려주시는 주님의 말씀에 귀를 기울이십시오. 우리는 예수님을 통해 영생하는 물을 마시고, 생명의 양식을 먹는 사람들입니다. 예수님은 친히 생수가 되셨고, 양식이 되어 주셨습니다. 그래서 예수님은 무너진 인생을 세워 주십니다. 폐허가되어 버린 인생을 아름다운 건축물로 만들어 주십니다. 황무지와같이 메마른 인생을 오아시스가 흐르는 풍요로운 인생으로 만들어 주십니다.

예수님은 이 땅에 영혼을 살리는 생명수를 주셨습니다. 영혼의양식을 주셨습니다. 그분의 생수와 양식을 먹은 우리는 지치고

상한 영혼을 살리는 삶을 살아야 합니다. 무너진 인생을 세우는 삶을 살아야 합니다. 따라서 우리는 우리 주변에 낙망한 사람을 유심히 살펴야 합니다. 자그마한 것이라도 나누면서 관심을 가져야 합니다. 그들이 무엇 때문에 아파하고 힘들어하고 있는지 살펴야 합니다. 우리는 '나만 잘 세우면 되지!' 하는 이기주의 신앙을 극복해야 합니다. 우리의 삶은 주님의 생수가 흐르는 샛강이 되어야 하고, 주님의 만나를 제공하는 베들레헴이 되어야 합니다. 경계를 허무는 삶이 되어야 합니다. 우리는 무너진 영혼을 세우는 삶이 되어야 합니다. 폐허가 되어 버려 버려진 인생들에게 영원히 목마르지 않는 생수가 흐르게 해야 합니다. 그래서 꽃이 피고 새가 깃드는 인생으로 세워가야 합니다. 이것이 우리를 복음의 전령사로 부르신 이유입니다.

〈이미지화〉

서울에 '버려진 땅'이었는데 아름답게 변한 땅이 있습니다. 그곳이 바로 '난지도'입니다. 이 땅은 원래 쓰레기 매립장이었습니다. 이곳은 1978년에 서울의 쓰레기 매립장으로 지정되었습니다. 산업화로 서울이 급속히 팽창하는 동안 난지도는 15년간 산업 폐기물, 건설 폐기물, 생활 쓰레기 등 9,200만 톤을 버려 90m 높이 언덕 두 개가 되었다고 합니다. 한때 그곳에 400여 명의 주민이 거주하며 생계를 유지했습니다. 난지도에 산다고 하면, 더러운 일을 하는 극빈층으로 따돌림을 받기도 하였습니다. 그런데 서울

시는 이곳에 매립지 폐쇄를 결정한 후 생태공원으로 조성하여 아름다운 공원으로 탈바꿈시켰습니다.

〈마무리〉

이처럼 폐허가 되고 버려진 땅에 하나님의 개입하심이 있으면 아름다운 인생으로 탈바꿈할 수 있습니다. 오히려 주님을 노래하는 인생으로 바뀔 수 있습니다. 우리 주님은 우리를 영혼을 리모델링하는 전령사로 부르셨습니다. 그래서 우리는 외쳐야 합니다. 우리의 삶이 주님을 증언하는 삶이 되어야 합니다. "주님께로 와 보라!"

결론

사랑하는 성도 여러분, 오늘 우리는 무너지고 황폐한 삶의 현장에서 "어떻게 살아가야 하나?"라는 질문과 함께 살아가고 있습니다. 우리의 인생에 도저히 봄의 꽃이 필 것 같지 않은 얼어붙은 삶을 살아가고 있는 듯합니다. 그럼에도 오늘 우리 주님은 우리를 회복의 자리로 초청하고 계십니다. 인생을 다시 세울 수 있는 그 자리로 초청하고 계십니다. 사마리아 여인을 통해 들려주시는 말씀에 귀 기울여야 합니다. 남편 다섯의 문제를 주님 앞에 내려 놓고, 세상이 주지 못하는 생수를 마셔야 합니다. 이것이 동토와 같이 얼어붙은 마음에 꽃을 피우는 비결입니다.

우리는 이제 영혼의 양식을 계속해서 공급받게 되었습니다. 계속해서 꽃을 피울 수 있는 원리를 알게 되었습니다. 따라서 우리는 증언해야 합니다. "와 보라!" 우리 주님은 인생의 모든 문제를 해결하시는 분이라는 사실을 증언해야 합니다. "와 보라!". 우리 주님은 영원히 해결되지 않을 것 같은 문제를 해결해 주시고, 무너진 삶을 다시 회복시켜 주시는 분이라는 사실을 증언해야 합니다. 그리하여 참으로 예배하는 삶으로 시냇가에 심겨진 삶이 되어야 합니다. 이것이야말로 우리를 바르게 세우는 일입니다. 무너진 우리의 삶을 풍요롭게 하는 일입니다. 간절히 바라기는 오직 주님께만 생수의 강이 흘러넘침을 인정하고 주님 안에 믿음의 뿌리를 내리시길 바랍니다. 그리하여 아름답게 세워지는 인생이 되시길 바랍니다.

기도

우리에게 영혼의 생수를 주시는 하나님 아버지!

하나님은 예수님을 통해 영원히 목마르지 않는 생수의 강이 흘러넘치게 하셨습니다. 과거 광야생활을 했던 이스라엘 백성뿐만 아니라, 소외받고 억압받은 땅에 있는 사마리아 여인에게까지 생수의 강이 흘러넘치게 하셨습니다. 앞으로도 계속해서 생수의 강이 흘러넘치게 하실 것입니다. 그래서 오늘 우리 또한 그 생수의 강에서 목마름을 해갈할 수 있게 되었습니다. 따라서 간절히 간구합니다. 나의 영혼만 채우는 것이 아니라, 황폐하고 무너진 인생에게 꽃을 피울 수 있는 복음의 전령사가 되게 하옵소서. 그리

하여 우리를 통하여 수많은 영혼이 주님의 생수의 강물을 마시게
하시고, 영혼의 떡을 먹게 하옵소서. 예수님 이름으로 기도합니
다. 아멘.

현상학적 전개식 설교 샘플 2

선한 양심

■말　씀: 베드로전서 3:13-22

■주　제: 그리스도인의 삶은 생명 있는 정의를 실천하는 것이다.

■이미지: 초월하는 실천(저항)

■교　리: 정의론

■본문 이해

베드로전서는 네로(A.D. 54-68)의 기독교 대박해가 점차 확산되어 가는 상황에서 기록된 서신서이다. 또한 당시 교회는 지역에 사는 이방인들로부터 상당한 박해를 받았다. 정확한 이유를 밝히는 것은 쉬운 일이 아니지만, 박해를 받았던 이유는 첫째, 그리스도인들의 삶의 방식이 지역 사람들의 삶의 방식과 달랐기 때문으로 추정된다. 예를 들면, 우상을 섬기고 음란과 정욕 등에 사로잡혀 사는 친구들과 단호하게 관계를 끊을 것을 가르쳤기 때문이다. 이러한 가르침과 그 실천으로 상당한 비방과 핍박을 받았다(2:12, 3:19, 4:2-14, 14-16). 또한 당시 시대는 구약에서 신약으로 넘어온 지 얼마 되지 않은 시기였기 때문에 삶의 문제들에 있어서 신학적으로 아직 정립되지 않은 상황이었다. 이로 인하여 성도들과 정부 기관 그리고 성도들과 신분상 상전이었던 이방인과의 관계에 있어서 많은 갈등이 일어나곤 했다(2:13-20).

이러한 시대적 배경 속에서 베드로전서는 부당하게 받는 여러 가지 고난뿐만 아니라 네로의 기독교 대박해로 인해 위기 가운데 처한 성도들을 위로하고 격려하기 위해 기록되었다. 특별히 베드로가 이들을 위로하고 격려하는 방식은 구원에 대한 교리를 다시 상기시키는 것이었다. 구원의 교리를 상기시킴으로써 믿음을 견고하게 하였다. 그리고 불의하지 않지만, 불의한 자들을 대신하여 십자가에서 고난을 받으신 예수님을 전하면서 그 고난을 본받는 삶으로 초대하고자 했다. 동시에 악에 빠지지 않고 인내로 성도의 성결한 삶과 선행 그리고 성도 간의 사랑을 실천할 것을 권면하고자 했다. 따라서 베드로전서는 '소망의 서신' 또는 '위로의 서신'이라는 수식어가 붙게 되었다.

이러한 전체적인 흐름 속에서 본문 말씀은 핍박을 받는 자의 자세에 대해서 권면하고 있다. 좀 더 구체적으로 살펴보면, 13-17절은 핍박자를 대할 때 두려워하지 말고 선을 행하며 선한 양식으로 대할 것을 권면한다. 그리고 항상 핍박자들에게 그리스도 안에서 갖게 된 소망을 말할 것을 준비하도록 권면한다. 이어서 18-22절은 그리스도께서도 의인으로서 불의한 자를 대신하여 십자가에서 구속 희생을 당하셨고, 그뿐만 아니라 노아 시대에 불순종했던 자들 곧 현재 옥에 있는 영들에게까지 그리스도가 주님이심을 선포하신 사실을 언급하면서 성도들이 고난 중에 더욱 선을 행하고 예수님이 주님이심을 전파할 것을 강조하여 교훈하고 있다. 이러한 가르침은 모양은 다르지만, 고난 당하고 있는 현대 성도들에게도 중요한 가르침을 주고 있는 말씀이다.

■ 신학적 메시지

오늘 말씀을 통해서 발견하게 되는 신학적 메시지는 **"생명 있는 정의"**이다. 사회에서 말하는 정의는 일종의 분배의 정의를 말하지만, 오늘 말씀에서 가르치는 정의는 사람을 살리는 정의를 말한다. 이 정의는 십자가를 통해 드러난 정의로운 사랑이 전제된다. 왜냐하면 십자가를 통해 드러난 자기 중심의 성례(십자가에서 화목 제물이 되신)는 죄를 심판하시는 하나님의 의를 사랑으로 이루신 정의이기 때문이다. 사실 정의로우신 하나님은 죄를 지은 우리에게 죄의 대가를 원하신다. 하지만 값을 지불할 능력이 없는 우리를 대신해서 그리스도께서 그 값을 지불하심으로써 하나님의 정의를 사랑으로 하나님과 우리를 만족시켜 주셨다. 따라서 하나님의 정의는 사랑이고, 하나님의 사랑이 바로 정의로우심이다. 이러한 의미에서 볼 때, 하나님의 정의로운 사랑은 이데올로기적 분배의 정의를 뛰어넘어 사람을 살리는 생명의 정의가 된다. 이 생명의 정의는 로마서 1장 17절에 나타난 복음에 나타난 하나님의 의의 실천이며, 이 실천이 삶의 현장 속에서 주님의 구원을 이루어 가는 성례전적 삶이 된다.

그래서 베드로는 하나님의 정의를 위하여 고난을 받으면 복이 있다고 말씀한다. 이 정의는 위협하는 자들의 권세를 두려워하지 않는다. 오히려 평온한 가운데 그리스도를 따라 사는 삶이 된다. 비방하고 핍박하는 자들에게 희망을 설명하고, 온유한 마음으로 그들을 능가하는 삶을 살게 된다. 부끄러움을 주려는 이들이 오히려 부끄러움을 당하게 된다. 이러한 삶이 바로 선한 양심으로 하나님께 응답하는 삶이다. 따라서 그리스도인의 삶은 십자가를 통해 보이신 하나님의 사랑이 전제된 '생명 있는 정의'의 실천이며, 이 실천이 하나님의 구원을 이루어 가는 통로가 된다.

설교문

서론〈Begining〉

몇 년 전 한 여행가가 인도를 여행하면서 찍은 사진이 눈에 들어왔습니다. 그 사진은 머리 위에 자기 몸만큼이나 큰 짐을 이고 가는 사진이었습니다. 어떤 사람은 자기 몸만큼이나 큰 포대 두 개를 머리에 이고, 또 한 장의 사진은 어깨에 들쳐메고 가는 모습도 있었습니다. 그들의 모습은 하나같이 고단해 보였습니다. 이 모습은 과거 고단했던 우리네 어머니들의 모습을 떠올리게 했습니다. 그들의 눈빛에는 마치 '이 고난의 굴레에서 어떻게 벗어날 수 있을까?'라고 말하는 것처럼, 그들의 눈빛은 애처로워 보였습니다.

이러한 모습은 오늘 우리 안에서도 메아리처럼 들려오는 것 같았습니다. '언제 이 고난이 끝날까?' '이 고난의 굴레가 과연 끝이 있을까?' '어깨 위에 놓인 이 무거운 짐을 벗어 던져 버릴 수 있을까?' 그래서 오늘 우리는 베드로 사도가 전하고 있는 말씀에 귀를 기울일 필요가 있습니다. 왜냐하면 오늘 베드로를 통해 주시는 말씀은 지금 우리에게도 동일하게 말씀하고 있기 때문입니다.

Move 1.

〈Statement〉

오늘 우리가 그리스도인으로 자본주의 사회에서 살아가고 있는 것은 일종의 저항처럼 느껴집니다. 그 이유는 어쩌면 우리가 자본주의 사회에서 살아가는 것은 저항가처럼 살아가는 것이기 때문입니다.

〈Development〉

한국 초기 그리스도인들의 신앙은 선교사들에 의해 전수를 받았습니다. 1866년 영국 선교사 토마스가 대동강에 상륙하면서 죽임을 당한 후, 1867년 그의 후원자 윌리암슨 등에 의해서 한국에 선교의 씨앗이 뿌려지게 되었습니다. 1882년 수호조약 체결 후, 1884년 9월 22일 알렌 의사가 최초로 의료 선교사로 들어오게 되었고, 1885년에는 장로교의 언더우드와 감리교의 아펜젤러가 선교사로 들어오면서 본격화되었습니다. 이 두 선교사는 1885년 4월 5일 부활주일 아침에 인천항에 상륙하면서 한국교회 선교의 첫발을 내딛게 되었습니다. 선교사의 영향을 받은 초창기 성도들은 온갖 불의와 회유와 탄압 앞에 저항하는 신앙을 지켰습니다.

하지만 오늘 우리는 '무기력한 신앙'에 빠져 있는 듯합니다. 교회에 대한 이미지가 추락하고 있고, 교회의 위기를 말하지만, 모두 그 대안을 찾지 못하고 있습니다. 초기 한국교회 성도들은 10계명을 철저하게 지켰지만, 오늘 우리는 타협이라는 카드를 신념으로 삼고 있는 듯합니다. 생존이라는 거대한 산맥을 넘기 위해서 타협은 필수불가결한 일이라고 확신합니다. 그렇지만 우리는 새로운 시대를 준비해야 합니다.

오늘 그리스도를 믿고 따르는 우리는 우리 스스로 불의와 보이지 않는 탄압 앞에 희망이 되는 삶이 되어야 합니다.

⟨Image⟩

그래서 우리는 유행에 묻혀 사는 그룹이 아니라 외롭게 물줄기를 거스르며 올라가는 연어처럼, 지고지순하게 하나님의 말씀을 따르려는 외로운 선지자의 모습으로 묘사될 수 있어야 합니다.

⟨Closure⟩

우리는 "눈에 보이지 않는 부드러운 외압과 탄압 앞에 어떻게 저항하며 살 수 있을 것인가?"질문하지 않을 수 없습니다.

Move 2.

⟨Statement⟩

우리는 여기저기서 들려오는 비명소리 같은 음성에 귀를 기울일 필요가 있습니다. 교회뿐만 아니라 교회 밖에서도 들려오는 소리는 "어떻게 하면 이 고단한 삶의 굴레에서 벗어날 수 있을까?"입니다. 모두 희망을 잃어버린 듯 절망의 아우성이 끊이질 않습니다.

⟨Development⟩

어쩌면 교회는 "괜찮아! 잘 될 거야!"라고 막연한 메시지를 전하고 있는지 모릅니다. 근거 없는 희망을 이야기하고 있는지 모릅니다. "목회데이터연구소"의 조사를 보면, 교회에 대한 신뢰도가 낮아지고 있다는 사실을 발견하게 됩니다. 이 조사에 따르면, 일반 국민 중 기독교를 신뢰한다고 응답한 비율이 18.1%였습니다. 기독교인 중에는 63.2%가 신뢰한다고 응답하였습니다. 이는 2년 전보다 13.7% 포인트가 낮아진 것으로 확인됩니다. 특히 비기독교인들을 대상으로 실시한 교회에 대한 신뢰도에 관한 응답은 8.8%에 그치고 있습니다.

그럼에도 불구하고 교회는 갈등이 심합니다. 세대 간의 갈등이 심합니다. 교회 조직 내에서도 갈등이 심합니다. 심지어 은퇴하시는 목회자와 교회와의 갈등도 심합니다. 교회는 이데올로기에 함몰되어 시대의 방향을 제시하지 못하고 있습니다. 아픔과 상처로 얼룩진 시대를 품어내지 못하고 있습니다. 젊은 세대들에게 교회는 더이상 희망이 되지 못하고 있습니다. 그 어디에도 진정한 희망과 위로가 보이지 않는 듯합니다. 물론 대부분의 교회는 고귀한 삶을 위해 신앙적으로 그 끈을 놓지 않으려고 노력합니다. 선한 행실로 본이 되는 모습을 보이려고 노력합니다.

〈Image〉

남산에 올라 서울 야경을 보신 적 있습니까? 서울 야경을 보면, 참 름답습니다. 그 야경 가운데 눈에 쉽게 들어오는 것이 빨간 네온사인 십자가입니다. 밤하늘의 별처럼, 서울 야경에 뚜렷하게 빛나는 붉은 네온사인 십자가가 많이 보입니다. 우뚝 솟은 십자가는 이 시대의 희망이라고 노래하는 듯합니다. 그러나 그 모습을 바라보면서 깊은 한숨이 나옵니다. 왜냐하면 더이상 십자가에 희망이 보이지 않는 듯하기 때문입니다.

〈Closure〉

이렇게 우리는 보이지 않는 힘에 의해서 억압당하고 있는 듯합니다. 희망이 없는 것처럼 보이는 세상에서 살아가고 있습니다. 그렇다면 이렇게 희망이 없고, 보이지 않는 힘에 의해 압도당하며 살아가고 있는 세상에서 어떻게 주님을 위해 살 수 있을까요?

Move 3.

〈Statement〉

사도 베드로는 오늘 우리에게 말씀하고 있습니다.

〈Development〉

우리 주님은 의인을 지켜보십니다. 의인의 간구에 귀를 기울이십니다. 우리가 열심히 선한 일을 하게 되면 누가 우리를 해치겠습니까? 의를 위하여 고난을 받는 사람에게는 복이 있습니다. 그러므로 두려워하지 마십시오. 근심하지 마십시오. 베드로는 박해를 가해 오는 이들에 대해서 마음이 약해지거나 흔들리지 말고 믿음에 굳게 설 것을 말씀합니다. 왜냐하면 우리는 모두 주님의 그 거룩함 가운데 있기 때문입니다. 하나님의 거룩함 가운데 있는 것은 곧 핍박을 주는 사람이나 두려움을 주는 환경을 초월하게 합니다. 이것이 바로 두려워하지 않고, 오히려 온유함으로 외압을 이길 수 있는 비결입니다. 베드로는 우리가 어떠한 상황 속에 있더라도, 그 상황이 감당하기 어려운 상황일지라도, 더이상 버티기 힘든 짐을 지고 있다 할지라도 하나님의 거룩함을 따라 가진 선한 양심이 모든 두려움을 이겨낼 수 있다는 비결을 알고 있었습니다.

〈Image〉

얼마 전, 한 성도는 카페에서 일하면서 곤란한 상황에 직면했습니다. 그날은 손님들이 많았습니다. 설상가상으로 주차가 꼬였습니다. 뒤에 온 차가 너무 커서 주차할 자리가 적당하지 않습니다. 그래서 먼저 온 손님에게 차를 다른 곳으로 이동 주차 해 줄 것을 부탁했고, 그 자리에 큰 차를 주차했습니다. 그런데 먼저 온 손님이 일행과 함께 와서 "나도 손님인데, 왜 나보고 차를 빼달라고 하느냐"라고 불평을 쏟아 놓았습니다. 그리고 불쾌하다고 말합니다. 이 집사님은 참 난감한 상황에 빠졌습니다. 속에서는 화가 치밀어 올랐습니다. '내가 불의하게 대한 것도 아니고, 좀 더 원활하게 이용할 수 있도록 한 것인데, 그렇게까지 불평할 일인가?' 생각할수록 화가 치밀어 올랐습니다. 마음 같아서는 자신의 억울함을 호소하고 싶었습니다. 이런 우리에게 베드로 사도는 조용하게 속삭입니다.

〈Closure〉

선한 양심을 가지십시오. 선한 양심으로 대한다면, 우리를 부끄럽게 하는 자들, 욕하고 비방하려는 자들에게 오히려 부끄러움을 당하게 하는 것입니다. 성도는 그리스도를 따라 선을 행하는 제자로 살아가는 사람인데, 악에 대하여 선을 행함으로 고난을 받는 것이 악을 행함으로 고난받는 것보다 낫다고 말씀합니다. 이것이 바로 하나님의 뜻이라고 권고합니다.

Move 4.

〈Statement〉

함께 생각해 봅시다. 무엇이 베드로에게 이렇게 권면하도록 했을까요? 어떻게 핍박을 가하고 압력을 주는 사람들을 향해 선한 양심으로 대할 수 있도록 그 길을 열어 주셨을까요?

<Development>

베드로가 쓴 오늘 말씀에는 우리가 미처 발견하지 못한 중요한 단서가 숨겨져 있습니다. 우리가 선한 양심으로 살아간다는 것이 그냥 참는 것일까요? 아닙니다. 불의와 억압적인 상황에 그저 수동적으로 반응하는 것일까요? 아닙니다. 모든 것을 체념하듯이 살아가는 것일까요? 아닙니다. 하나님은 그저 참고 계시는 분이 아닙니다. 모든 것을 체념하듯 관여하지 않으시는 분이 아닙니다. 공의로우신 분입니다. 하나님의 공의는 심판으로 이루어집니다. 공의로운 심판은 사랑으로 이루어지는 하나님의 정의입니다. 선한 양심은 바로 하나님 사랑으로 전제된 하나님의 공의를 실현하는 삶의 태도입니다. 그래서 하나님의 정의는 사람을 살리는 사랑입니다. 생명 있는 실천입니다. 우리가 살아가는 삶의 현장은 여전히 악과 폭력 그리고 감당해야 할 엄청난 무게의 짐들이 놓여 있습니다. 그럼에도 이 비결을 알았던 베드로 선지자는 고난받는 자들에게 어떻게 살아가야 할지 그 방법에 대해서 권면하고 있습니다.

<Image>

어느 신학자는 하나님이 보여주신 사랑은 죄인을 구원하시기 위해 자기 몸을 내어주신 성례전적 자기 희생이라고 말합니다. 이 사랑을 받은 사람은 선한 행위로 다른 사람이 생명을 풍성하게 누릴 수 있도록 돕는 삶을 살아야 합니다. 이렇게 사는 것이

하나님의 기쁨이고, 하나님께 합한 삶을 사는 것입니다. 이것이 바로 십자가의 사랑을 경험한 사람들의 정체성입니다.

⟨Closure⟩

그럼에도 불구하고 여전히 우리가 살아가는 삶의 현장은 무게감이 버겁습니다. 우리가 짊어져야 할 짐이 아직도 많이 있습니다. 우리가 감당해야 할 외압도 많이 있습니다. 그러므로 오늘 우리는 베드로의 가르침에 귀를 기울여야 합니다. 고난을 주는 사람에게 오히려 부끄러움을 안겨 줄 수 있는 삶의 비결이 있습니다.

Move 5.

⟨Statement⟩

따라서 우리는 보이지 않는 힘으로 억압하고 짓누르는 세상에서 어떻게 저항하며 살 수 있을 것인지에 대해서 생각해 보아야 합니다. 우리 성도의 소명은 고난 받는 삶의 현장에서 선한 양심으로 그리스도의 고난에 동참하고, 고난을 주는 불의에 저항하는 삶을 살아야 합니다.

⟨Development⟩

베드로는 십자가를 묵상하라고 노래합니다. 우리는 반드시 귀를 기울여야 합니다. 우리는 십자가의 고난을 경험한 제자입니다. 우리 주님은 죄가 없는 의로우신 분이지만, 죄인들을 위해 스스로 고난을 받으셨습니다. 죄인된 우리를 하나님과 화평한 삶이 되도록 십자가의 죽음을 마다하지 않으셨습니다. 우리 주님은 온전한 성례전적 삶을 통해 하나님과 우리를 화해시키셨을 뿐만 아니라, 생명을 살리는 길을 열어 주셨습니다. 따라서 우리는 교회에서뿐만 아니라 일상생활에서, 일터에서, 내가 발을 딛고 있는 곳에서 선한 양심으로 살아가야 합니다. 적대감을 가지고 오는 사람들에게 그 적대감을 끊어 버릴 수 있도록 선한 양심으로 대해야 합니다. 그래서 혹시 나에게 적대감으로 굴욕감을 주려는 사람들에게 오히려 부끄러움을 줄 수 있는 삶이 되어야 합니다. 이것이 바로 그리스도인의 성례전적 삶입니다.

이 성례전적 삶은 죽음에서 머무르지 않고 새로운 삶으로 나아가는 부활의 길을 열어 주었습니다. 이에 이 길을 가는 우리는 모두 구원의 표인 세례를 받았습니다. 우리는 '우리가 세례를 받는 존재'라는 점을 잊어서는 안 됩니다. 항상 '나는 세례 받은 사람이다'라는 것을 기억해야 합니다. 그 이유는 무엇보다도 세례는 육체의 더러운 것을 제하여 주었을 뿐만 아니라, 하나님의 정의를 실현하는 선한 양심을 갖게 하는 비결이기 때문입니다. 따라서 우리는 억압과 외압으로 인해 무거운 짐을 지고 살아가는 삶의 현장에서, 우리를 억압하고 비인간화하는 삶의 현장 속에서 선한 양심으로 그리스도의 십자가와 부활을 보여주는 거룩한 상징이 되어야 합니다.

<Image>

얼마 전, 한 기업의 CEO와 대화를 나눈 적이 있습니다. 그 회사 대표는 깊은 근심에 사로잡혀 있었습니다. 그 이유는 새로운 신입사원이 업무능력이 현저하게 떨어져 회사에 많은 손해를 끼쳤다는 것입니다. 그 대표는 이 사원을 해고해야 할지에 대해서 심각하게 고민을 했습니다. 일반적인 경영 법칙에 따른다면 당연히 해고하는 것이 맞았습니다.

그렇지만 그는 선한 양심으로 살기로 결단한 사람으로서 경쟁주의 법칙이 준 규칙을 따를 수가 없었습니다. 선한 양심에 거리낌이 있었습니다. 심지어 신명기에는 과부와 가난한 이웃들의 생계를 위해 떨어진 곡식을 줍지 못하도록 규정하고 있었기 때문입니다. 고심 끝에 이 대표는 신입사원을 다른 팀으로 옮겨 업무를 담당하게 했습니다.

새로운 팀장은 무엇이 문제인지를 파악하기 위해 상담을 진행했습니다. 격려 대신 지적만 하고, 모든 책임을 지도록 하는 분위기가 신입사원이 혼자 감당하기 어렵고 무거운 짐이 되고 있다는 사실을 발견하였습니다. 그래서 그 팀장은 최대한 위로하고 격려하면서 업무를 잘 볼 수 있도록 가르쳤습니다. 그 결과 그 신입사원은 자기 역할을 감당하면서 서서히 자리를 잡아갔습니다. 회사대표가 해고하지 않고 새로운 기회를 주기로 한 것은 그의 선한 양심으로 직원을 대하는 마음에서 왔고, 그로 인해 한 생명이 바르게 세워지는 결과를 얻게 되었습니다.

⟨Closure⟩

베드로 사도는 소리 높여 노래합니다. "선한 양심을 가지십시오." 그리스도의 부활로 갖게 된 선한 양심이 하나님께 응답하는 삶을 살게 합니다. 이 삶은 핍박을 이겨내는 삶입니다. 사람을 살리는 실천입니다. 이것이 악을 대하는 그리스도인의 삶의 방식입니다.

⟨Ending⟩

그러면 우리는 억압당하고, 스트레스로 인해 무거운 짐을 지고 살아가는 삶의 현장에서 어떻게 살아가야 할까요? 우리는 비록 억압받고, 보이지 않는 힘이 우리를 핍박하고 있는 상황에 있지만, 선한 양심으로 사람을 살리는 삶을 살아야 합니다. 부끄러움을 주려는 적대자들에게 오히려 선한 양심으로 부끄러움을 줄 수 있어야 합니다. 이러한 삶의 방식에는 누구나 인정할 수밖에 없습니다. 왜냐하면 그러한 삶의 방식에 천사들과 권세와 능력이 복종했기 때문입니다. 이제 우리는 성례전적 삶을 통해 생명의 잔치를 베풀며 살아가야 합니다.

기도

고난 중에 소망을 주시는 하나님! 하나님은 항상 택한 백성이 위기와 고난 가운데 있을 때, 위로와 소망을 주시는 분이십니다. 과거 하나님은 이사야를 통해서 고난 가운데 있는 이스라엘 백성을 향하여 "너희는 위로하라 내 백성을 위로하라"고 선포하게 하셨습니다. 그리고 바울을 통하여 고린도 교인들에게 "시험당할 즈음에 또한 피할 길을 내사 너희로 능히 감당하게 하셨다"라고 말씀하셨습니다. 이러한 위로의 말씀은 계속해서 오늘 우리에게도 해당되게 하셨습니다. 우리 주님은 오늘 베드로를 통하여 위로하셨던 말씀을 통해 오늘 힘겹게 살아가는 우리를 위로하고 격려하십니다. 그러므로 간절히 바라기는 여러 가지 힘들고 어려운 상황 속에서 소망을 품고 살아가게 하옵소서. 우리를 억압하고 강하게 짓누르는 삶의 무게에도 좌절하지 않고 넉넉히 이겨내게 하옵소서. 우리에게 부끄러움을 주려는 이들에게 오히려 선한 양심으로 하나님의 사랑을 나타내는 삶이 되게 하옵소서. 예수님 이름으로 기도합니다. 아멘.

네 페이지 설교

등장 배경

새로운 설교학 운동이 계속해서 진행되면서 1990년 중반 이후 북미의 설교학자 폴 스캇 윌슨(Paul Scott Wilson)[11]이 소개한 설교 방법론이 바로 『네 페이지 설교』(The Four Pages of the Sermon, 1999)이다. 그가 주목하고 있는 부분은 현대인들은 인쇄된 지면을 읽고, 분석하고, 해석하는 과정을 통해 정보를 얻기보다는 스크린에 보이는 그림(image)을 보고, 소리를 들음으로써 정보를 받아들인다는 것이었다. 그래서 설교가 시각적인 형태로 바뀌어야 한다고 말하면서 '하나의 영화'를 만드는 것처럼 구성해야 한다고 주장한다.[12]

이러한 주장을 제시하게 된 배경에는 사회학적인 요인이 있었다. 포스트모던 사회에서 교회, 성경, 설교자의 권위에 대한 도전이 많았다. 이런 상황 속에서 진리가 상대화되면서 절대성이 무너지게 되었다. 그래서 새로운 설교학적 시도가 필요했다. 또한 신학적 이유를 제시하게 되는데, 설교에 있어서 하나님의 행하심이 사라지고, 복음이 들려지지 않고, 변화하는 세상 속에 효과적으로 선포되어야 할 방향성을 상실하고, 하나님의 일하심의 현재

---

11 캐나다 토론토 신학교 안에 있는 임마누엘 College에서 설교학을 가르치고 있다,

12 Paul S. Wilson, The Four Pages of the Sermon (Nashville: Abingdon Press, 1999), 10.

성의 부재 그리고 성령님의 역사에 대한 인식이 부족했다는 점이 었다.[13] 이러한 점을 극복하기 위해서 새로운 방법이 제시되어야 했다. 그중 하나가 바로 "네 페이지 설교"였다.

페이지의 의미

그가 지면(pages)을 이야기하는 이유는 영화와 페이지의 관계성 때문이다. 영화는 각본(script)이 있어야 하고, 각본은 지면을 가진다. 이처럼 설교가 시각화된 영화가되기 위해서는 지면이 필요하다는 것이다. 이러한 이유에서 윌슨은 페이지를 이야기한다.

또한 그는 영화와 페이지가 연결될 수 있는 또 하나의 모델로 인터넷 웹 페이지(web page)에 주목했다.[14] 그 이유는 영화와 같은 이미지 효과를 충분히 나타낼 수 있으면서도 서술적인 묘사가 가능한 매체가 바로 웹 페이지이기 때문이다. 즉, 웹 페이지라는 단어는 말(words)과 그림(pictures), 정보(information)와 영화(movies)를 모두 포함하고 있는 말이다. 그래서 윌슨은 이 모델을 설교학적 모델로 삼았다. 여기서 '4'를 더한 것은 네 가지 영역, 즉 "Trouble in the Bible, Trouble in the World, God's Action in the Bible, God's Action in the World"로 구분하여 각 영역을 매일 준비하는 과정을 통해 충실하게 준비하기 위해서

---

13   위의 책, 20-25.

14   Mark B. Elliot, *Creative Styles of Preaching*, 성종현 역, 『당신의 설교는 창조적입니까』 (서울: 그루터기하우스, 2001), 138.

다.[15]

페이지 만드는 방법

a. 도입부

효과적인 도입부 작성을 위한 6가지 전략을 다음과 같이 소개한
다.[16]

① 주제 문장과 반대되는 내용의 이야기를 통해서 시작하라.

② 일반적인 주제의 경험을 너무 심각하게 시작하지 말라.

③ 성경 본문과 함께 시작하라.

④ 때로는 사회 정의의 문제를 가지고 시작하라.

⑤ 뉴스나 현대 문화의 내용을 담고 있는 것으로 시작하라.

⑥ 잘 고안된 소설과 같은 이야기로 시작하는 것도 좋다.

또한 도입부를 작성할 때 주의해야 할 점 다섯 가지를 다음과
같이 제시한다.

① 구체적이지 않은 질문을 하지 말라.

② 유머나 농담 사용은 본문 접근을 위한 또 다른 서론을
이끌어 내야 하기 때문에 지양하라.

---

15   Paul S. Wilson, *The Four pages of the Sermon*, 12.

16   주승중, 『성경적 설교의 원리와 실제』, 197.

③ 무엇을 말하고 하는지의 의미를 알 수 없는 문장은 지양하라.

④ 설교의 주제문을 다루는 것도 좋지만, 너무 집착해서 본론이 가려지지 않도록 해야 한다.

⑤ 사건이나 행동을 중심으로 기록할 경우 꼭 필요한 부분만 이야기하는 것도 좋다.

Page One

첫 번째 페이지는 성경에 보이는 문제를 언급하는데, 일종의 갈등이나 문제를 찾아내는 것이다. 여기서 윌슨이 강조하는 것은 "한 가지 아이디어"이다. 이 한 가지 아이디어, 즉 문제는 다음 두 번째 단계로 이끌어 간다.

Page Two

두 번째 페이지는 이 세상의 부조리와 문제 그리고 모순을 보여준다. 그럼으로써 하나님 은혜의 행동이 필요하다는 것을 느끼게 한다. 예를 들어, 본문에 나타난 문제가 예수님 당시 종교 지도자들의 냉대와 예수님에 대한 도전이라고 한다면, 우리가 사는 이 세상에서의 문제는 우리가 종종 하나님께 도전하는 문제를 들 수 있다. 그래서 우리는 질문할 수 있다. 우리는 무한한 과학의 발달로 인하여 하나님의 영역에 도전하고 있지 않은가? 물질이 신이 되어 물질로 타인을 지배하는 신적 왕좌에 앉으려고 하지는 않은

가? 여기서 우리가 문제를 파악하기 위해서는 수직적인 관계에서의 문제, 수평적인 관계에서의 문제 그리고 책임과 윤리에 관련한 인간의 복합적인 문제를 파악할 수 있어야 한다. 하지만 설교자는 이러한 문제를 믿음의 관점에서 분명하게 제시할 수 있어야한다.[17] 두 번째 페이지는 회중이 기쁜 소식을 간절히 소망하고 기다리는 마음을 갖도록 마무리한다.

Page Three

세 번째 페이지는 모든 문제를 뒤로하고 성경이 말씀하고 있는 기쁜 소식에 눈을 돌리도록 한다. 문제에서 '하나님 일하심'으로 옮겨가야 한다. 여기서 초점은 인간 중심에서 하나님 중심으로 기술하는 것이다. 그가 말하는 설교는 "사람을 향한 하나님의 행동"에 초점을 맞추는 것이라고 말한다. 그래서 설교는 하나님께서 계속해서 우리의 삶 속에서 활동하고 계심을 보여줄 수 있어야 한다.[18]

Page Four

네 번째 페이지는 본문 속의 기쁜 소식과 우리가 살고 있는 세상에서의 기쁜 소식 사이에 다리를 놓게 된다. 그래서 네 번째 페이지는 "우리가 사는 세상에서의 하나님의 행동"에 초점을 맞춘

---

17   위의 책, 207.
18   위의 책, 211.

다. 윌슨은 이 세상 한복판에서의 하나님의 활동은 사건이나 이야기를 통해서 증언된다고 하였다. 설교자는 네 번째 페이지에서 우리가 살고 있는 세상에서의 하나님 일하심을 찾아내야 한다.[19] 따라서 설교자는 이 세상 어디서든지 하나님 일하심을 볼 수 있어야 한다. 즉, 설교자는 하나님께서 우리 삶의 모든 영역에서 세밀하게 역사하고 계신다는 것을 증명해 주는 그런 이야기(혹은 예화)를 볼 줄 아는 눈이 있어야 한다.[20] 그래서 네 번째 페이지에서 이야기는 하나님 용서 행위의 은유로 사용될 수 있다. 불가능을 가능케 하시는 하나님의 역사, 이 세상을 뒤집는 하나님 행동의 은유나 비유 또는 예증으로 말할 수 있다.[21]

네 번째 페이지에서 중요하게 다루어야 할 것은 설교자의 임무(Mission)이다. 설교의 목적은 사람들을 믿음의 세계로 초대하는 것이다. 믿음의 목적은 예수 그리스도의 복음을 위하여 사는 제자로 살아가도록 촉구하는 것이다. 그래서 회중에게 세상을 섬기는 삶을 살도록 짐을 지우는 것이 포함된다. 따라서 설교자는 이 부분에 있어서 회중의 참여가 곧 하나님의 사역에 참여하는 것이요, 또한 임무로의 초대에 대한 응답은 칼뱅이 말했던 '율법의 제 3 사용'이 뜻하는 바, 강제가 아닌 무조건적 은혜에 대한 즐거운 순종의 행동이요, 특권이요, 명예요, 기회라는 것을 충분히 역설

---

19   덧붙이자면, 복음은 삶(context)에서 경험되고, 경험된 삶은 성경(text)을 통해서 검증된다.
20   이 지점에서 우리는 인문학적 통찰력이 있어야 한다.
21   위의 책, 216.

해야 한다

결론

설교의 통일성을 위해서 주제 문장을 다시 한 번 강조한다. 설교의 마지막 부분에 이르렀을 때 회중이 그 설교의 중심 개념에 대해서 분명하게 깨달아 알 수 있도록 해야 한다. 통일성 있는 결론을 위해서 다음 6가지를 제시한다.

① 설교자가 성경의 이야기나 오늘의 이야기로 돌아가기

② 하나의 교의로 돌아가기

③ 주된 이미지로 돌아가기

④ 회중의 필요성으로 돌아가기

⑤ 임무로 돌아가기

⑥ 십자가와 부활로 돌아가기

네 페이지 설교 샘플 1

부활을 경험했다면!

■ 말　　씀: 골로새서 3:1-4

■ 설교 형태: 네 페이지 설교

■ 주　　제: 부활을 경험한 그리스도인의 삶의 원칙은 위의 것을 추구하는
　　　　　　삶이다.

■ 교　　리: 부활론(신앙)

■ 필　　요: 우리는 분명한 가치 기준이 필요하다.

■ 이 미 지: 혼동과 갈등

■ 미　　션: 하나님 나라 가치를 추구하며 사는 삶을 살라.

■ 본문 이해

　골로새서는 골로새 지역에 있는 성도들에게 보내진 서신서이다. 골로새서는 크게 그리스도의 신분과 바울의 사역(1:13-2:7), 이단들에 대한 경계(2:8-23), 그리고 성도의 삶의 원칙(3:1-5)과 성도의 삶의 구체적인 지침(3:6-4:6) 등의 내용을 기록하고 있다. 골로새 지역은 한때 에베소에서 동쪽으로 가는 주요 무역로 상에 있어서 모직과 피륙 공업이 발달한 상공업 중심의 도시였다. 그런데 점차 무역로가 동쪽으로 이동하면서 인접해 있던 히에라볼리와 라오디게아 같은 도시들이 번영하게 되었다. 이로 인

해 골로새는 점차 쇠퇴하여 바울 시대에는 작은 도시가 되고 말았다. 이 도시는 여러 민족이 섞여 있었는데, 브루기아와 원주민들과 그리스에서 온 이주민들 그리고 안티오쿠스 3세의 유대인 이주 정책에 따라 많은 유대인이 이주하여 살게 되었다. 이렇게 골로새는 작은 도시였지만, 다양한 인종과 문화 그리고 종교가 혼합되어 있었다.

골로새 교회는 바울이 직접 세우지 않았지만(2:1), 골로새에 있던 빌레몬에게 보낸 서신 빌레몬서를 볼 때, 골로새 교회는 바울에게 복음을 들은 에바브라가 세웠을 것으로 추정한다. 바울은 간접적으로 골로새 교회를 세우는 데에 밑거름이 된 것으로 보인다. 에바브라가 복음을 듣게 된 경위는 바울이 에베소 두란노 서원에서 3년 동안 사역할 때 일이다. 그곳에서 빌레몬, 아킵보와 함께 바울에게서 복음을 들었는데, 후에 고향으로 돌아와 빌레몬과 함께 교회를 세웠던 것으로 추정된다. 이런 점으로 볼 때, 골로새 교회는 주로 개종한 이방인들로 구성되어 있었으나(골 1:21, 27, 2:13), 골로새에는 이미 이주해 온 유대인들이 많이 있었다. 이들이 점차 교회에 들어오게 됨으로써 골로새 교회는 여러 가지 사상들로 인해 많은 문제가 야기되었다.

바울이 골로새서를 기록하게 된 배경에는 에바브라가 골로새 교회를 위협하는 혼합주의적인 이단들의 가르침을 전했기 때문이다. 그들이 가르친 내용은 첫째, 유대적 절기를 지키는 문제였다(레 23장). 이들은 부정한 음식으로 규정된(레 11장) 특정한 음식을 금하여 의식적 정결을 유지하려는 유대주의적 성격이었다. 대표적인 것이 유대주의적 관습이나 할례에 관한 것이다. 두 번째는 이방 철학적 특징이다. 2장 8절에 보면, 이를 "철학과 헛된 속임수"라고 말한다. 이들의 가르침은 영지주의의 초창기 모습으로 간주될 수 있다. 바울은 이들의 가르침을 "세상의 초등학문"이라고 규정하면서 경계하도록 권면했다(2:8-10). 세 번째는 그리스도의 신성을 부인하고, 그리스도가 유일하신 중보자이자 구원자가 되신다는 사실을 부인하는 사상이었다. 그래서 바울은 그리스도의 위대하심과 완전한 구세주요 주님으로서 그리스도의 최고 주권과 온전하심을 강조하였다. 네 번째는 천사숭배와 금욕주의 그리고 골로새에 퍼져 있는 배타주의 사상이다. 바울은 이와 같은 가르침에 빠질 위험에 있는 골로새 교회에게 그리스도만이 유일한 절대적 구주이시요 그분만이 하나님과 사람 사이의 중보자이심을 믿도록 권면하고 있다. 그리고 이단들의 가르침을 물리치고 견고한 신앙을 가지며 성결한 생활을 할 수 있도록 가르치고 있다.

이러한 맥락에서 오늘 본문 말씀은 그리스도인의 삶에 관해 교훈하고 있다. 여기서 바울은 그리스도인의 삶의 근본 원칙을 제시하고 있다. 바울이 강조하는 것은 부활하신 그리스도와 연합한 그리스도인이라면, 생각하는 것과 행동하는 것이 그에 걸맞은 것이 되어야 한다는 것이다. 그리스도와 연합되었다는 것은 곧 그리스도인이 죄와 세상의 사고방식이나 행동방식에 대하여 죽는 것이며, 그리스도의 부활과 함께 하늘의 가치에 속한 사람이 되었다는 것이다. 그러기에 그리스도와 연합한 사람은 하늘에 속한 사람이다. 따라서 그리스도인은 세상의 사고방식으로 살아가는 것이 아니라, 하늘에 속한 가치와 사고방식(세계관)으로 살아야 한다. 이것이 바로 성도의 삶의 근본 원칙이다.

■ 신학적 메시지

오늘 말씀을 통해서 발견할 수 있는 신학적 메시지는 기독교인의 실천 윤리이다. 즉, 하늘의 가치를 추구하는 실천 윤리의 원칙이다. 바울은 앞서 골로새 교회에 침투한 이단들의 가르침을 경계하기 위해 기독론을 중심으로 교리적인 측면을 강조했다. 이어 3장 1절에서 4장 6절까지는 율법에 대하여 죽은 그리스도인, 즉 그리스도의 부활 신앙을 소유하면서 새 사람을 입은 성도의 생활 원리와 실제에 대해서 교훈하고 있다. 특별히 오늘 말씀은 부활을 경험한 그리스도인의 실천 윤리의 원칙에 대해서 기록하고 있다. 바울이 제시하고 있는 실천 윤리의 원리는 "위의 것을 찾는 것"이다. 바울은 먼저 그리스도의 우월성을 강조하면서 그 내용을 실생활에 적용하는 원리를 제시하고 있다. 이러한 원리를 바탕으로 바람직한 생활을 하도록 촉구하고 있다.

여기서 우리가 전제해야 할 것은 성도가 위의 것을 추구한다는 것은 하늘에 소망을 두고 살아간다는 말이다. 이것이 가능한 이유는 성도는 이미 그리스도와 신비적인 연합을 한 사람으로서 옛 사람이 예수 그리스도의 십자가의 죽음과 함께 죽었기 때문이다. 그리스도의 부활과 함께 새 사람을 입었기 때문이다. 그뿐만 아니라 그리스도가 영광의 재림하실 때 함께 영광스러운 자리에 설 수 있는 거룩한 백성이 되었기 때문이다. 따라서 부활을 경험한 성도는 종말론적 삶으로 땅의 가치를 초월한 삶을 살아가야 한다. 이러한 의미에서 부활을 경험한 오늘 현대의 성도들 또한 이 땅에 발을 딛고 살아가지만, 본질적으로는 우리의 영적인 고향인 하늘의 가치를 추구하는 삶이 되어야 한다. 그리고 하늘에 합당한 성품으로 성결한 삶의 열매를 맺어야 한다.

설교문

I. 서론

오늘은 교회력에서 가장 중요한 절기 중의 하나인 부활절입니다. 온 세계 교회가 주님의 부활로 기뻐하고 감사하는 절기입니다. 여러분 모두에게도 부활의 기쁨이 가득하시길 바랍니다.

우리가 살아가는 오늘의 시대는 다양한 세대가 함께 공존하며 살아가고 있습니다. 우리는 보통 100년을 한 세대로 보는데, 그 100년이라는 한 세대에 참 다양한 세대가 공존하며 살아가고 있습니다. 예를 들면, 1950-1964년에 출생한 세대를 베이비붐 세대라고 했고, 1965-1979년 출생 세대를 X세대라고 했습니다. Y세대는 1980년에서 1994년 출생한 세대입니다. Z세대는 1995

년 이후 출생한 세대이고, 최근 MZ세대도 등장하고 있습니다. 이 세대는 밀레니얼 세대(M세대)와 Z세대를 묶어 부르는 신조어입니다. 이렇게 다양한 세대가 공존하면서 세대 간의 갈등을 야기하고 있습니다. 세대 간의 갈등은 세대 간의 간격을 더 벌려 놓고 있습니다. 세대 간의 갈등이 일어나는 이유는 각 세대 간의 문화와 가치관의 차이 때문입니다.

21년 7월 14일에 대한민국 정책 브리핑이라는 저널에서 세대 갈등과 세대 통합이라는 주제로 이동우 교수(인제대학교 정신건강의학과)의 글이 실렸습니다.[22] 여기서 이 교수는 기성세대와 MZ세대 간 갈등이 일어나는 이유 중 하는 '기성세대는 나보다 우리를 우선하는 WE 제너레이션'이라면, 'MZ세대는 나 자신을 더 중요하게 여기는 'I 제너레이션' 또는 'ME 제너레이션'이기 때문이라고 했습니다. 이 교수는 계속해서 말하기를 기성세대는 위계질서 또는 서열 문화라면, MZ세대는 수평세대라고 말합니다. 그리고 기성세대는 빈곤한 유년기를 거쳐 풍요로운 생활을 하게 된 '상승세대'라면, MZ세대는 풍요로운 유년기로 시작해서 IMF를 경험하고 취업과 결혼에 어려움을 겪게 된 미래에 대한 '불안한 세대'라고 말합니다. 이러한 문화와 가치가 세대 간의 갈등을 가져왔다고 말합니다.

문화와 가치관의 갈등은 신앙생활에 있어서도 마찬가지입니다.

---

22   https://www.korea.kr/news/cultureColumnView.do?newsId=148890096

만일 우리가 신앙생활을 하면서 성경이 가르치는 문화와 가치를 따르지 않고 잘못된 문화와 가치를 따르게 된다면, 분명히 갈등이 일어나게 됩니다.

1page. 본문에 나타난 문제: 이단의 위협

오늘 말씀에 나오는 골로새 교인들 또한 갈등이 있었습니다. 그들은 잘못된 문화와 가치에 그대로 노출되어 있었습니다. 그들은 새로운 가르침이라고 말하는 교리에 눈길이 가 있었습니다. 그들은 "세상의 초등학문"(2:20)이라는 가치에 지배당하도록 유혹받았습니다. 여기서 말하는 초등학문이라는 표현은 금욕주의자들이었습니다. 이들은 영지주의 이원론에 영향을 받았습니다. 이들의 핵심 주장은 영과 육을 철저히 분리하는 것이었습니다. 그 이유는 영은 거룩한 것이고 육은 악한 것이라고 보았기 때문입니다. 그래서 그들은 인간의 모든 악한 것은 육의 더러운 생각과 정욕에서 시작된다고 생각했습니다. 그리하여 육체의 욕망을 죽임으로써 거룩에 이를 수 있다고 생각했습니다. 하지만 이러한 가르침은 몸을 괴롭게 할 뿐 육체로부터 자유로워질 수 없었습니다. 그럼에도 골로새 교인들은 이러한 세상적인 규례를 따르려고 했습니다. 그야말로 초보적인 가르침에 순종하려고 했습니다.

베드로후서 2장 22절의 말씀에 따르면, 이러한 규례를 따르고 복종하는 것은 "개가 토하는 것을 다시 먹는 것"과 같고 "돼지가 씻었다가 다시 더러운 구덩이에 도로 눕는 것과 같다"라고 하였습니다. 이는 실로 심각한 갈등의 상황에 놓인 모습이라고 할 수 있습니다. 그뿐 아니라 이러한 모습은 자신을 욕보이는 것일 뿐만 아니라 예수 그리스도를 욕보이는 모습이 아닐 수 없습니다. 바울은 이러한 사람을 "세상에 사는 것과 같은 사람"이라고 표현하고 있습니다. 이 말 안에는 예수님을 모르는 세상의 문화와 가치를 따라 살기를 원하는 사람들이라는 뉘앙스가 담겨 있습니다.

또한 그들은 고기와 술을 경계했는데, 술과 고기에 매달려 그것에 집착하지 말라고 가르쳤고, 그것을 맛보는 행위조차 금했습니다. 이것은 육체는 매우 악하기에 어떠한 작은 유혹거리라도 제공해서는 안 된다고 엄격한 규율을 만들어 가르쳤습니다. 그런데 바울은 이 모든 가르침이 그리스도인의 성결한 삶과는 상관이 없는 것으로 설명했습니다. 바울의 가르침은 골로새 교인들을 상당한 갈등 상황에 놓이게 했습니다. 이것이 오늘 말씀에 나타나고 있는 문제입니다.

2page. 우리의 삶에 나타난 문제: 가치관의 혼란

이러한 문제는 성경에만 나타나는 문제가 아닙니다. 오늘 우리가 살아가고 있는 삶의 현장에서도 나타나는 문제입니다. 조금만 관심을 가지고 돌아보면, 잘못된 가르침이 우리를 유혹하고 신앙의 갈등을 일으키기도 합니다.

얼마 전, 한 집사님과 대화를 하게 되었습니다. 그 집사님은 신천지의 가르침에 유혹을 받았습니다. 유혹을 받는 이유 중의 하나는 자신이 고민하고 있던 질문을 했기 때문이라고 했습니다. 무슨 말이냐 하면, 평소 창세기 1장과 2장의 창조 이야기가 조금 다르다고 생각을 하고 있었는데, 갑자기 자기와 같은 질문을 하는 사람을 만나게 되어서 너무나 반가웠다는 말입니다. 그래서 그는 '아~! 나만 그런 질문을 가지고 있는 것이 아니구나!'라고 생각하면서 그 질문의 답을 찾고자 그 모임에 참여하게 되었다고 합니다. 예나 지금이나 이단들은 그럴싸한 질문으로 유혹하지만, 그 결과가 좋은 열매를 맺지 못합니다.

또한 최근 급속도로 확산이 되고, 세간의 시선을 집중시키는 다큐멘터리가 있습니다. 넷플릭스에서 방영하고 있는 〈나는 신이다〉라는 다큐입니다. 이 다큐는 사이비 교주 JMS의 성폭력을 폭로하는 내용을 담고 있습니다. 사이비 종교는 이상한 교리를 가르치면서 사람들을 유혹했습니다. 참으로 놀라운 것은 잘못된 가르침에 수많은 사람이 현혹되고 있다는 사실입니다. 이처럼 이단의 가르침은 바울의 시대뿐만 아니라, 오늘 우리가 살아가고 있는 현실 속에서도 비일비재하게 일어나고 있습니다. 이들의 가르침은 신앙적인 갈등을 경험하고 있는 사람들에게는 좋은 먹잇감이 되고 있습니다.

중요한 것은 오늘날 신앙인들은 단지 종교적인 갈등만을 가지고 살아가지 않습니다. 하나님의 질서가 전혀 없이 조직된 세상에서 기독교 문화와 가치를 유지하며 살아가기 어려운 세상에서 살아가고 있습니다. 실제적으로 그리스도인들이 일터에서 겪는 갈등은 이루 말할 수 없습니다. 술 문화, 접대 문화, 뇌물 문화 등 다양한 문화가 도사리고 있는 세상에서 그들의 문화와 갈등을 경험하게 됩니다. 그래서 많은 크리스천으로서 일하는 사람들이 질문을 합니다.

"술, 어떻게 해야 합니까?"
"뇌물은 주어야 합니까? 말아야 합니까?"
"뇌물을 주지 않고, 접대를 하지 않으면 수주를 따기 어려운데 어떻게 해야 합니까?"

비록 그들은 부활을 경험했지만, 이렇게 그리스도인들을 유혹하는 세속적인 문화와 가치로 인해서 수많은 갈등을 겪게 됩니다. 무엇이 옳은지, 옳지 않은지 판단하기가 참 어렵습니다. 부활을 경험한 사람이지만, 어떻게 살아가야 할지 수많은 갈등 속에 살아가고 있습니다. 이것이 우리가 겪고 있는 갈등이며, 오늘날 우리가 살아가는 세상 속에서의 문제입니다.

3page. 성경에 나타난 복음: 위의 것을 사모하는 삶

다시 우리는 눈을 돌려 성경의 이야기로 돌아가 보도록 하겠습니다. 오늘 말씀에 등장했던 골로새 교인들은 많은 갈등의 중심에 있었습니다. 그런 그들에게 바울은 단호하게 권면합니다. 그 첫 번째 단어가 바로 '그러므로'입니다. '그러므로'라는 접속사는 앞의 부정적인 내용을 정리했으니, 이제 방향을 바꿔서 살아가야 함을 제시하는 접속사입니다. 다시 말해서, 접속사 앞에서 언급했던 이단들의 잘못된 가르침은 조금도 유익이 없기 때문에, 그러므로 앞으로는 "위의 것을 찾는 삶"이 되어야 한다고 선언합니다. 바울은 이 선언을 하면서 앞선 이단들의 가르침이 조금도 유익이 없다고 단언하면서 조건문으로 시작합니다.

1절의 말씀을 보면, "그러므로 너희가 그리스도와 함께 다시 살리심을 받았으면"이라는 말씀은 "그러므로 너희가 그리스도와 함께 다시 살리심을 받았다는 사실을 인식한다면"이라는 의미입니다. 다시 말해서, 바울은 그리스도로 인해 옛 본성이 죽고 새로운 피조물로 거듭났다는 인식을 가진 자는 당연히 땅의 것이 아닌 위의 것을 추구하는 삶이 되어야 한다고 권면합니다. 여기서 "함께 다시 살리심을 받았다"라는 의미로 사용된 헬라어 "쉬네게르데테"라는 단어는 '함께'라는 전치사와 "일어나다"(마 2:14), "살아나다"(마 11:5)라는 단어의 합성어입니다. 이 단어가 수동태로 사용되었기 때문에 스스로의 힘으로 일어난 것이 아니라, 외부의 힘에 의하여 일어났다는 의미입니다.

여기서 '일어났다'라는 것은 갈등에서 벗어나 주님의 부활을 경험한 사건으로 이해했다는 말입니다. 부활의 경험에 참여했던 사람들은 한결같이 하늘의 가치를 추구하였습니다. 요셉은 성령 하나님의 손에 이끌려 일어났고, 애굽으로 피함으로 구속 사역에 동참하였습니다. 또한 세례 요한이 옥에서 제자들을 보내서 예수님께 묻기를 "오실 그이가 당신이오니이까?"라고 물었을 때, 예수님은 다음과 같이 대답하셨습니다. 마태복음 11장 5절의 말씀입니다.

> "맹인이 보며 못 걷는 사람이 걸으며 나병환자가 깨끗함을 받으며 못 듣는 자가 들으며 죽은 자가 살아나며 가난한 자에게 복음이 전파된다 하라"

여기서 죽은 자가 살아났다는 것은 곧 주님의 그 부활의 은혜에 참여하게 되었다는 말입니다. 죽음의 갈등에서 벗어나 부활의 기쁨을 맛보게 되었다는 의미입니다. 그뿐 아니라 베드로의 장모가 열병을 치유받고 일어났을 때 사용된 단어도 동일한 단어입니다. 장모가 일어나게 된 것은 스스로의 힘으로 일어난 것이 아니라, 주님의 그 능력으로 일어나게 되었습니다. 그리하여 베드로의 장모는 부활의 기쁨에 참여하게 되었습니다. 그 결과 그녀는 모든 갈등이 해결되고, 땅의 가치를 따르는 것이 아니라 하늘의 가치를 따르게 되었습니다. 그 대표적인 모습이 예수님께 수종 든 모습입니다(마 8:15). 이 모습은 주님을 영접하고 새 생명을 얻은 신앙인이 주님께 즉각적으로 반응하는 모습입니다. 이렇게 주님의 부활을 경험한 사람은 한결같이 땅에 속한 가치나 문화를 따르는 것이 아니라, 하늘에 속한 가치와 문화를 따르게 됩니다. 성도는 하늘에 속한 가치관을 따르는 삶입니다. 이것이 바로 본문에서 발견하게 되는 하나님의 은혜입니다.

4page. 세상 속에 나타난 은혜

그렇다면 오늘 우리가 살아가는 세상에는 이러한 은혜가 없는 걸까요? 우리가 그런 은혜를 경험하는 순간은 언제일까요? 예수 그리스도를 믿는 믿음으로 주님과 연접할 때입니다. 연접이라는 말은 연결되어 있다는 말입니다. 다시 말해서, 주님과의 연접은 주님과 연결되어 있는 상태를 말합니다. 과거 신학적 신비주의를 주장했던 디오니시우스에 의하면, "신과의 합일은 인간 가운데 최상의 부분이 아니라, 인간 너머에서 인간을 초월적 존재와 결합하는 체험"이라고 말합니다. 그래서 '신성한 합일'은 인간이 신과의 동일화를 통해서 신과 하나가 된다는 '신성화'가 될 수 있다고 말합니다. 이러한 주장처럼 우리가 그리스도와 연접하는 삶은 곧 그리스도의 삶을 사는 것을 말합니다. 바울이 말한 것처럼, 우리가 그리스도와 함께 다시 살리심을 받았다는 사실을 바르게 인식하고 있다면 그리스도의 삶을 살아야 합니다. 이것이 곧 하늘의 것을 추구하는 삶입니다.

이러한 연접이 이루어지는 시점은 바로 세례 사건입니다. 여기서 말하는 세례는 단순한 물세례만을 의미하지 않습니다. 자신의 죄를 진정으로 고백하고, 예수님을 나의 구원자요, 그리스도라는 사실을 믿고 영접하는 순간 그리스도의 영이신 성령님이 임하는 성령세례의 사건을 말합니다. 이 시점에서 성도는 '함께 살리심'을 받게 됩니다. 부활의 은혜를 경험하게 됩니다.

우리는 부활이라는 개념을 너무 교리적으로만 이해할 것이 아니라, 컨텍스트(Context) 상황 속에서 어떠한 의미로 찾아오는지를 분명하게 경험해야 합니다. 한 목사님의 간증이 생각납니다. 그분은 간 이식이라는 대수술을 받고 회복실에서 처음 깨달았던 것이 바로 '욕심'이었다고 고백합니다. 그 이유는 그동안 하나님의 부르심을 받고 하나님의 영광을 위하여 목회를 했던 모습이 실제로는 자신의 영광을 위한 것이었다는 사실을 깨달았기 때문입니다. 열심히 했던 것이 결국은 자신을 드러내고 자신의 앞길을 위해서 했던, 즉 열정이라는 가면을 쓴 욕망이었다는 사실을 깨달았습니다. 이것을 깨달은 그 목사님은 자신의 옛 과거의 습관에서, 낡은 가치관에서 벗어났습니다. 일어나 새로운 가치를 찾게 되었습니다. 바뀐 것은 '열정'이라는 모습은 같았지만, 과거에는 가면을 쓴 열정이었다면, 지금은 순수한 열정이라는 것입니다. 그는 갈등을 부활의 기쁨으로 해결할 수 있었고, 일어나 하늘의 가치로 살아가게 되었습니다. 그것은 바로 열정 있는 섬김이었습니다. 이제 그의 섬김은 가식과 포장된 섬김이 아니라, 진심에서 우러나오는 섬김이었습니다. 이것이 바로 우리의 삶의 현장에 주시는 하나님의 은혜입니다.

그렇습니다. 우리가 예수 그리스도의 부활을 경험했다면, 우리는 당연히 하늘의 가치를 추구하며 살아가야 합니다. 세상의 문화를 따르는 것이 아니라 하늘의 문화를 이룩하며 살아가야 합니다. 이러한 삶을 사는 것이 곧 종말론적 삶을 사는 것입니다. 바울은 우리가 이러한 삶을 살아갈 때 "그리스도께서 나타나실 그때에 너희도 그와 함께 영광 중에 나타나리라"고 말씀합니다. 이 사실을 바로 알고 믿게 될 때, 신앙의 갈등을 해결하고 부활의 기쁨에 참여하는 삶이 될 수 있습니다.

기도

부활의 신비를 보여주신 하나님!

하나님은 항상 새로운 생명으로 태어나는 부활을 선물로 주십니다. 과거 야곱의 가족을 출애굽시키시면서 부활의 은혜를 경험하게 하셨습니다. 또한 바벨론 포로로부터 해방시켜 주시면서 부활의 기쁨을 경험하게 하셨습니다. 그뿐만 아니라 예수 그리스도가 십자가를 통해 죽으시고, 결국에는 그 죽음의 권세를 이기시고 다시 사신 부활의 은혜를 우리에게 보여주셨습니다. 그리고 우리를 그 부활의 은혜 안에 거하게 하셨습니다. 그러므로 오늘 우리는 주님의 그 부활을 경험하고, 그 부활에 참여한 삶이 되었습니다. 따라서 간절히 간구하옵는 것은 주님의 부활을 경험한 사람으로서 하늘의 가치를 추구하는 삶을 살아가게 하옵소서. 하늘의 문화를 창조하고 이루어 가는 삶이 되게 하옵소서. 그리하여 그리스도께서 다시 오실 때, 하나님의 영광에 참여하는 삶이 되게 하옵소서. 예수님 이름으로 기도합니다. 아멘.

4TS 설교에 대한 이해

설교에 대한 정의

4TS 설교(Four-Task Sermon Principle)는 "한 개인을 회복된 신앙인으로 세울 뿐만 아니라, 타자와의 관계를 바르게 맺어가며 공적 영역에서 하나님의 덕을 실천하도록 권면하는 설교"이다. 설교 구성원리를 내러티브 연구방법론을 근거로 하여 인식론적 차원, 실천을 위한 윤리적 규범, 모범적인 실천 사례를 제시하는 설교로 구성한다. 이와 더불어 실천 신학의 4가지 원리와 대화하면서 긴밀하게 분석하면서 설교의 구성원리를 제시한다.

설교 구성원리

첫 번째 구성원리에서는 "무엇이 일어나고 있는가?"에 초점을 맞추는 단계이다. 먼저는 설교자가 설교하는 본문에서 "무슨 일이 일어났는가?"에 초점을 맞추고, 이를 바탕으로 개인적인 차원뿐만 아니라 사회문화적인 상황에서는 "무슨 일이 일어나고 있는가?"에 대해 인식적 차원에서 분석하게 된다. 이러한 차원에서 보면, 설교자는 일종의 '해석의 안내자' 역할을 하게 되는데, 성경의 차원에서 일어난 일이 개인적 삶의 차원에서, 그리고 사회적 차원에서 '어떻게 일어나고 있는지' 연결하여 분석하게 된다. 그래서 설교자는 먼저 성경 본문에 대한 해석, 즉 석의와 해석의 방법론을 바탕으로 본문에서 일어난 사건에 대해 집중하도록 해야 한다.

두 번째 구성원리에서는 "왜 이런 일이 일어났는가?"에 초점을 맞추는 단계이다. 이 구성원리에서는 본문에서 사건이 왜 일어났는가에 초점을 맞춘 후 이를 바탕으로 개인적인 차원과 사회문화적인 차원에서는 "왜 이런 일이 일어나는가?"에 대해 분석하게 된다. 이 과정에서 설교자는 일어난 사건에 대한 정보를 수집한 후 문제를 해결할 수 있는 다양한 이론을 참고해야 한다. 마치 지도를 읽을 줄 아는 방법을 알고 하나의 지도를 만들어 가는 단계라고 할 수 있다. 그러므로 설교자는 다양한 이론을 참고할 수 있어야 한다. 다시 말하자면, "세상에 대해 열려 있고, 세상의 지식으로 배움을 얻는 동시에 그 지식을 그리스도의 구속 지혜에 기초한 새로운 신학적 맥락 안에 있는 설교"가 되도록 구성한다. 이를 위해서는 '교차 학제적 대화(Interdisciplinary Conversation)'가 전제되어야 한다.

세 번째 구성원리에서는 "어떤 기독교적 실천 형태를 지녀야 하는가?"에 초점을 맞추는 단계이다. 사건이 왜 일어났는지에 대해 분석한 후 이 단계에서는 보다 구체적인 실천을 위한 기독교적 규범을 제시하는 단계이다. 이를 위해서 신학적 해석, 윤리적 규범을 사용하고, 그 실천의 사례를 알려주는 것에 초점을 맞춘다.

네 번째 구성원리에는 "어떻게 하면 문제를 해결하고 목표를 실천하도록 할 것인가?"에 초점을 맞춘다. 이를 위해 세 번째 구성원리에서 제시한 윤리적 규범을 잘 수행한 모범적인 사례를 제시하게 된다. 다시 말해서, 일어난 일에 대한 실천적 규범을 제시했다면, "변혁적이고 예언적 실천이 어떻게 이루어질 것인가?"에 초점을 맞추면서 바람직한 방향으로 삶에 영향을 주고 행동할 수 있는 행동 전략을 구성하고, 구체적인 사례 혹은 모델을 제시한다. 사례를 찾기 위해서 다른 공동체의 훌륭한 실천을 관찰하거나 과거의 역사로부터 그 예를 관찰할 수도 있다. 이러한 실천의 예는 그리스도인의 삶과 사회적 가치에 대해 새로운 이해를 불러일으키는 원천이 될 수 있다. 이는 곧 사회 변혁적 실천에 초점을 맞추는 것이다. 이러한 사회적 실천은 헌신과 관련하여 다룰 수 있다.

4TS 설교 샘플 1

일에 대한 바른 이해

> ■ 말 씀: 데살로니가후서 3:6-13
> ■ 제 목: 일에 대한 바른 이해는 하나님 나라를 이루게 한다.
> ■ 교 리: 일의 신학

■ 본문 이해(숲과 나무의 관점에서 접근)

데살로니가후서 3장의 말씀은 앞선 2장과 관련된 내용을 담고 있다. 2장은 데살로니가 교인들의 잘못된 종말 사상을 바로잡기 위해 교훈했는데, 3장은 이와 관련하여 종말 신앙을 가진 신자가 실제 생활에서 어떻게 살아가야 하는지에 대해서 권면하고 있다. 사람의 행동은 그 사람이 가진 생각에서 비롯되듯, 어떤 생각을 가지느냐에 따라 그 행동이 달라질 수 있다. 다시 말해서, 잘못된 종말 사상이 잘못된 종말론적 삶의 행위를 하게 만든다는 것이다. 당시 데살로니가 사람들은 잘못된 종말관으로 인하여 잘못된 삶의 형태를 보여주고 있었다. 이에 사도로서 바른 삶의 형태를 제시하며 권면해야 할 사명이 있었다. 그에 합당한 교훈을 주고 있는 말씀이다.

우리가 주의 깊게 살펴봐야 할 것은 그리스도의 재림이 가까울수록 속이는 영이 더 기승을 부린다는 것이다. 마치 마태복음 13

장 24절에서 30절에 기록된 것처럼, 속이는 자가 밤중에 와서 곡식 가운데 가라지를 덧뿌려서 곡식과 함께 자라게 하는 것처럼, 하나님 나라를 방해하는 잘못된 가르침(이단)을 성도들에게 유포시킴으로써 신앙의 혼란을 야기시킨다. 성도들은 혼란스러워하고, 심지어 방황하게 되는 경우가 많이 있다. 이러한 혼란과 방황을 멈추게 하기 위해서 바울은 재림의 때를 살아가는 성도의 삶의 규범이 무엇인지에 대해 구체적으로 교훈하고 있다.

3장의 내용을 구분해서 살펴보면, 1-5절은 바울이 복음 사역과 복음 전파를 방해하는 악한 무리로부터의 보호를 위해서 기도 요청을 한다. 동시에 그들에 대한 하나님의 보호하심과 데살로니가 교인들이 복음에 순종함에 대한 확신, 그리고 그들을 위한 바울의 기도가 기록되었다. 이 내용이 2장 6절부터 15절 사이에 기록되었다는 것은 "바른 신앙은 앎에 그치지 않고, 반드시 바른 실천이 따라와야 한다"는 것을 말해 준다. 바른 앎과 바른 실천은 동전의 양면처럼, 구속사를 이루는 하나님의 양면이다. 그리고 이 모든 것의 전제는 구속사를 이루는 하나님의 인도하심이 있어야 한다.

6-15절은 규모있는 삶에 관한 교훈을 하고 있다. 종말론적 삶은 성도가 구속사가 계속해서 이루어지고 있는 이 땅에서 그리스도의 성결함을 배우고, 그것을 삶에서 실천해야 함을 교훈하고 있다. 그렇게 살아가야 하는 이유는 하나님께서 우리를 부르시고 구속하신 이유는 하나님의 뜻에 순종, 즉 소금과 빛의 역할을 감

당해야 하기 때문이다. 이것이 곧 그리스도인의 정체성이다. 이 세상은 하나님의 창조 질서를 무시하고, 하나님이 없는 세상으로 만들어 가고 있다. 이러한 세상 한복판에 교회가 있고, 성도들이 살아가고 있다. 따라서 교회와 성도는 세상 한복판에서 그리스도의 복음을 전파하고 하나님 나라를 이루어 가야 할 사명이 있다. 이 사명을 완수하기 위해 삶의 한복판에서 다름의 방식으로 살아가야 한다.

마지막으로 16-18절은 하나님께서 그리스도를 통해서 주시는 평강과 은혜가 성도들에게 있기를 기원하는 내용을 담고 있다.

■ 신학적 메시지

오늘 말씀을 통해 우리가 바르게 알고 실천해야 할 신학적 메시지는 "일의 신학"이다. 그 이유는 오늘 말씀에서 다루고 있는 주된 내용은 일에 관한 내용이기 때문이다. 당시 데살로니가 교인들은 종말론적 광기에 가까운 신앙의 형태를 띠면서 무위도식하며 규모없이 행동하는 사람들이 많았다. 그래서 오늘 본문에서는 규모없이 행동하는 자들과 함께하지 말라고 강력하게 권면한다(6절). 복음 전파 사역을 완수함에 있어서도 직접 자신의 생계를 이어나간 바울의 모습을 본받으라고 제시한다(7-9절). 바울은 생업에 종사하면서 성실한 삶을 살 것을 권면한다(11-12절). 또한 충성스럽고 헌신적인 삶을 사는 교인들이 환난 가운데서도 선을 행할 것을 권면하고, 악행하는 자들을 형제와 같이 권면할 것을 권고하고 있다(13-15절). 따라서 우리는 이러한 교훈 속에서 '일'에 관한 바른 신학을 정립할 필요가 있다.

그렇다면 성경에서 말하고 있는 '일'에 대한 개념은 어디서부터 기원하고 있는가? 그것은 창세기 1장 28절에 하나님께서 인간에게 "땅을 다스리고 정복하라는 명령"을 주셨다는 데에 기인한다. 이에 아담은 땅을 경작하고 농업을 했고(창 2:15), 동물의 이름을 짓는 일을 했다. 이러한 근거로 볼 때, 일은 인간의 필요에 따라 생긴 것이 아니라, 하나님의 명령하심에 근거해서 생겨났다는 사실을 알게 된다. 일은 일차적으로 하나님의 문화명령에 대한 책임성 있는 반응의 과정이라고 볼 수 있다. 하지만 문제는 타락 이후, 일한다는 것은 즐거움이 아니라 고통이 수반되었다. 그리고 착취와 압제의 수단이 될 수 있다(약 5:4). 혹은 일 자체가 우상으로 자리할 수도 있다(전 5:10). 비록 일에 대하여 비참과 고통이 죄의 결과로 주어졌지만, 일 그 자체는 하나님이 주신 선한 것이다.

더욱 중요한 것은 "일은 예수 그리스도에 의해 구속되었다"라는 것이다. 골로새서 1장 20절을 보면, 그리스도는 만물을 회복하셨기 때문에 구원을 받은 교회와 성도는 일을 통해 "만물 안에서 만물을 충만케 하는 이의 충만"(엡 1:23)의 역할과 사명을 감당해야 한다. 그래서 성도는 자신의 생을 부양하기 위해서 일할 뿐만 아니라, 일을 통해서 하나님께서 명령하신 문화 명령과 예수 그리스도를 통해 보여주신 구원의 사역을 감당해야 한다. 우리가 분명하게 인식해야 할 것은 "비록 일이 죄의 저주 아래 고통과 비참함이 수반되었지만, 그리스도의 구속 사역을 통해 새로워졌고, 하나님 나라가 충만하게 임할 때 완성된다"라는 것이다.

따라서 우리가 살아가는 현실이 회의주의적 실패감이 가득하고 소망이 없는 세상처럼 보이지만, 성도는 그리스도 안에서 구원의 즐거움과 감사 속에서 일하는 즐거움을 누려야 한다. 또한 예수님의 재림에 의해서 하나님 나라가 완성될 때까지 일의 즐거움에 대한 소망으로 일의 수고를 감당해야 한다.

설교문

서론

오늘은 오순절 후 스물세 번째 주일입니다. 오늘도 주님을 사모하고, 바른 신앙을 정립하고자 원하는 모든 성도들에게 하나님의 사랑과 평강이 넘치시길 바랍니다.

데살로니가후서 3장 6-16절의 말씀을 중심으로 "일에 대한 바른 이해"라는 제목으로 함께 말씀을 나누어 보려고 합니다. 여러분은 '일' 하면 어떤 생각이 먼저 떠오르십니까? 저는 '일' 하면 떠오르는 이미지가 '있으면 좋고, 없으면 싫은 것'입니다. 왜냐하면 사람에게 일이 없으면 존재감이 떨어지고, 일이 있으면 그 일을 통해 존재감이 생기기 때문입니다. 그래서 일은 생활의 꽃일 뿐만 아니라 삶의 보람이기도 합니다. 사람은 일을 통해서 마음의 기쁨을 누립니다. 한 생애를 통해 일관된 일을 할 수 있다는 것은 어쩌면 세상에서 가장 즐겁고 위대한 일이 아닐까 생각해 봅니다.

오늘 말씀에도 보면, 일에 대해 분명한 규범을 제시하고 있습니다. 물론 당시 데살로니가 사람들은 잘못된 종말 신앙으로 잘못된 삶의 형태를 보여주고 있었습니다. 분명한 것은 사람의 생각이 행동으로 나타난다는 것입니다. 따라서 바울은 잘못된 생각과 잘못된 가르침에 노출되어 잘못된 삶을 사는 성도들에게 일에 대한 바른 가르침을 주고자 오늘 말씀을 전하고 있습니다.

성도가 깨어 있다는 것은 그리스도의 재림이 가까울수록 속이는 영이 더 기승을 부린다는 사실입니다. 마태복음 13장 24절부터 30절에서 마치 속이는 자가 밤중에 와서 곡식 가운데 가라지를 덧뿌려서 곡식과 함께 자라게 하는 것처럼, 하나님 나라를 방해하는 잘못된 가르침(이단)을 성도들에게 유포시켜서 신앙을 흔들어 놓는 경우가 있습니다. 그래서 성도들은 혼란스러워하고, 심지어 방황을 하기도 합니다.

어쩌면 오늘 우리가 살아가는 현실에도 이러한 현상이 많이 일어나고 있는지 모릅니다. 따라서 오늘 바울이 데살로니가 성도들에게 권면하고 있는 규범은 오늘 우리에게도 그대로 적용될 수 있습니다.

그렇다면 어떠한 내용으로 권면하고 있는지 함께 살펴보고자 합니다.

1. 본문에서 일어나고 있는 사건은 무엇인가?

오늘 말씀은 "게으르게 행하고, 사도들에게 받은 전통대로 행하지 않는 사람들에 관하여 권면하는 내용"으로 시작하고 있습니다. 개역개정에서는 이를 "규모없이 행하고, 우리에게 받은 유전대로 하지 아니하는 자"들이라고 해석하고 있는데, 이 단어는 '대열에서 벗어난', '규율을 지키지 않는'이라는 뜻을 가지고 있습니다. 이 단어는 원래 군사용어로서 행군 중에 대열에서 이탈하여 낙오된 병사를 의미할 때 사용한 단어입니다. 이러한 관점에서 볼 때, 이러한 단어는 교회의 질서를 지키지 않고 제멋대로 행동하는 사람을 의미할 때 사용됩니다. 그들은 교회의 질서를 따르지 않을 뿐만 아니라, 공동체의 질서를 혼란스럽게 하는 사람들이었습니다. 심지어 이들은 건전한 재림관을 가지고 노동하는 삶에 대해서 비난하며 성도들의 삶에 큰 부담을 끼치는 존재들이었습니다. 그들은 '질서 없는 삶'을 통해서 스스로 파멸적인 존재로 살아가는 모습을 보여주었습니다.

바울은 이런 자들에게서 "떠나라"고 강력하게 전합니다. 데살로니가 성도들 대부분은 바울의 가르침에 충실하게 순종하였으나(4절), 소수의 무리는 재림에 대하여 광적인 열정에 사로잡혀 무질서하고 무위도식하는 생활을 하였습니다. 이에 몇 번이나 교훈을 주었지만, 그들은 계속해서 깨닫지 못하고 게으르고 무질서한 삶을 살고 있었습니다. 바울은 이런 자들에게서 "떠나라"고 강력하게 권면합니다. 이때 바울은 자신의 권위에 의존하는 것이 아니라, 예수 그리스도의 이름에 권위를 두고 권면하고 있습니다. 그리고 사도들로부터 전해 오는 전통에 근거해서 호소하고 있습니다. 6절의 말씀입니다.

> "형제들아 우리 주 예수 그리스도의 이름으로 너희를 명하노니 게으르게 행하고 우리에게서 받은 전통대로 행하지 아니하는 모든 형제에게서 떠나라"

계속해서 바울은 그들이 어떻게 본받아야 할지를 스스로 알고 있으니 무질서한 행위에서 벗어나라고 권면합니다. 사실 바울은 여러 지역을 옮겨다니면서 복음 사역을 감당할 때 천막 만드는 일을 하면서 자신의 생계를 이어나갔습니다(고후 11:7-9). 이런 사실에 대해서 데살로니가 성도들은 이미 알고 있었기 때문에 바울이 강조하고 있는 생활방식, 즉 현실에 충실하면서 성실하게 일하며 복음 사역을 감당해야 한다는 사실을 알고 있었습니다. 그렇게 일하며 복음 사역을 감당했던 이유는 8절과 9절에서 분명하게 전하고 있습니다.

> "누구에게서든지 음식을 값없이 먹지 않고 오직 수고하고 애써 주야로 일함은 너희 아무에게도 폐를 끼치지 아니하려 함이니 우리에게 권리가 없는 것이 아니요 오직 스스로 너희에게 본을 보여 우리를 본받게 하려 함이니

라"

바울은 복음 사역을 감당하면서 스스로 일을 하는 자비량 사역자였기 때문에 고린도 교회에서 보내준 선교 지원금을 정중하게 거절한 사례도 있었습니다(고전 9:12, 18). 바울은 이렇게 일을 하면서 복음 사역을 감당한 것은 다른 사람에게 폐를 끼치지 않기 위함이고, 바르게 일터 목회의 본을 보여주기 위함이었습니다.

바울이 이러한 맥락에서 "일하기를 싫어하거든 먹지도 말라"고 교훈한 바 있었는데, 게으르게 행하여 도무지 일하지 않고 일을 만들기만 하는 자들에게 조용히 일하여 자기 양식을 먹도록 권면하고 있습니다. 더 나아가 이제 바울은 핍박과 어려운 상황 속에 놓인 데살로니가 성도들에게 지금의 삶의 태도를 견지하면서 마지막 때까지 그리스도의 가르침을 본받는 삶이 될 것을 권면합니다.

2. 본문을 기록한 목적은 무엇인가?

본문을 기록한 목적은 무엇일까요? 그것은 바로 11절에 "일만 만드는 자들"에게 바른 교훈을 주기 위해서입니다. 여기서 "일만 만드는 자들"은 "자기가 해야 할 일은 하지 않고 이리저리 다니면서 남의 일을 간섭하는 자들"이었습니다. 데살로니가 성도 중에는 자신이 마땅히 해야 할 일은 하지 않고, 쓸데없고 가치 없는 일에 분주히 다니면서 문제만 일으키는 사람들이 있었습니다. 특별히 이들은 그리스도의 임박한 재림에 열광하고 흥분하여 자기들의 생업을 돌보지 않고, 무익한 일에만 몰두하였습니다. 그래서 이들은 스스로 나태했을 뿐만 아니라, 타인에게도 잘못된 길에 빠지게 유혹하는 자들이었습니다.

이러한 면에서 "규모없는 자", "질서 없이 행하는 자", "게으르게 행하는 자"들은 공동체에 어려움을 주었을 뿐만 아니라, 공동체에 악영향을 미쳤습니다. 결과적으로 이러한 행위는 교회 공동체를 무질서하고 혼란에 빠뜨리게 만드는 원인이 되었습니다. 더 나아가 로마 식민지 아래 부자들에게 경제적 지원을 받고, 정치적 후견인들의 환심을 사면서 무위도식하며 게을리 살았던 사람들 때문에 평범하고 성실하게 살아가며 복음을 전했던 삶에 악영향을 주었을 뿐만 아니라, 복음의 영향력을 약화시키는 일도 있었습니다. 그래서 바울은 선을 행하되 낙심하지 말 것을 권면하고 있습니다. 바울의 권면은 무위도식하는 형제들은 회개하고, 일하는 데 게을리하지 않음으로써 교회 공동체를 건강하고 바르게 세워갈 것을 강조하는 말씀입니다.

3. 본문을 통해서 우리가 실천할 수 있는 윤리적 규범은 무엇인가?

오늘 말씀을 통해 우리가 바르게 알고 실천해야 할 신학적 메시지는 일의 신학입니다. 당시 데살로니가 교인들은 종말론적 광기에 가까운 신앙의 형태를 띠면서 무위도식하며 규모 없이 행동하는 사람들이 많았습니다. 그래서 본문에서는 "규모 없이 행동하는 자들과 함께하지 말라"(6절)고 강력하게 권면합니다. 복음 전파 사역을 완수함에 있어서도 직접 자신의 생계를 이어나간 바울의 모습을 본받으라고 제시합니다(7-9절). 바울은 생업에 종사하면서 성실한 삶을 살 것을 권면합니다(11-12절). 또한 충성스럽고 헌신적인 삶을 하는 교인들이 환난 가운데서도 선을 행할 것을 권면하고, 악행하는 자들을 형제와 같이 권면할 것을 권고하고 있습니다(13-15절). 따라서 우리는 이러한 교훈 속에서 '일'에 관한 바른 신학을 정립할 필요가 있습니다.

그렇다면 성경에서 말하고 있는 '일'에 대한 개념은 어디서부터 기원하고 있을까요? 창세기 1장 28절에 하나님께서 인간에게 "땅을 다스리고 정복하라는 명령"을 주셨습니다. 이에 아담은 땅을 경작하고(창 2:15절), 동물의 이름을 짓는 일을 했습니다. 이러한 근거로 볼 때 일은 인간의 필요에 따라 생긴 것이 아니라, 하나님의 명령하심에 근거해서 생겨났음을 알 수 있습니다. 그래서 일은 일차적으로 하나님의 문화명령에 대한 책임성 있는 반응의 과정입니다. 하지만 문제는 타락 이후, 일하는 것이 즐거움이 아니라 고통이었습니다. 착취와 압제의 수단이 되었습니다(약 5:4). 혹은 일 자체가 우상으로 자리하기도 했습니다(전 5:10). 비록 일에 대하여 비참과 고통이 죄의 결과로 주어졌지만, 일 그 자체는 하나님이 주신 선한 것입니다.

더욱 중요한 것은 "일은 예수 그리스도에 의해 구속되었다"는 사실입니다. 골로새서 1장 20절을 보면, 그리스도가 만물을 회복하셨기 때문에, 구원을 받은 교회와 성도는 일을 통해 "만물 안에서 만물을 충만하게 하시는 이의 충만"(엡 1:23)의 역할과 사명을 감당해야 합니다. 성도는 자신의 생을 부양하기 위해서 일할 뿐만 아니라, 일을 통해서 하나님께서 명령하신 문화명령과 예수 그리스도를 통해 보여주신 구원의 사역을 감당해야 합니다. 우리가 분명하게 인식해야 할 것은 "비록 일이 죄의 저주 아래 고통과 비참함이 수반되었지만, 그리스도의 구속 사역을 통해 새로워졌고, 하나님 나라가 충만하게 임할 때 완성된다"는 사실입니다.

따라서 우리가 살아가는 현실이 회의주의적 실패감이 가득하고 소망이 없는 세상처럼 보이지만, 성도는 그리스도 안에서 구원의 즐거움과 감사 속에서 일하는 즐거움을 누려야 합니다. 또한 예수님의 재림에 의해서 하나님 나라가 완성될 때까지 일의 즐거움에 대한 소망으로 일의 수고를 감당해야 합니다. 그리하여 우리의 일상을 통해서 하나님 나라를 이루어 가는 사명을 감당해야 합니다.

4. 모범적으로 실천한 이야기는 무엇인가?

바른 일터 사역을 통해 삶의 현장에서, 일터의 현장에서 바른 일에 대한 이해를 바탕으로 일터 목회를 이루어 가는 이야기가 있습니다.

예설교회는 선교적 교회의 모델을 따라 일터 목회를 추구하며 사역을 감당하고 있습니다. 교회 개척 당시, 대표목사는 3무, 즉

'사례비 없음', '교회 건물 없음', '전도 강요 없음'이라는 전제 아래 모든 사역자는 자비량 목회를 할 것을 서약했습니다. 예설교회 모든 사역자는 자기 일터를 가지고 있습니다. 다름의 방식으로 살아가면서 일터 속에서 하나님 나라를 이루어 가고 있습니다. 이 사명에 대해 동의하고 함께 사역하는 유난희 목사는 미용실을 창업하여 그곳을 일터 사역지로 삼았습니다. 전도를 강요하지 않되, 전도하는 삶을 사는 방식은 '탁월함'과 '친절과 포용 정신'으로 일터를 거룩한 사역의 장으로 만들어 가고 있습니다. 그래서 "미용 기술은 최고, 손님 대접은 예수님 영접하듯이"라는 표어를 삼고 최선을 다합니다. 처음에 오는 손님들은 이러한 모습을 보면서 의아한 모습으로 질문을 하곤 했습니다.

"원장님은 왜 그렇게 살아?"
"왜 그렇게 베풀면서 살아?"

그런데 점차 원장님이 목사라는 사실을 알게 되고, 조금씩 이해하였습니다. 그후 불교인, 천주교인 그리고 신앙이 없는 사람도 와서 상담을 받습니다. 심지어 교회 권사님도 본교회에서 상담받지 못한 일에 대해서 상담을 받습니다. 그러면서 그곳이 동네 사랑방이 되었고, 사랑을 나누는 공간이 되었습니다.

다름의 방식으로 살아가는 예설교회 사역자의 모습은 주어진 일터를 복음 전파 사역지로 삼아 최선을 다해 예수 그리스도의 복음과 삶의 현장을 하나님 나라로 이루어 가고 있습니다.

결론

사랑하는 성도 여러분, 규모 없는 삶에서 규모 있는 삶에 대해서 교훈하고 있습니다. 잘못된 종말론적 신앙으로 인해 잘못된 삶의 형태를 가져온 삶에서 건강한 종말 사상을 바탕으로 건강한 삶을 살아가는 것을 권면하고 있습니다. 종말론적 삶을 사는 성도들은 하나님의 구속 사역이 계속해서 이루어지는 이 땅에서 그리스도의 성결함을 배우고, 그것을 삶에서 실천해야 할 사명이 있습니다. 그렇게 살아가야 하는 이유는 하나님께서 우리를 부르시고 구속하신 이유가 있기 때문입니다. 우리를 부르신 이유는 하나님의 뜻에 순종, 즉 소금과 빛의 역할을 감당하며 살아가게 하기 위함입니다. 이것이 곧 그리스도인의 정체성입니다.

이 세상은 하나님의 창조 질서를 무시하고, 하나님이 없는 세상으로 만들어 가고 있는 듯합니다. 이러한 세상 한복판에 교회가 있고, 성도들이 살아가고 있습니다.

따라서 교회와 성도는 세상 한복판에서 그리스도의 복음을 전파하고 하나님 나라를 이루어 가야 할 사명이 있습니다. 이 사명을 완수하기 위해 삶의 한복판에서 다름의 방식으로 살아가야 합니다. 간절히 바라기는 일에 대한 바른 이해를 통해 우리의 삶의 현장을, 우리의 일터를 하나님 나라로 이루어 가는 놀라운 은혜가 있기를 소망합니다.

기도

일의 근원이 되시는 하나님!

하나님은 우리에게 일을 주신 분입니다. 과거 아담에게 땅을 정복하고 다스리는 일을 허락하셨고, 계속해서 일할 수 있는 일터를 주셨습니다. 그리하여 아담은 땅을 경작하고, 동물의 이름을 짓는 일을 하였습니다. 그래서 우리는 하나님께서 주신 사명에 대한 책임적인 반응으로 일을 하게 되었음을 알게 되었습니다. 그뿐만 아니라 예수 그리스도를 통해서 일이 구속되었고, 만물이 회복되었습니다. 그러므로 우리 또한 만물을 충만하게 하신 그 은혜 가운데 서게 되었습니다. 따라서 우리 모두는 일을 통하여 만물이 충만하신 그리스도의 영광을 드러내야 한다는 사실을 인지하게 되었습니다. 간절히 바라기는 건강하고 바른 일에 대한 이해를 통해서 하나님께서 명령하신 그 사명을 잘 감당하게 하시고, 예수 그리스도를 통해 주어진 사명, 즉 복음 전파의 사명을 감당하는 성도의 삶이 되게 하옵소서. 무위도식이 아니라 최선을 다해 공동체를 바르게 세우고, 이 땅의 현실 속에서, 일터 속에서 하나님 나라를 이루어 가는 삶이 되게 하옵소서. 예수 그리스도의 이름으로 기도합니다. 아멘.

4TS 설교 샘플 2

내 마음에 주단이 깔린 사람

> ■말 씀: 빌립보서 1:3-11
> ■주 제: 허물없이 주님을 기다리는 성도의 삶
> ■교 리: 포용적 삶
> ■설교 형태: 4TS

서론

1978년도에 발매되어 최근 다시 애창되고 있는 노래 한 곡이 있습니다. 그 곡은 산울림의 김창완 씨가 작곡하고 부른 노래입니다. 그 곡의 이름은 〈내 마음에 주단을 깔고〉입니다. 이 노래가 최근 다시 인기를 끌고 있는 이유 중 하나는 싱어게인 프로그램에서 30호 가수 이승윤이 불러서 화제가 되었기 때문입니다. 그리고 새가수에서 류정운이라는 가수가 먼저 하늘나라에 간 오빠를 기억하면서 불렀던 노래이기도 합니다. 첫 가사는 이렇게 시작합니다.

> 내 마음에 주단을 깔고
> 그대 길목에 서서
> 예쁜 촛불로 그대를 맞으리

향그러운 꽃길로 가면 나는 나비가 되어
그대 마음에 날아가 앉으리

    그냥 노래를 들으면 그저 사랑 이야기를 담아 부르는 것 같지만, 가사를 자세히 보면 기다리는 사람의 자세가 어떠해야 하는지를 잘 보여주고 있습니다. 후렴에서는 기다리며 준비하는 마음이 전해지기를 호소력 짙게 쏟아내고 있습니다. 가사는 이렇습니다.

그대는 아는가 이 마음
주단을 깔아놓은 내 마음
사뿐히 밟으며 와 주오
그대는 아는가 이 마음

    이 노래 가사는 누군가를 기다리며 다시 오기를 간절히 바라는 마음이 고스란히 느껴집니다. 그런데 가만히 기다리는 것이 아니라, 주단을 깔아놓고, 그가 왔을 때 사뿐히 밟으며 올 수 있도록 준비하는 마음을 느끼게 됩니다.

    우리는 계속해서 기다림의 절기를 보내고 있습니다. 우리 주님은 이미 오셨지만, 완전한 종말의 선취로 아직 오지 않으셨습니다. 그래서 그리스도인들은 다시 오실 주님을 기다리며 살아가는 사람들입니다. 그런데 노래 가사처럼, 우리는 무엇을 준비하며 기다려야 할까요? 주님께서 다시 오실 때 사뿐히 밟고 오실 주단을 준비하고 깔고 있는지 돌아보게 됩니다. 오늘 말씀은 내 마음에 가득한 우리 주님이 다시 오실 때, 싸뿐히 밟고 오실 그 주단을 준비하는 삶으로 우리를 초대하고 계십니다.

그렇다면 오늘 말씀은 어떻게 주단을 까는 삶으로 초청하고 계시는지 말씀 속으로 함께 들어가 보도록 하겠습니다.

1. 오늘 본문에서 일어나고 있는 사건은 무엇인가?

〈도입〉

오늘 말씀은 유럽의 첫 성인 빌립보 교인들을 위해서 옥중에서 바울이 쓴 서신 형식의 말씀입니다. 바울은 지금 비록 감옥에 갇혀 있었지만, 빌립보 교회에 대한 특별한 마음이 있었습니다. 그런 특별한 마음을 담아 보낸 편지의 서론입니다. 그럼 본문에서 일어나고 있는 이야기는 무엇인지 함께 살펴보도록 하겠습니다.

〈전개〉

빌립보는 그리스 북동부 해안에 있는 고대도시입니다. 이 도시는 B.C. 4세기에 피리포스가 건설하여 세운 도시였고, 로마와 아시아를 잇는 커다란 도로가 지나가고 있어서 사업과 문화의 요충지였습니다. 바울 시대에는 이곳이 최대의 도시였으며 그리스도의 복음이 유럽에 전파된 최초의 땅이었습니다. 빌립보는 유럽에 사도 바울에 의해서 최초로 기독교 복음이 전파되어, 유럽의 최초의 교회인 빌립보 교회가 세워졌습니다. 바울은 로마의 거점 도시를 지나면서 복음을 전하고 교회를 세웠는데, 이 거점 교회를 중심으로 복음을 전파했습니다.

원래 이 도시는 '작은 샘들'이라는 뜻을 가진 크레니데스라는 도시였는데, 알렉산더 대왕의 아버지 빌립 2세(Philip)가 점령하여 확장한 후 자신의 이름을 따서 설립한 도시였습니다. 이곳에는 금강이 많았는데, 빌립은 이곳에서 캐낸 금으로 자신의 군대를 유지하고 계속 정복의 야욕을 채워 나갔습니다. 빌립과 그의 아들 알렉산더 대왕은 동방 쪽을 점령하여 헬라어가 모든 지역에서 통용되게 했고, 헬라문화가 동방 전체를 점령하게 했습니다. 참으로 흥미로운 것은 이렇게 빌립과 알렉산더 대왕이 닦아 놓은 길을 통해서 바울이 복음을 들고 동방에서 서방으로 가게 되었다는 것입니다. 바울이 복음을 전할 당시 마게도냐의 빌립보는 로마의 식민지 하에 있었는데, 이곳에 어떻게 복음이 전해지게 되었는지를 알기 위해서는 사도행전 16장으로 거슬러 올라가야 합니다. 먼저 사도행전 15장 예루살렘 공의회에서 이방인에 대한 전도가 더욱 확고하게 되면서 바울은 바나바와 함께 2차 전도여행을 떠나려고 합니다.

그런데 1차 전도여행 때 마가가 버가에서 되돌아간 일로 인해 바울과 바나바 사이에 상당한 의견 충돌이 있었습니다. 결국 바나바는 마가를 데리고 구브로 섬으로 건너갔고, 바울은 실라와 함께 소아시아로 향했습니다. 바울은 도중에 디모데를 만났고,

디모데는 바울 일행에 합류하게 됩니다. 그리고 소아시아 서쪽에 있는 에베소로 가서 전도하기를 원했습니다. 그런데 성령이 아시아에서 말씀을 전하지 못하게 하셔서 드로아로 가서 하나님의 뜻을 기다렸습니다(행 16:6-8). 밤에 환상 중에 한 마게도냐 사람이 바울에게 나타나 "마게도냐로 건너와서 우리를 도우라"고 청하였습니다. 그래서 바울은 하나님이 부르시는 뜻으로 인정하고 유럽으로 들어가게 되었습니다. 이것이 유럽에 복음의 씨앗이 뿌려진 첫 계기가 되었습니다.

바울은 네압볼리에서 빌립보로 갔는데, 빌립보는 마게도냐 지방의 첫 성이요 로마의 식민지였습니다. 이곳에서 바울과 그 일행은 자주색 옷감 장수인 루디아와 점치는 소녀를 고쳐 준 일로 인해 빌립보 감옥에 갇히게 되었습니다. 또한 그곳에서 간수와 그의 가족들을 전도하게 되었습니다. 그들이 모두 회개한 후 루디아의 집에서 모이기 시작했습니다. 이것이 마게도냐 최초의 교회, 즉 빌립보 교회였습니다. 빌립보 교회는 이렇게 세워졌습니다. 이런 이유로 바울은 빌립보 교회에 대한 특별한 마음을 가지고 있었습니다.

그래서 오늘 말씀은 바울이 빌립보 교회를 생각할 때마다 하나님께 감사하다고 표현하고 있습니다. 바울이 빌립보 교인들을 얼마나 사랑하고 있는지를 묘사하고 있습니다. 그 사랑의 마음을 담아 마지막으로 빌립보 교인들을 위해서 기도하고 있는 내용을 기록하고 있습니다.

〈마무리〉

사도행전에 보면, 빌립보 지역에 대한 마음이 없었지만, 성령님의 인도하심에 따라 그곳에 가서 복음을 전했을 때 놀라운 일들이 벌어졌습니다. 그렇게 복음을 믿었던 사람들에 의해서 세워진 교회였기 때문에 바울에게 있어서 빌립보 교회는 매우 특별한 교회였습니다. 비록 지금은 바울이 감옥에 갇혀 있지만, 그들을 잊지 않고 생각하면서 하나님께 감사드리고, 그들을 향한 바울의 사랑이 어떠한지를 보여주고 있습니다. 그리고 그들을 위해 기도하고 있는 내용을 기록하고 있습니다.

2. 오늘 본문을 기록하고 있는 목적은 무엇인가?

〈도입〉

바울에게 있어서 특별한 마음을 가졌던 빌립보 교인들에게 이 편지를 쓴 이유는 무엇 때문이었을까요?

〈전개〉

빌립보 교회는 비록 숫자는 적었지만 주님을 섬기는 데 열심이었습니다. 성도들 간에 서로 봉사하는 삶을 살았습니다. 그들은 매우 궁핍했지만 바울의 사역을 돕기 위해서 수차례 헌물을 보내기도 했습니다. 이처럼 빌립보 교회 또한 바울에 대한 특별한 마음을 가지고 있었습니다. 그렇게 복음의 스승이 된 바울이 지금 감옥에 갇혀 있다는 소식을 듣고 헌금을 모아 에바브로디도 편에 보냈습니다. 감옥에서 에바브로디도를 만난 바울은 빌립보 교인들의 사랑으로 인해 매우 큰 기쁨과 위로를 얻게 되었습니다. 그래서 바울은 에바브로디도를 통해서 자신에게 베풀어준 호의에 감사하고, 자신의 투옥으로 인해 근심하고 있는 빌립보 교인들을 안심시키고 격려하고자 이 서신을 쓰게 되었습니다.

이와 동시에 내부적인 문제점이 있었는데, 그것은 교인들 간에 분열의 조짐이 보였다는 것입니다. 유대주의적 율법주의자와 반도덕주의자들이 교회를 위협하고 있다는 사실도 알게 되었습니다. 이에 대해 시급한 대책이 필요했습니다. 이러한 필요성을 알게 된 바울은 교회의 일치를 촉구하며, 반복음적인 사상과 행동을 엄하게 경계하는 동시에 천국 시민권을 소유한 성도들이 영적으로 무장하고 올바른 생활 자세를 가질 것에 대해 교훈하고자 했습니다. 바울은 이러한 배경 속에서 빌립보서를 쓰게 되었습니다.

바울은 빌립보 교인들에게 권면하면서 3절에서 "내가 너희를 생각할 때마다"라고 기록하고 있습니다. 이 말은 바울이 그동안 빌립보 교인들을 위해서 목회했던 그때를 회상하고 있다는 의미입니다. 비록 지금은 몸은 멀리 떨어져 있지만, 바울이 그들에게 복음을 전했던 그때를 회상하면서 빌립보 교회가 복음 전파 사역에 참여한 사실에 대해서 감사하고 있습니다. 그래서 바울은 3절 하반절에서 "나의 하나님께 감사하며"라고 고백하고 있습니다. 바울이 하나님을 향하여 '나의 하나님'이라고 표현한 것은 하나님에 대해서 친근감이 넘친다는 의미를 포함하고 있습니다. 바울은 자신을 통해서 역사하신 하나님에 대해서 무척 친근한 감정을 가지고 이렇게 표현했는데, 전능하신 하나님이 나의 하나님이라는 표현은 바울에게서 종종 나타나는 표현입니다. 바울이 이렇게 표현한 이유는 어떤 상황 속에서도 어려움과 고통을 참으며 기쁨으로 복음 전파 사역을 감당할 수 있도록 인도하여 주신 하나님의 은혜가 있었기 때문입니다. 그리고 자기에게 친절을 베풀어준 빌립보 교인에 대해서 기억하고 있었기 때문입니다.

바울이 이렇게 감사와 기쁨으로 시작하고 있는 이유가 무엇일까요? 아마 그것은 빌립보 성도들을 향한 자신의 사랑을 보여주기 위함이었고, 또 다른 이유는 성도들을 칭찬하면서 더욱 인내하며 헌신할 것을 권면하기 위함이었습니다. 그뿐만 아니라 빌립보 교인들과 그리스도 안에서 교제를 나누었던 일과 그들이 직접 복음 사역에 참여한 사실이 있었기 때문입니다. 바울은 이러한 상황과 근거를 가지고 기쁨과 감사의 마음으로 서신의 문을 열고 있습니다.

4절을 보면, 바울이 빌립보 교인들을 얼마나 사랑했는지를 보게 되는데, 그는 "간구할 때마다 기쁨으로 항상 간구함은"이라고 표현하고 있습니다. 여기서 주목해 보아야 할 단어가 있습니다. 그 단어는 '간구'라는 단어입니다. 이 단어의 헬라어는 일반적으로 하나님을 향해 기도한다는 의미가 아니라, '간구', '간청'의 의미를 담고 있는, 즉 간절한 청원의 형태를 띨 때 사용하는 단어입니다.

이 단어 안에는 절박한 마음이 담겨 있지만, 바울은 기쁨으로 간구하고 있다고 말합니다. 여기서 처음으로 기쁨이라는 주제가 나오게 되고, 계속 반복해서 나타나게 됩니다. 이 말씀에서 우리가 엿볼 수 있는 바울의 마음은 빌립보 교인들을 위한 간절한 마음이 있었지만, 동시에 기쁨이 가득했다는 것입니다.

기쁨이라는 단어는 본서에서 9회 사용되고 있는데, 이렇게 빈번하게 사용된 이유는 빌리보서가 전하고 있는 주제가 바로 '기쁨'이기 때문입니다. 바울이 빌립보 교회를 위한 간절한 마음도 있었지만, 기뻐할 수 있었던 이유는 빌립보 교회가 자신과 풍성한 교제 가운데 든든하게 서가는 모습을 보고 있었기 때문입니다. 그리고 바울을 위해서 끊임없이 기쁨으로 헌금을 보내 주면서 그리스도의 고난에 참여하고 있었기 때문입니다. 또한 바울을 위해서 에바브로디도가 파송을 받았는데, 병을 얻어 많이 힘들었지만 완쾌되어 바울에게 큰 기쁨을 주었기 때문입니다. 사실 당시 바울은 감옥에 갇혀 있는 상황이었고, 빌립보 교회는 안팎으로 여러 가지 어려운 상황에 있었습니다(빌 1:28). 그럼에도 불구하고 바울은 기쁨에 넘쳐 있었습니다.

바울이 이렇게 기뻐할 수 있었던 이유는 비록 어려운 상황이지만 하나님께서 그 상황 속에 함께하셨고, 모든 것을 아름답게 이끌어 주실 것이라는 믿음이 있었기 때문입니다. 이러한 믿음으로 인해 바울은 자신을 위해 간구하는 것이 아니라 빌립보 교인들을 위해서 간절히 기도했습니다.

이제 바울은 5절을 시작하면서 4절에서 언급했던 내용의 이유를 밝히고 있습니다. 바울은 그 이유는 바로 복음 안에서 지속적인 교제를 나누고 있기 때문이라고 언급하고 있습니다. 바울은 빌립보에 처음 복음을 전한 때부터 지금까지 계속해서 변함없이 교제를 나누고 있었음을 밝히고 있습니다.

여기서 우리가 주목해 봐야 할 점은 교제를 나누되 단순히 인격적인 교제만 나눈 것이 아니라, 복음 안에서 교제를 나누었다는 것입니다. 다시 말해서, 바울과 빌립보 교회 교인 간의 교제는 하나님께서 예수 그리스도를 통해서 우리의 죄를 사해 주시고, 하나님과 화해를 한 사건에 근거해서 나눈 교제였다는 말입니다. 이 복음이 바울의 선교 사역의 핵심이자, 열정을 가지게 된 원동력이었습니다.

중요한 것은 이 복음에서 나누는 교제는 인간 본질이 근본적으로 변화된 경험을 통해서 가능하게 됩니다. 인간 본질의 변화는 예수 그리스도의 십자가를 통해서 하나님께서 처음 창조했던 하나님의 형상을 회복할 때 가능해집니다. 이 회복은 예수 그리스도의 죽음과 부활에 참여함으로 거듭난 새로운 존재로의 회복입니다. 이러한 회복이 곧 성도 간의 교제를 가능하게 합니다. 따라서 바울이 권면한 교제를 통하여 복음 안에서 하나님과 화해하고, 성도들 간에 화합하는 삶을 살게 됩니다. 이러한 교제에 근거할 때, 마음을 함께하고, 함께 기뻐하고, 함께 동역하며 공유하며 살아갈 수 있습니다.

바울은 이러한 모든 일을 행하도록 시작하신 분이 바로 하나님이라고 선언합니다. 그 하나님이 예수 그리스도의 날까지 이루게 하실 것이라고 확신한다고 고백합니다. 6절의 말씀입니다. "너희 안에서 착한 일을 시작하신 이가 그리스도 예수의 날까지 이루실 줄을 우리는 확신하노라." 여기서 바울은 빌립보 교인들이 착한 일, 즉 하나님이 그리스도의 재림 때까지 완성될 각 개인의 구원을 이루어 가실 것을 확신한다고 고백합니다. 바울은 이렇게 고백하면서 이 모든 일의 주체가 바로 하나님시라는 사실과 하나님의 주권을 강조하고 있습니다. 바울은 이렇게 생각하는 것이 마땅한 일이라고 말하는데, 그 이유는 "너희가 내 마음에 있기 때문"이라고 말합니다. 바울은 그만큼 빌립보 교인들에 대한 생각이 남달랐고, 자신의 마음에 가장 중요한 자리를 차지하고 있었다는 것을 증명하고 있습니다.

바울은 8절에서 "내가 예수 그리스도의 심장으로 너희 무리를 얼마나 사모하는지 하나님이 내 증인"이시라고 말합니다. 바울이 빌립보 교인들을 향한 사랑의 마음의 출발은 단순히 인간적인 차원에서가 아니었습니다. 그는 인간적인 감정을 넘어 그리스도가 보여주신 뜨거운 애정과 열정으로 빌립보 교인들을 사모한다고 말하고 있습니다. 이 말은 갈라디아서 2장 20절에서 말씀하시는 것처럼, 자신 안에 자신(에고)이 살아있는 것이 아니라, 그리스도께서 사신다는 것을 강하게 표현하고 있는 말씀입니다. 라이트 풋이라는 학자는 "바울의 맥박은 그리스도의 맥박과 함께 뛰고,

그의 심장은 그리스도의 심장과 함께 고동친다"라고 말했습니다. 이렇게 바울이 그리스도의 심장으로 빌립보 교인들을 얼마나 사랑했고 사모했는지 짐작할 수 있습니다.

그러면서 바울은 빌립보 교인들을 위해서 기도합니다. 그가 기도한 내용은 너희 사랑을 지식과 모든 총명으로 점점 더 풍성하게 하사 지극히 선한 것을 분별하며, 허물없이 그리스도의 날까지 의의 열매가 가득하여 하나님의 영광과 찬송이 되기를 위해서 기도했습니다. 이 기도는 바울이 빌립보 교회가 사랑이 풍성해지기를 바라는 첫 번째 기도의 내용입니다.

이 사랑은 아가페 사랑입니다. 타인을 유익하게 하고, 타인을 포용할 뿐만 아니라, 심지어 적대감 속에 있는 사람들까지 용서하고 환대할 수 있는 사랑입니다. 이 사랑은 그러한 사람을 품을 수 있는 마음의 공간을 마련하는 것입니다. 바울은 빌립보 교인들에게 이러한 사랑이 더욱 충만해지기를 기도했습니다. 이러한 사랑은 하나님을 아는 지식과 도덕적인 결단을 내릴 수 있는 판단력으로 더욱더 풍성해질 수 있습니다. 그리고 이것이 선한 것을 분별하게 합니다. 그래서 바울은 빌립보 교인들이 온전한 지식과 참다운 분별력을 통해서 더욱 풍성한 사랑의 실천이 있기를 기도했던 것입니다.

이러한 실천이 곧 주님 앞에서 허물없는 삶이 되고, 그뿐만 아니라 의의 열매를 맺으며 하나님께 영광이 되는 삶입니다. 우리가 바라고 소망해야 하는 복된 삶입니다.

<마무리>

오늘 말씀에서 우리가 주님 앞에서 허물이 없는 삶이 되기 위해서는 사랑이 넘치는 삶을 살아야 합니다. 사랑이라는 주단을 깔면서 살아가는 삶입니다.

3. 오늘 말씀을 통해서 실천할 수 있는 윤리적 규범은 무엇인가?

<도입>

그렇다면 오늘 말씀을 통해서 우리가 실천할 수 있는 윤리적 규범은 무엇일까요? 그것은 바로 내 마음에 타인을 품을 줄 아는 넉넉한 마음을 소유하는 것입니다. 그래서 서로에게 오랫동안 기억되는 삶입니다.

<전개>

오늘 말씀 7절 중반절에 보면, "너희가 내 마음에 있음이며"라고 고백하고 있습니다. 성경에서 사용된 이 단어는 원래 '혈액 순환의 중심이 되는 기관', '육체적 생명의 좌소인 심장'을 의미하였습니다. 신약에서는 '감정이나 욕망의 자리', '사고와 이해의 자리', '하나님을 향하여 가는 신앙적 중심지'를 나타내기도 합니다. 종합해 보자면, 바울의 가장 깊은 마음속에 빌립보 교인들이 자리하고 있었고, 그만큼 바울에게 있어서 빌립보 교회에 대한 마음은 매우 중요하게 여겨졌습니다. 여기서 한 가지 질문을 해 보게 됩니다. 이렇게 마음에 간직된 이유는 무엇이었을까 하는 것

입니다. 무엇 때문에 바울의 마음에 빌립보 교회가 있었던 것일까요?

여러분, 혹시 여러분의 마음에도 오랫동안 간직된 사람이 있습니까? 첫사랑? 짝사랑? 누군가 나의 마음속에 간직된다는 것은 그만큼 인상이 깊었다거나 그만한 매력이 있었기 때문입니다. 우리가 누군가에게 기억이 되고 마음에 간직되었다는 것은 분명 그만큼 매력이 있어야 할 것입니다. 그리고 작은 일에 충실하고, 매사에 신뢰감이 쌓이는 사람도 이에 포함이 됩니다. 사실 신뢰는 진정성 있는 행동이 반복해서 쌓이게 될 때 생기는 감정입니다. 이렇게 진정성 있게 작은 일에도 충실하게 신뢰감을 줄 때 그 사람이 마음에 간직되기도 합니다.

그런데 바울이 빌립보 교인들을 마음에 두었던 이유는 사실 빌립보 교회가 그렇게 매력적이었던 것도 아니었습니다. 바울이 빌립보 교인들을 마음에 두었던 이유는 그 마음 안에 그리스도의 심장이 있었기 때문입니다. 그리스도의 심장이 빌립보 교회를 특별한 눈으로 보게 했고, 그리스도의 심장이 바울의 마음 안에 빌립보 교회를 간직하게 했습니다. 빌립보 교회 또한 인간적으로 바울에게 잘한 것이 아니라, 복음 안에서 복음 사역을 위해서 충성스러웠습니다. 그래서 바울은 "너희 안에서 착한 일을 행하신 이가 그리스도 예수의 날까지 이루실 줄 확신한다"라고 고백했습니다. 그리스도의 심장을 가진 사람들은 서로 통하게 됩니다. 그 통함은 서로의 마음에 간직됩니다. 이러한 마음이 곧 마음을 함께하게 하고, 함께 기뻐하게 하고, 함께 동역하며 살아가게 합니다. 이것이 바로 주님 앞에서 허물이 없는 삶입니다.

〈마무리〉

이렇게 서로 마음에 간직하면서 살아가는 것이 주님을 기다리며 주단을 까는 삶입니다. 서로 사랑하며 사는 것이 주님을 기다리는 절기를 살아가면서 허물이 없는 삶의 모습입니다.

4. 오늘 말씀을 모범적으로 실천한 사례는 무엇인가?

〈도입〉

오늘 말씀을 통해서 제시된 윤리적 규범을 모범적으로 실천한 사례는 무엇이 있을까요?

〈전개〉

주님 앞에서 허물없이 살아가는 것은 그렇게 쉬운 일이 아닙니다. 그 이유는 우리 모두 부족하고 연약하기 때문입니다. 그럼에도 불구하고 주님을 기다리며 주단을 까는 삶을 살았던 한 집사님의 이야기를 들려드리고자 합니다.

제가 어렸을 때부터 다녔던 교회는 다툼이 참 많았던 교회였습니다. 중등시절까지는 교회가 그렇게까지 다툼과 분열이 많이 있는 교회인지 전혀 몰랐습니다. 그런데 고등학교를 올라가면서 점점 교회에 대해 알게 되면서 다툼이 참으로 많은 교회라는 사실을 알게 되었습니다. 당회는 두 파로 나누어져 이쪽 파에서 목사님을 모셔오면, 저쪽에서 반대하는 일이 3-5년 사이에 벌어졌습니다. 교인들 간에는 거의 원수 보듯이 지내게 되고, 뜻이 맞지 않는 성도들은 교회를 떠나게 되고, 그러면서 교회는 성장하지도 않았습니다. 교회 분쟁이 심할 때는 예배 후 양쪽 파가 큰 소리를 내면서 싸웠습니다. 모두가 혈기와 분노가 가득했습니다.

그런데 저의 눈에 들어왔던 한 집사님이 계셨습니다. 이 집사님은 토요일마다 주일 예배 때 올려놓을 꽃장식을 준비했습니다. 가끔 토요일에 교회에 가면 집사님은 변함없이 봉사를 하고 계셨습니다. 교회가 떠나갈 듯이 다투고 큰 소리가 나도 그 집사님은 한결같이 웃으시면서 봉사를 했습니다. 그리고 옆에 있는 저에게 너무나 온화한 미소를 띠며 반겨 주었습니다. 십수 년이 지났지만, 그 집사님의 그 저는 모습을 잊을 수가 없습니다.

많은 시간이 지나고 그 집사님에 대해서 듣게 되었는데, 장로님으로 교회를 바르게 섬기고 계셨습니다. 이러한 모습은 인간적인 눈으로 본다면 어리석은 모습일 수도 있습니다. 그러나 그리스도의 심장을 가지고 본다면 너무나 귀한 일입니다. 자신도 궁핍한 상황에 있었지만 바울의 선교 사역을 위해서 기꺼이 헌금을 보냈던 빌립보 교인들처럼, 그 집사님은 주님의 교회를 사명감으로 든든하게 세운 하나님의 사람이었습니다. 그분은 오랫동안 내 안에 있었고, 지금도 있습니다.

이러한 모습이야말로 주님 앞에서 허물이 없는 삶이고, 주님이 오셔서 밟을 주단을 까는 삶입니다.

<마무리>

마음속에 주단이 깔린 사람들은 얼마나 될까요? 우리는 주님을 위해 주단을 까는 삶을 살고 있을까요? 환경은 비록 척박하지만 그리스도의 심장을 소유하게 된다면, 주님 오실 그날을 기다리며 주님이 밟고 오실 주단을 까는 삶이 될 것입니다. 분명히 우리 주님의 마음에 간직된 삶이 될 것입니다.

결론

사랑하는 성도 여러분, 오늘 말씀은 바울이 오래전 2차 전도여행 때 세웠던 빌립보 교인들을 위로하고 격려하기 위해서 감옥에서 쓴 서신입니다. 바울은 자신에게 호의를 베풀어준 것에 대해서 감사의 마음을 전하고, 특별히 감옥에 갇힌 자신을 걱정하고 염려하는 빌립보 교인들을 안심시키고 격려하고자 이 서신을 쓰게 되었습니다. 바울은 오늘 말씀을 통해서 그리스도 재림의 날까지 주단을 까는 삶으로 우리를 초청하고 있습니다. 그러한 삶은 그리스도의 심장을 가지고 선한 일을 분별하며 총명한 삶을 사는 것입니다. 그래서 누군가에게 마음에 간직된 것처럼, 우리 주님의 마음에 간직된 삶이 되어야 합니다. 이것이 바로 주님이 다시 오실 그날을 기다리며 살아가는 성도의 삶입니다.

기도

우리 마음에 넉넉함을 주시는 하나님!

하나님은 우리에게 한계를 정하지 않고 품어주시는 분입니다. 이스라엘 백성이 우상과 죄악으로 인해 하나님을 떠나 있을 때에도 여전히 그들을 품어주실 공간을 만드셨습니다. 그뿐 아니라 예수님은 소외되고 고난 받는 이들을 초청하시고 식사를 하시며 그들이 머물 공간을 마련해 주셨습니다. 계속해서 죄인들을 초청하시고 머물 공간을 만드시고 계십니다. 따라서 오늘 우리도 여전히 주님의 그 사랑의 공간에 머물게 되었습니다. 간절히 간구하옵는 것은 주님께서 베풀어주신 그 사랑으로 타인을 품는 삶이 되게 하옵소서. 내 마음에 주단을 깔고 주님의 이름을 노래하는 삶이 되게 하옵소서. 예수님 이름으로 기도합니다. 아멘.